日本選挙学会
年報34-2 2018

選挙研究

―― 目次 ――

はじめに..岡田 浩――3

[特集1] 小選挙区比例代表並立制・再考
 1990年以降の総選挙における選挙公約.........................品田 裕――5

 小選挙区比例代表並立制と政党競合の展開......................森 裕城――18

[特集2] 政党と立法過程
 事前審査制の導入と自民党政調会の拡大........................奥 健太郎――33
  －『衆議院公報』の分析を通じて－

 政党内政策組織と強い上院：日豪の事前審査に関する比較研究....石間英雄――47

 大統領制における与党事前審査：韓国の「高位党政協議」を事例に....朴 志善――58

[投稿論文]
 テレビ報道への接触と投票意図の変化：.........................劉 凌――72
  2010年参院選における報道内容と有権者の分析を通して

 独裁国家における中下級エリートの「ゲーミング」としての選挙不正....豊田 紳――88

[書評]
 曽我謙悟著『現代日本の官僚制』
 笠京子著『官僚制改革の条件：新制度論による日英比較』..........石上泰州――102

 今井貴子著『政権交代の政治力学：イギリス労働党の軌跡 1994‒2010』
 高安健将著『議院内閣制―変貌する英国モデル』.................富崎 隆――104

 大西裕編著『選挙ガバナンスの実態　世界編』
 大西裕編著『選挙ガバナンスの実態　日本編』...................湯淺墾道――108

 小林良彰編著『代議制民主主義の計量分析』....................松本正生――110

 笹部真理子著『「自民党型政治」の形成・確立・展開.............中北浩爾――112
  －分権的組織と県連の多様性』

 池田謙一編著『「日本人」は変化しているのか..................木村高宏――114
  －価値観・ソーシャルネットワーク・民主主義』

[資料] 最近の選挙結果..三船 毅――117

 日本選挙学会賞要綱・2017年度受賞者・講評――121
 2018年度日本選挙学会総会・研究会日程――122
 日本選挙学会会則・規程・役員・資料――129
 日本選挙学会年報『選挙研究』執筆要領・論文投稿規程・論文執筆の手引――135
 英文要約――140
 執筆者一覧・編集後記――143

はじめに

日本選挙学会年報編集委員長
岡田　浩

『選挙研究』第34巻第2号をお届けいたします。本号では2つの特集を組みました。1つめは，「小選挙区比例代表並立制・再考」です。衆議院の選挙制度が中選挙区制から変更されて25年近くが経ちましたが，日本の衆議院選挙はどのように変わったのでしょうか。

品田論文は，1990年以降の衆議院選挙における候補者の選挙公報のデータを用いて公約の内容や対象を分析し，選挙制度改革の効果ゆえか，特定の地域や年齢・職業等に限定した個別の訴えが減少して公約の総花化が進んでいることや，政治倫理や安全保障などに関係する旧イデオロギー過程に関する政策軸が縮小あるいは変質していることなどを指摘しています。

森論文は，並立制導入から現在までの政党競合の展開を検討し，中選挙区制時代の政党競合のあり方が新しい選挙制度のあり方を規定しており小選挙区数を300としたことなどが自民党に有利に働いたこと，巨大政党形成が非自民勢力に多大な負荷を与えたこと，比例代表がセットにされたことが現在の野党分断現象を生んでいることなどを指摘しています。

もう1つの特集は，「政党と立法過程」です。近年，日本では内閣人事局の設置などによって官邸主導の性格が強まっているという指摘がありますが，選挙で勝利して多数を得た政党が立法過程においてどのように影響力を発揮しているかという問題は，選挙の機能を考えるうえで重要な研究テーマであるといえるでしょう。

奥論文は，自民党は，いつ頃，どのようにして，1955年に導入した事前審査制という新しいルールに適応したのかという問いに，『衆議院公報』の広告欄に掲載された自民党の会議情報から得られる部会等の開催数や参加人数などの数量データや当時の自民党政治家による文書などの史料の分析をもとに取り組んでいます。

石間論文は，日豪の主要政党において上院（参院）議員が政党内政策組織の長に就くことが少なくないことや，参議院の委員長職に野党議員が就いていて委員会が与党の調整の場として機能し難い場合に，対応する部会の活動が活発化していることから，対等な二院制のもとでの両院間の調整の場として法案の事前審査を捉える必要性を指摘しています。

朴論文は，大臣や与党代表も参加する韓国の最高位レベルの事前審査である「高位党政協議」のデータを分析して，大統領制の韓国においても多様な議題に関して活発な事前審査が行われていることや，大統領の権限や支持率など大統領と与党の関係に影響する要因が，審査の開催数や政府主導か与党主導かといった協議の性格に影響していることを指摘しています。

投稿論文は2本掲載することができました。

劉論文は，メディアの選挙報道は有権者の投票行動に影響を与えるのかという伝統的な問いに新たな研究方法で取り組み，投票予定政党に対するネガティブな言及があった報道に接触した有権者は，投票予定政党とは異なる政党に投票する確率が高いことを，テレビの選挙報道の内容分析と全国パネル世論調査のデータを使って確認しています。

豊田論文は，独裁体制における選挙不正には中下級エリートが独裁者に対して自らの得票率を誇示するための「ゲーミング」として行うものが存在するが，野党が選挙に参加し不正を監視するようになるとゲーミングとしての選挙不正は起きづらくなるという仮説を，独裁体制時代のメキシコの選挙統計データを用いて検証しています。

書評では計9冊を取り上げましたが，うち6

冊については，テーマが共通する2つの書籍を組み合わせて書評をして頂きました。ご執筆頂いた方々にはご負担をおかけしましたが，各書籍の内容のより深い理解につながるものになったと思います。

　最後になりますが，第34巻編集委員会では投稿論文最優先の編集方針をとってきまして，本号では投稿論文2本を掲載することができましたが，近年，投稿数・採択数ともに決して多いとはいえません。引き続き，皆様の積極的な投稿をお願い致します。

〈特集1 小選挙区比例代表並立制・再考〉

1990年以降の総選挙における選挙公約

品田　裕

> 要旨：本稿は，1990年から2012年までの8回の総選挙における選挙公約を分析し，この間の政党の政策的立場の変遷を記述することを目的とする。公約は，総選挙に出馬した主要候補の選挙公報から抽出した。
> 　分析の結果，この期間を通して日本の政治家が訴える政策が総花化してきたことが明らかになった。対象を絞らず，内容も国全体にかかわる論点が増え，反面，特定の地域や年齢・職業等に限定した個別の訴えが減少したのである。
> 　また，主要な政策軸の性格と各党の配置を検討した各回選挙に関する因子分析により，第一に，この20年余りで常に地元利益指向が主要3軸の一つであったこと，第二に，日本政治において一定の説明力をもったイデオロギー軸が縮小あるいは変質したこと，第三に，2000年代以降，教育などの新しい政策軸が上位に入っていたことが注目される。

1．はじめに

　本稿は，1990年から2012年までの選挙公約の変遷を振り返り，この間，日本の政治過程で政治家が訴えた政策がどのように変わり，また，特に政党の政策的立場がどのように動いていったのかを描くことを目的とする。政策は，衆議院総選挙に出馬した主要候補の選挙公報から公約を抽出したものを用いる。各党の政策的な立場としては，党中央の出す政策集やマニフェストではなく，各党候補の平均値を用いる。今回，取り上げた期間は，単に筆者が現在，利用できるデータに依拠している。しかし，選挙制度に関しては旧中選挙区制，政治的には55年体制，経済的には80年代までの好調だった時代がいずれも終盤を迎えた時期が1990年代の前半であり，そこを本稿における分析の始まりとすることには一定の意味があると考える。その後，選挙制度は小選挙区を主とする新しい制度に替り，政治では二大政党制が模索される一方，経済は振るわなくなっていく。分析の終点である2012年が時代の区切りとなるかは，現時点ではわからない。しかし，政党制に関しては，それまでの二大政党制への流れがいったん止まり，次の局面に向かうための調整期に入ったと考えられるので，この点も不自然ではない。

　さて，選挙公約分析は，1980年代の猪口（1983）を嚆矢とし，その後，1990年代後半に，小林（1997），堤（1998）などにより，候補者レベルに拡張された。著者もその流れの一端を担ってきた。ただ公約の分析は，データ作成などの労がきわめて多い反面，さまざまな批判を受けてきた。例えば，公約は政治家が語るある種の夢であって政策を測定するという観点からは正確なものといえない，政治過程においては当選後に守られることも少なく取り上げるだけの意味が小さい，ことばで語られた不定形な内容は計量分析に不向きといった批判がありうる。実際，これらの批判の多くは決して的外れではない。しかし，著者は，対応が不可能な致命的な批判はなく，むしろ，

公約はそのような性質を持つが故に、分析することに意味があると考える。

第一に、政治家は当選などの目的のために何が一番効率的かを考え、選挙公約を述べるはずであり、それゆえ、公約は単なる夢物語などではなく、選挙戦において言わなければならないとその政治家が考えることのリストである。公約の変遷を描こうとする本稿は、各回の選挙でその時々の候補者たちが政治的需要と認識したものを追い求めることになる。第二に、政治過程において、有権者と政治家を結ぶプロセスとして選挙を見た場合、公約には独自の意味が見いだせる。社会において人々が政策に対し持っている認識が議会や政党の中の政策過程で変換されていく様子を知るには、過程全体で流通するツールとしての公約に注目することが有効である。信用されていないから分析する意味がないのではなく、信用の程度が条件によって変わるからこそ興味深いのである。第三に公約には、選挙公報の紙面の面積など一定の制約があり、全く自由なものではない。むしろ、様々な条件が揃っているからこそ候補者間で比較可能なものとみなせるのである。情報は文などで書かれており、いかにも定性的ではあるが、これも昨今の情勢(例えばテキスト解析の最新技術)を考えれば、特に躊躇すべき理由にはならない。つまり、上記の理由から、選挙公約の分析には、取り上げるだけの価値がある。以下では、データそのものについて簡単に触れた後、概要と各回の選挙の様子を紹介し、最後に若干のまとめと今後の課題を述べることにしたい。

2. 選挙公約データについて

本稿で扱うのは、1990年から2012年までの衆議院総選挙の主要候補者の選挙公約データである。候補者を単位とし、政策に関する言及数および言及率が主要な変数である。このデータの具体的な作成方法は、既に他で説明してきているので、ここでは簡単に振り返っておきたい[1]。選挙公約は、各候補者が提出する選挙公報から集める。もちろん候補者は、街頭演説やパンフレット・ビラやマスコミの取材など、さまざまな媒体で政策を訴える。その全てを集めることは、到底、不可能なので、ほとんど全ての候補者が一定の形式で提出する選挙公報に注目する。

90年代後半に作業を開始した当初は、現地や国会図書館に赴き、あるいは郵便で依頼し、現物やコピーを収集したが、今日、選挙公報はPDFで公開されるので、容易に入手できる。収集した公報は、その内容を文字に起こしてテキストを作成し、さらに一つずつ確認するという作業が以前は必要だった。最近では、OCRで読み取った後に、目視で確認し、過ちや不足部分の加筆修正を行っている。コーディングは、原則3名(独立してコーディング作業を行う2名と確認の上、調整統合する1名)で行う。ただ、2012年からは宋財泫(ソン・ジェヒョン)の開発した機械分類プログラムによる機械コーディングを併用している[2]。将来的に、機械コーディングに全面的に移行できれば、さらに大幅に手間を省き、作業時間を短縮することができるものと期待される。

コーディング作業は、テキスト化された選挙公報の中で政策を訴える部分にコードを付すのだが、コードは、政策の内容・対象・方向という3つの次元から構成される。政治家が約束として政策を訴えるとすると、「私は○○のみなさんに××を△△することをお約束します。」となるはずである。つまり、誰かに向かって(対象)、何かのこと(内容)をどのようにしたい(方向)かを明らかにする。つまり、この3つの要素を用いて、その政治家の政策姿勢は特徴づけられる。

ちなみに、政策の対象としては、有権者や国民という広いものもあれば、高齢者・子供・女性、あるいは中小企業や農林漁業従事者といった年齢や性別や職業などでカテゴライズされた集団などもある。また、国民と市民、労働者と勤労者など、ほぼ同じ意味ではあるが、あえて異なる言葉で表現されているものについては、

別々にカウントした。また，各回の選挙状況に依存するが，頻出する単語は広くカバーしている。ただし，実際には，対象を明言せずに漠然と訴えかけることも非常に多く，その場合は「対象なし」としている。

内容としてコードするのは，政策分野とその具体的内容である。選挙で取り上げられる政策は非常に幅広く，それを網羅しようとすると，ほぼ日本の政治・行政の全体に匹敵する。この膨大な政策群を整理するために，まず大きな分野に分け，その中を細分化するという二段階分類を行っている。第一段階はおおよそ省庁（1997年当時の）ごとに，第二段階は，省庁の設置根拠として当時，法に記された所掌事項を参考に，よく取り上げられるイシューごとに分類した。本稿では，このうち，大分類のみを使用する。大分類は，おおよそ当時の省庁に対応しているが，一部，注意が必要である。第一に，行政改革や景気対策など政府全体に広く期待される仕事に関しては「内閣」としてまとめた。第二に，法務省のようにほぼ選挙戦でとりあげられることのない省庁の所管事項についても「内閣」に含めた（人権など）。第三に省庁というよりは，政治（つまり議会や政党や政治家）そのものに期待される政策は「政治」という大分野を立てた（例えば政治倫理，選挙制度改革）。第四に，内容に関しても，ごくあいまいなものがある（例えば，社会を変えるなど）が，これらは「その他」とした。なお，政策の方向は，「賛成－反対」や「推進－変革」など，候補者の政策に対する立場を表すものであるが，本稿では使用しない。

このようにして，一見，自由に不定形で書かれた選挙公報は政策を示す定量的なデータに形を変える。この段階では，政策の一つ一つが縦に非常に細長く並ぶ形をしている。本稿では，これを候補者単位で分析するために，内容の大分野と対象に分けて，その言及数を候補者ごとに集計する。つまり，内容と対象のサブカテゴリが各変数となり，その言及数が変数値となる。

さらに，各言及数と総言及数（内容及び対象）から言及率を算出し，それを主に使用する。

3．データの概要

まず，政策の内容と対象について，各回の様子を記述することから始めたい。表1（Aが言及率，Bが言及数）は，政策対象について，その言及率の平均値がどう推移したかを示す。最も（というより圧倒的に）多いのは，対象をあえて言及しない「対象なし」である。もともと50％近く，つまり半数近くに上るのだが，しかも，ここ20年で緩やかな増加傾向にある。2005年や09年のように取り上げられるイシューが多いと相対的に言及率は下がるが，言及個数でみると，その傾向はよりはっきりする。1990年に約13個だった「対象なし」は09年には約19個となっている。

反対に，ここ20年で減少傾向にあるのは，「地域公約」や「農林漁業従事者」・「高齢者」・「女性」である。「地域公約」というのは，「○

表1－A　政策対象－言及率（平均）

平均値	1990年	1993年	1996年	2000年	2003年	2005年	2009年	2012年
対象なし	49.53	62.07	61.41	60.29	69.24	61.95	57.35	67.48
国民	3.64	3.99	4.91	3.67	1.50	4.16	3.53	2.79
地域公約	20.82	13.46	12.75	11.98	9.08	10.47	11.84	10.25
高齢者	3.37	2.29	2.04	1.74	0.93	0.84	3.29	0.92
女性	2.37	1.83	1.71	1.58	0.82	0.67	0.58	0.69
子ども	5.10	4.50	5.20	9.31	7.52	8.29	10.79	6.36
勤労者	1.26	0.91	0.86	2.40	2.90	2.53	1.51	1.48
中小企業	1.60	1.89	1.50	2.33	2.55	1.48	2.18	1.35
農漁従事	6.37	4.03	2.57	2.36	2.26	2.32	3.44	1.78
N	837	858	1126	1069	992	966	816	1242

表1－B　政策対象－言及数（平均）

平均値	1990年	1993年	1996年	2000年	2003年	2005年	2009年	2012年
対象なし	13.43	15.09	16.13	17.66	17.98	15.42	19.10	18.15
国民	0.99	0.99	1.30	1.14	0.38	0.93	1.19	0.75
地域公約	6.24	3.80	3.62	3.51	2.45	2.88	3.92	2.59
高齢者	1.02	0.62	0.54	0.48	0.24	0.23	1.11	0.26
女性	0.72	0.52	0.45	0.44	0.23	0.17	0.22	0.19
子ども	1.46	1.19	1.33	2.69	2.11	2.22	3.70	1.78
勤労者	0.37	0.27	0.25	0.83	0.75	0.59	0.54	0.43
中小企業	0.50	0.52	0.42	0.75	0.70	0.40	0.78	0.38
農漁従事	1.80	1.14	0.76	0.74	0.62	0.63	1.23	0.55
N	837	858	1126	1069	992	966	816	1242

○市」、「××地域」などのように、対象として地元の地域名を固有名詞で述べるものである。このように地域限定、あるいは特定の職業や年齢層・性に特定した訴えは着実に減っている。唯一、例外なのは、「子ども」である。子供といっても、当然この年齢層は有権者ではないので、実際はその親などの層に向かって言っており、例えば、子ども手当や待機児童問題が該当する。その言及率は、2000年代では、それ以前の倍近くになっている。

「対象なし」と「地域公約」で全体の7〜8割を占めるので、他の対象は非常に少ない。その中では、まだ、「国民」、「勤労者」、「中小企業」などが目に付く。「勤労者」や「中小企業」をターゲットとする公約はそれほど多くない（8回の総選挙の平均値で2％弱）が、安定して2％前後、取り上げられている。

次に政策内容について見る。政策内容の言及率（平均値）は表2（Aが言及率、Bが言及数）に示す。これによると、この20数年で「内閣」関連が大幅に増えたことがわかる。「内閣」関連は、上述の通り、政府全体にかかわる大きな課題であり、その内容は多岐にわたる。1990年代前半の中選挙区時代には一ケタだった言及率は、1996年に13％まで跳ね上がった後、10％前後で推移している。また、福祉や医療を扱う「厚生」関連は、年金問題の言及が多かった2009年のピークまで2000年代に一貫して増加した。その様子は、厚生関係の予算増と軌を一にするようである。

他方、一貫した減少傾向にあるのは、「農水」・「建設」・「運輸」関連である。90年代初頭には、「農水」・「建設」は10％近くの言及率があったが、20年強が経った後には、いずれも半分程度にまで率が下がった。「農水」に至っては3分の1近くにまでなっている。これらに共通するのは公共事業との関連であり、そこから想起されるのは地元への利益提供である。それらが減少する一方で上のように国全体の問題がよく言及されるようになったことは、90年代の選挙制度改革の効果との関連で注目すべき点といえる。

この他には、「政治」関連が93年に非常に多かったこと、「大蔵」関連に増減があることが目立つ。前者は94年の政権交代、選挙制度改革、政界再編に至るまでの政治改革の訴え、後者は消費税の導入や引き上げに関する議論（主に反対であるが）が多かったことによる。「郵政」関連は一貫して低いが、さすがに郵政民営化が一大争点だった2005年だけはやはり多い。これに対し、「文部科学」関連は常によく言及

表2−A　　政策内容−言及率（平均）

平均値	1990年	1993年	1996年	2000年	2003年	2005年	2009年	2012年
内閣	2.98	7.08	13.26	9.66	9.58	11.13	9.45	10.98
自治	4.79	6.32	5.34	5.25	7.59	5.19	5.97	5.09
安全保障	3.75	4.93	6.65	4.23	7.56	4.49	4.57	8.43
大蔵	11.95	3.41	11.80	5.54	7.22	9.53	5.64	8.83
文部科学	8.03	5.82	6.62	8.16	6.41	4.98	6.00	9.94
厚生	10.29	8.01	10.27	13.83	14.37	15.92	20.87	11.46
労働	2.25	1.35	1.62	5.50	6.66	3.53	6.52	5.45
農水	9.02	5.68	3.95	4.07	4.06	4.41	5.89	3.39
構造改革	0.01	0.00	0.03	0.00	0.82	4.28	0.24	0.15
通産	4.69	4.32	7.14	7.24	5.04	3.80	4.53	10.18
運輸	3.17	2.23	1.99	1.62	1.58	1.22	1.43	1.28
郵政	0.33	0.18	0.34	1.01	0.30	7.85	0.75	0.58
建設	8.17	5.50	5.07	5.51	6.26	4.50	3.76	5.43
環境	2.54	4.05	2.98	4.45	2.90	2.03	2.19	0.93
政治	18.16	31.83	12.33	10.05	8.63	8.46	11.50	8.48
N	837	858	1126	1069	992	966	816	1242

表2−B　　政策内容−言及数（平均）

平均値	1990年	1993年	1996年	2000年	2003年	2005年	2009年	2012年
内閣	0.86	1.82	3.41	2.80	2.52	2.74	3.12	2.97
自治	1.33	1.58	1.39	1.47	2.06	1.44	2.04	1.26
安全保障	1.11	1.29	1.90	1.47	1.98	1.22	1.73	2.45
大蔵	3.21	0.93	3.13	1.75	1.92	2.16	2.01	2.38
文部科学	2.35	1.57	1.76	2.37	1.80	1.37	2.13	2.66
厚生	3.07	2.28	2.82	4.07	3.93	4.10	7.04	3.33
労働	0.72	0.42	0.49	1.77	1.77	0.90	2.33	1.56
農水	2.61	1.62	1.17	1.27	1.12	1.26	2.10	1.02
構造改革	0.00	0.00	0.01	0.00	0.21	0.95	0.07	0.05
通産	1.43	1.21	2.02	2.23	1.42	1.06	1.62	2.83
運輸	0.99	0.67	0.60	0.49	0.45	0.35	0.49	0.32
郵政	0.11	0.06	0.11	0.29	0.10	1.79	0.25	0.19
建設	2.53	1.59	1.50	1.75	1.69	1.26	1.37	1.46
環境	0.75	1.06	0.79	1.25	0.84	0.57	0.75	0.28
政治	4.59	7.19	2.95	2.77	2.00	1.88	3.51	2.10
N	837	858	1126	1069	992	966	816	1242

される内容といえる。

4．1990〜2012年の各選挙

ここまで単純な記述統計で，選挙公約データの概要を見てきたが，以下では，因子分析によって，毎回の総選挙における政策空間の構造を見ていきたい。ここでいう政策空間の構造というのは，政策内容や対象がどのように関連付けられて（関連付けらずに）訴えられていたかを意味する。例えば，候補者レベルで，Aという政策対象とBという政策内容の言及率が同時に高い傾向にある場合，一定数の候補者がAとBという要素を含む政策領域Xを重視している（他の候補者はXを重視していない）と考えられる。政策領域X自体は分析には登場しない，つまり目には見えないものだが，Xを重視すべきか否かという政策軸は多くの候補に共有されていると考えられる。以下では，各回の総選挙で，どのような政策軸が主要なものとして形成されたのかを確認するとともに，その政策空間上で主要政党がどのような位置を占めたのかを見ることにする。本稿では，各党の政策位置として，前述のとおり，所属する各候補の平均値を用いる。

(1) 1990年（第39回総選挙）

この年の主要な立候補者に限って因子分析を行った結果が図1である。ここでは，主要な軸に限り，バリマックス回転後の成分行列を示す。この表によると第1軸は，対象では「地域公約」，内容では「運輸」や「建設」，また「通産」・「自治」が大きな値を示しており，これは地元向けの公共事業や地域振興など，地元利益の実現を目指す公約に関する軸と考えられる。「自治」や「通産」というのは，地域振興や地元の商工振興を訴えるものである。当時は，バブル経済の末期にあたり，中選挙区制のもと，自民党を中心に多くの野党をも巻き込んで地元利益実現に狂奔した時代である。第2軸は，対照的に，対象面では「対象なし」，政策面では

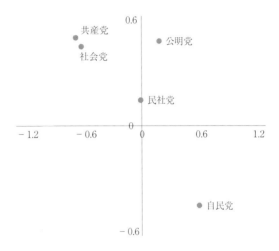

図1　1990年総選挙

	地元利益 第1軸		税金 第2軸		農業 第3軸
自治	.582	安全保障	.402	農水	.922
通産	.604	大蔵	.562	農漁従事	.939
運輸	.763	環境	.527		
建設	.798	政治	.722		
地域公約	.915	対象なし	.875		
寄与率(%)	13.738		8.989		8.742

「政治」・「大蔵」・「環境」（他に「安全保障」も）で大きな値を示している。これは，それ以前から続いてきた保守勢力vs.革新勢力，左と右の対立軸と考えられる。「大蔵」はこの前年の参院選から続く消費税導入問題，「政治」は金権政治打破などの政治倫理問題を示していると考えられる。ここで思い出されるのは，村松のいわゆる二環構造であり，第1軸がまさに内輪の利益過程，第2軸が外輪のイデオロギー過程のそれぞれ典型例といってよい[3]。ちなみに第3軸は，当時，輸入自由化で揺れた農業問題の軸である。

このような軸で構成される政策空間に当時の主要政党はどのような配置されていたのか。この点を散布図で示した。この図によると自民党は第4象限にひとり位置し，これと対照的に第2象限（自民党とほぼ対称の位置に）に社会党と共産党が競うように対置され，中道政党である民社党と公明党がその真ん中という状況となっている。まさに，非常にわかりやすい55年体

制後期の政党間競争がそこには見られる。これが今回の分析の出発点である。それは，ここ4半世紀にわたり改革を求めてきた日本政治の原風景でもある。

(2) 1993年（第40回総選挙）

いわゆる中選挙区制最後の総選挙である。登場する主要政党には，既存の5党（ほかにも社民連や進歩党があった）に加え，細川護熙率いる日本新党や自民党から分裂した小沢一郎の新生党，鳩山由紀夫らの新党さきがけが新たに加わった。新党ブームが惹き起こされた年である。

この回の第1軸は，前回と同じ地元利益の政策軸である（図2を参照）。大きな値を示すものも前回と同じで，対象としての「地域公約」，内容面での「建設」・「運輸」・「自治」・「通産」である。第二軸も前回と同じで，対象では「対象なし」，内容では「安全保障」・「環境」・「政治」などで構成されるイデオロギー過程の軸である。この年は，消費税問題が後景に退いたので「大蔵」が落ち，変わってPKO問題で安全保障が前面に出てきている。従って，政策空間という土俵としては，前回とほとんど変わっていないと考えられる。

他方，政党配置には少し変化が見られる。主要5政党は，社会党がより第2軸，共産党がより第1軸を強調する傾向を示したり，公明党が地元利益に関して反自民色を強めたりしたが，基本的な位置関係に大きな変更はない。むしろ，新たに生まれた3新党の性格が注目される。55年体制の政党間競争のど真ん中に位置し，どの党からも政策距離が最も短い日本新党[4]，小沢一郎に率いられ自民から飛び出したが政策的にはほとんど自民と変わらない新生党，保守勢力でありながら地元利益（第一軸）に関しては自民党と対称的でイデオロギー的（第二軸）にもハト派である新党さきがけが加わった。

(3) 1996年（第41回総選挙）

現行の小選挙区比例代表並立制が導入された最初の総選挙である。政界再編は前回から依然続いており，前回登場した政党のうち，社会党・公明党・民社党・日本新党・新生党が消え，代わりに新進党・民主党・社民党などが登場した。内閣も自民を除く八党連立内閣からいわゆる自社さ政権へと変わり，この選挙の後には自民党政権へ復帰していく。

図3によると，この回の第一軸は依然，地元利益をめぐるものである。大きな値を示すのは，やはり，対象の「地域公約」，内容の「建設」・「運輸」・「自治」（「通産」は脱落した）であり，選挙制度改革がなされても，その直後ではまだ明らかな効果は見えない。一方，第二軸をみると，こちらも状況は変わらず，イデオロギー過程が続いている。対象では「対象なし」，内容では「大蔵」・「安全保障」・「政治」がこの軸を特徴づけており，やはり，旧来のイデオロギー軸の延長線上にある対立軸とみなすことができる。その意味では，90年代の3回の総選挙は，ほぼ同じ政策空間で政党間競争が行われ

図2　1993年総選挙

地元利益 第1軸		安保 第2軸		農業 第3軸	
自治	.580	安全保障	.663	農水	.936
通産	.505	環境	.637	農漁従事	.953
運輸	.770	政治	.548		
建設	.752	対象なし	.885		
地域公約	.900				
寄与率(%)	12.626		10.384		8.887

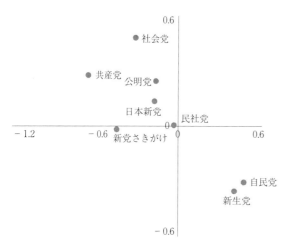

図3 1996年総選挙

地元利益 第1軸		税・安保 第2軸		教育 第3軸	
自治	.544	安全保障	.711	文部科学	.817
運輸	.835	大蔵	.745	構造改革	.446
建設	.734	政治	.599	子ども	.837
地域公約	.914	対象なし	.829		
寄与率(%)	11.882		10.479		8.119

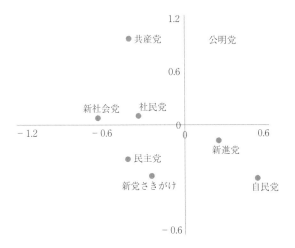

たと言ってよい。

　政党配置を見ていくと，それまでの一次元的な対立から二次元での競争に変わりつつあることがわかる。第一軸の地元利益指向については，自民－新進－民主がほぼ等間隔でならび競い合っている。これら3党は第2軸で同じような位置に水平に並んでいる。議席率でも得票率でもこの3党で多くを占めるので，この選挙での主たる対立は第一軸をめぐるものといってよい。他方，第二軸をみると，左の方で，下から民主－社民－共産と並んでいる。こちらは第1軸が共に同じような値をとっており，第2軸でそれぞれの立ち位置が鮮明になっている。第1軸での競争が主戦線とすると，こちらが第二の政策競争の軸である。それぞれの軸の真ん中に挟まれた二党の将来は厳しいと予想される。また，政策的に離れている政党を結んだ当時の連立内閣が不自然なものであったことも，後知恵ではあるが，理解できる。ちなみに，従来，第3象限で異彩を放っていた新党さきがけは，近くに新しく，より大きな民主党が誕生したこと

で，この後，存在感を失っていく。

(4) 2000年(第42回総選挙)

　前回から4年余り経ってからの総選挙であったが，その間，連立の組み替えがあった。新進党の解党後，小沢一郎率いる自由党が自民党と連立，さらに公明党が参加し，99年秋にいわゆる自自公政権が発足，その後，自由党が分裂し，自公保連立政権が成立しており，自公保連立政権が迎える初めての総選挙であった。

　この年の政策軸として注目されるのは，地元利益の訴えが第二軸に後退し，変わって，旧来型のイデオロギー過程をめぐる争いが第一軸となったことである(図4)。しかも，この第一軸は，「対象なし」や「安全保障」・「政治」に加え，対象としては「勤労者」・「中小企業」，内容としては「労働」・「厚生」が加わっており，総合的な政策全般の軸となりつつある点が注目される。一方，第二軸は，相変わらず，「地域公

図4 2000年総選挙

政治 第1軸		地元利益 第2軸		教育・環境 第3軸	
安全保障	.641	自治	.455	文部科学	.826
大蔵	.485	運輸	.817	環境	.584
厚生	.500	建設	.747	子ども	.825
労働	.817	地域公約	.900		
通産	.446				
政治	.574				
対象なし	.732				
勤労者	.818				
中小企業	.579				
寄与率(%)	16.504		11.433		9.034

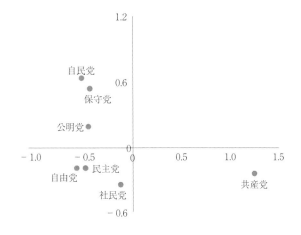

約」・「運輸」・「建設」からなる地元利益指向といえるが，地方振興を実質的には意味する「自治」のウェイトが下がり，軸を構成する要素がより純化している。地元利益や従来，第三軸を構成した農業政策が第四軸となり，変わって教育政策が浮上するなど，政策競争が新たな局面に入りつつあったことがうかがえる。

この年の主要政党の配置は，図4の散布図の通りである。第一軸に関しては，共産党vsそれ以外という配置になっている。実際に公約を見ていくと，文面から政党名が容易にわかるのは共産党だけであり，逆に言うと，他の主要政党の間にはほとんど差がない。辛うじて，これらの政党群を分けるのは，地元利益をめぐる第二軸である。地元利益に関する言及の多寡で，一方は地元利益に言及する自民党・公明党・保守党の与党連合，もう一方はあまり言及しない民主党や自由党などの当時の野党陣営であった。前回総選挙では，連立を組む政党の間で政策的な面で整合性が見られなかったが，今回は与野党の二大陣営がきれいに分かれた。さらにいうとこの後すぐに合同する民主党と自由党，自民党と保守党の各ペアが互いに非常に近くに位置している。新選挙制度導入から2回目の総選挙で二大政党化が政策の面でも進んだと言える。

(5) 2003年（第43回総選挙）

小泉純一郎内閣の1回目の総選挙である。野党は民主党と自由党が合同し，はじめてマニフェストを掲げて選挙戦を行った。民主党の多くの候補者が，統一したマニフェストを選挙公報上に示しており，政党単位で政策がまとまってきた印象があった。

この年の政策軸には，従来と比べ，変化が見られた（図5参照）。「地域公約」・「運輸」・「建設」からなる地元利益指向の軸は，ここまで主要2軸のいずれかの位置を占めてきたが，初めて第3軸となった（寄与率が下がったことになる）。代わって，第1軸になったのは，内容面では「文部科学」・「厚生」，対象では「子ども」

図5　2003年総選挙

教育・厚生 第1軸		政治・安保 第2軸		地元利益 第3軸	
文部科学	.785	安全保障	.600	運輸	.783
厚生	.535	大蔵	.469	建設	.662
子ども	.893	厚生	.451	地域公約	.822
		労働	.809		
		勤労者	.822		
寄与率(%)	10.500		10.328		8.734

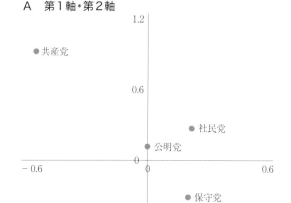

A　第1軸＊第2軸

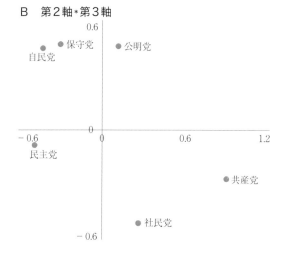

B　第2軸＊第3軸

が大きな値を示す軸である。この年は，年金や介護，少子化対策や30人学級などが話題になることが多かったが，改めて選挙公報を読み返すと，これらのサービスを手厚くすることは可能といった論調が多い。その意味ではポジティブな（そして根拠は余り問わない）軸と言えるのかもしれない。第2軸は，内容面で「労働」・

「安全保障」，対象としては「勤労者」が大きな値を示している。これは，当時，自衛隊のイラク派遣問題とともに，働き方の問題がクローズアップされがちだったことによる。この軸は従来のイデオロギー過程の軸の延長線上にあるといえる。

これらの政策軸からなる政策空間上の政党配置であるが，主要2軸では，共産党が突出して離れた位置におり，残り5党は比較的近い。その中でも公明党と社民党は少し離れており，自民党（と保守党）と民主党はきわめて近く，二大政党による中位収斂が非常に強く表れていると考えられる。主要与野党を分かつのは，第3軸である。自民党（と与党連合）は地元向け公約を言うのに対し，民主党（はじめ野党陣営）はあまり言わない。

なお，この時の選挙結果は与党の辛勝だったが，選挙後，保守党は自民党に吸収され，また，共産党と社民党は振るわず，2大政党が拮抗する状況に最も近づいた選挙だった。

(6) 2005年（第44回総選挙）

小泉純一郎内閣の2回目の総選挙である。郵政民営化を断行しようとする首相が衆議院を解散して行った。造反して離党する与党議員に「刺客」が送られるなど，「小泉劇場」の印象がきわめて強烈だった。造反議員の一部は，国民新党などを結成した。

政策的には，郵政民営化が主要争点だったはずであるが，われわれの分析では，かろうじて第6軸で「構造改革」・「郵政」の軸が見受けられたにすぎない。この年の第1軸は，前回と同じ，つまり，内容面で「文部科学」・「厚生」，対象で「子ども」が大きな値を示す軸である（図6参照）。教育や福祉にどの程度，言及するかを示す軸と考えられる。第2軸は，対象としての「地域公約」，内容としては「運輸」や「建設」からなる地元利益指向が，ふたたび主要軸となった。この第2軸に僅差で寄与率が小さかった第3軸は，内容で「大蔵」・「労働」，

対象で「勤労者」・「庶民」が大きな値を示している。この年は，郵政民営化や構造改革の陰で，地味ではあるが，サラリーマン増税や働き方について野党陣営からかなりの言及があった。

政党配置を見ていくと，第1軸，つまり福祉や教育に関して，今回，自民党候補は平均するとあまり触れず，民主党は少し触れ，共産党候補はよく言及していたことがわかる。第2軸

図6　2005年総選挙

教育・厚生 第1軸		地元利益 第2軸		税 第3軸	
文部科学	.765	運輸	.803	大蔵	.704
厚生	.590	建設	.678	労働	.583
子ども	.891	地域公約	.854	庶民	.649
				勤労者	.673
寄与率(%)	10.063		9.538		9.295

A　第1軸＊第2軸

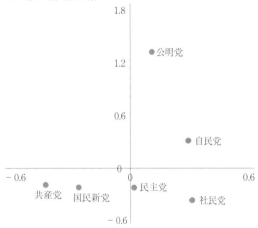

B　第2軸＊第3軸

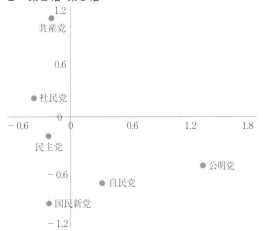

は，相変わらず与党が強く打ち出し，野党は軒並み言及しない構図が続く。ただし，郵政民営化や構造改革への言及が相対的に増えたためであろうか，自民党の位置は従来よりもかなり中央よりである。第3軸は，自民党・国民新党が一方の極となり，公明党・民主党・社民党・共産党と離れていっている。この並び方は90年代(とたぶんそれ以前も)に見られる保革イデオロギーの順である。その意味では，旧イデオロギー過程だったと考えられる。これらの軸から作った散布図をみると，どの図でも政党位置が散らばっており，野党側の各党が政策的な棲み分けに腐心したことが想像される。

(7) 2009年(第45回総選挙)

前回大勝した自民党であったが，その後，相次ぐ失言やスキャンダル，参院選での敗北とねじれ国会，連続する短命政権で，支持率は下降を続けていき，任期を僅かに残して解散に追い込まれた。1993年以来の政権交代への期待が非常に強い情勢での総選挙だった。みんなの党が登場したのもこの年である。また，各党のマニフェストが出揃った。

図7に示す通り，この年の第1軸は，内容面で「大蔵」・「労働」・「安全保障」，対象面で「高齢者」・「勤労者」からなる。選挙公報を確認すると，共産党候補がセットのように，消費税増税，派遣労働者問題，非核化，後期高齢者医療制度などを批判的に取りあげているためと考えられる。ただし，社民党もこれに近く，得票レベルでのインパクトは小さいものの，候補者レベルで提示される政策的差違としては大きなものがあった。第2軸は，「地域公約」・「運輸」・「建設」からなる，おなじみの地元利益である。ちなみに前回，第1軸であった「文部科学」・「厚生」・「子ども」からなる軸が第3軸となった。

政党配置を見ると，第1軸では，一方の極に共産党，対極に残りの党のほとんどが位置する。社民党がその中間である。前回第3軸だっ

図7　2009年総選挙

	税・安保 第1軸		地元利益 第2軸		教育・厚生 第3軸
安全保障	.618	運輸	.790	文部科学	.764
大蔵	.776	建設	.750	厚生	.663
労働	.739	地域公約	.878	女性	.422
政治	.418			子ども	.857
高齢者	.634				
勤労者	.763				
寄与率(%)	13.064		10.071		9.789

A　第1軸*第2軸

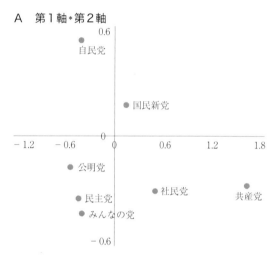

B　第2軸*第3軸

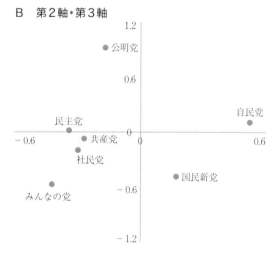

た旧イデオロギー過程と考えられる。社共両党は独自色をだそうとしているが，逆にいうと，自民党も民主党も政策的には大差がないことがわかる。有権者の支持を考慮に入れると，政策的には二大政党の仕組みが機能している。ただし，自民党は第2軸で独特の位置を占める。前

回はあまり明確に打ち出さなかった地元利益が今回は明らかに多く主張されている。劣勢にたったときの頼みの綱が伝統の地元利益志向だったとみるのはうがちすぎだろうか。対照的に公明党は野党並みに地元利益を言わない。これも予想される劣勢への対策と考えられる。その公明党は同時に第3軸で特色を出している。みんなの党は，ほぼ民主党と同じか，少しより強い位置にあった。ここでは示さないが，第4軸（「内閣」と「対象なし」で大きな値を示すので，全般的な改革志向と考えられる）できわめて特徴的な位置をとり，他党と明確な差違を示している。

(8) 2012年（第46回総選挙）

前回，単独過半数を得た民主党であったが，その後の政権運営は思うように行かず，東日本大震災もあり，支持率は低下，政権は短命にあり，ついには手放さざるを得ない状況に追い込まれた。同年11月に突然，当時の野田首相から解散表明があり，自民党なども同調，解散が決まった。その前から再選を狙う議員らによって，新党が乱立し，日本維新の会や日本未来の党などの参加もあり，多くの政党によって競争が行われることとなった。

図8の第1軸では，前回とほぼ同じで，「労働」・「安全保障」・「大蔵」，対象面で「勤労者」が大きな値を示している。今回は，さらに「政治」と「対象なし」が加わっているが，基本的に共産党を弁別するための軸となっている。第2軸は，内容で「文部科学」・「環境」，対象で「子ども」が大きな値を示している。また，「地域公約」・「運輸」・「建設」からなる地元利益指向が第2軸から再び第3軸に後退している。

政党配置をみると，第1軸では共産党が突出しているが，第2軸では共産党と日本維新の会が自民党など他政党と対称的な位置を占めている。ただし，選挙公報の実物を見ても内容的に自民と維新・共産が対称的になる理由が明確でなく，今後の精査が必要と考えている。第3

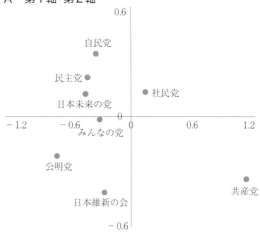

図8 2012年総選挙

税・安保 第1軸		教育・環境 第2軸		地元利益 第3軸	
安全保障	.633	文部科学	.796	自治	.410
大蔵	.610	厚生	.447	運輸	.828
労働	.702	環境	.525	建設	.655
政治	.627	対象なし	.423	地域公約	.854
対象なし	.600	子ども	.780		
勤労者	.735				
寄与率(%)	12.529		9.617		9.421

A 第1軸＊第2軸

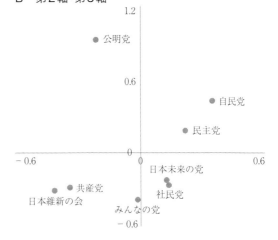

B 第2軸＊第3軸

軸である地元利益指向では，社民・共産に加え，3つの新しい政党（みんなの党，日本未来の党，日本維新の会）が与党連合から離れている。特徴的なことは，自民と民主が3つの軸のすべてでかつてない程，近いところに位置していることである。また新党の中では，日本維新の会が

比較的に独自の立場を打ち出せているのに対し，日本未来の党が既存の政党に埋もれており，政策的な棲み分けという観点からは対照的な立ち位置といえる。

5．むすびに

本稿では，1990年から2012年まで8回の総選挙における主要候補の選挙公約を分析し，その変遷を簡単ではあるが，記述してきた。この中で今後の議論の材料となりそうなものを中心に，まとめと今後の課題を述べる。

各党の対象や内容に関する言及率の平均値からは，この期間を通して総花化が進んだことがうかがえる。特に対象を絞らず，内容も国全体にかかわるトピック（例えば，政治改革，景気，税金，福祉医療など）が増え，反面，特定の地域や年齢や職業で区切られた下位集団に向けた個別の訴えは減少している。

一般に小選挙区になれば中選挙区時代よりも総花化が進むと考えられ，その点では効果があったと考えられる。ただし，興味深いことは，選挙制度が変わる前に既に政治家や有権者がそちらに舵を切っていることである。他方，制度が変わっても従来の主張や手法を続ける者も少なくない。個別利益指向が行き過ぎた結果，改革が行われ，他方，改革が行われても，条件によってはその方が有利なので従来の主張や手法を継続することがある。これらのこと自体は，直ちに制度の効果を否定するものではないが，制度の効果が発現する時期やメカニズムに関して考えておくべき点である。

各回の選挙に関しては因子分析を行い，主要軸の性格と各党の配置を検討した。第一に，この20年余りで常に地元利益指向が主要3軸の一つであったことが注目される。確かにそのウェイトは90年代には大きかったが，徐々に小さくなっている。しかし，直近でも一定数の候補が一定割合で言及しているのも事実である。どのようにして地元利益に関する訴えは減っていくのか，そして，なぜ，どういう時に一部の政治家にとって地元利益に頼る方が有利となりうるのか，さらに分析を深く掘り下げることが考えられる。

第二に，旧イデオロギー過程の変遷である。この軸は，90年代に大きな意味を持っていたが，やがて少しずつ形を変えながら，いつのまにか共産党の弁別軸になっている印象がある。イデオロギー過程の変質あるいは衰退があったと考えられる。すると，いつどのように変化が起こったのか，それはどういう意味をもたらしたのかが問われるに違いない。「いつ」という意味では，有権者の支持具合や国会にその政策が持ち込まれる程度を考慮に入れた分析が必要である[5]。「どのように」という観点では，二大政党の一翼を担い，自民党と差異を小さくしていった民主党に注目し，その党内における変遷を観察するのが良いと考える。そして，「何をもたらしたのか」という観点から筆者が気になっている点は，かつて利益指向を牽制する役割を担ったイデオロギー軸が縮小あるいは変質した後に，各党の違いを明らかにする新しい対立軸が生まれるのかという点である。

第三に，2000年代以降，教育に関する軸が常に上位に入っている。文教やそれとペアになった厚生や環境などの政策群，言い換えれば子供に関する政策対立は，現代の隠れた政策軸と考えられる。教育以外の政策では不人気な立場は言いにくい。例えば，増税反対は言いやすいが増税推進はなかなかいつの選挙でもいいづらい。これに対し教育政策は比較的に立場を明らかにしやすい。今後の日本の政策争点を考えるとき，教育政策をめぐって，どのような対立あるいは対比があったのかという点が重要になる可能性がある。

最後に，本稿で触れられなかったことである。多々ありすぎるぐらいにあるのだが，ここでは，データの生成方法を取り上げたい。既に書いたように，2012年以降，選挙公約の収集やテキスト化に関しては劇的な変化があり，効率化が進んでいる。これに合わせてコーディング作業

も機械学習に基づく分類に移行しつつある。内容に関し，既に大分類(つまり本稿)のレベルであれば問題はなく，単体の選挙分析では利用可能と考えるが，今回のように長期にわたる分析を行う際に，手作業でコーディングをしていた時代との接合可能性の問題が残っており，今後，検証を進めたいと考える。

現実の総選挙は，本稿のデータと比して，既に2014年，2017年と二回先行している。この間の政治情勢の変化は，本稿が扱った時期とは，また異なる姿を示しているように思われる。今後は，今回の作業を継続拡大し，何が変わり何が変わっていないかを明らかにしていきたい。

（1） 品田(1998)，品田(2006)，品田(2007)を参照。
（2） 宋(2015)を参照。
（3） 村松(1981)を参照。
（4） 実際，後に8党連立政権の要となった。
（5） 有権者の支持具合は当該候補の得票率，国会にその政策が持ち込まれる程度は当該候補の当落に置き換えられる。

参考文献

猪口孝．1983．『現代日本政治経済の構図：政府と市場』東洋経済新報社．
蒲島郁夫・竹中佳彦．1996．『現代日本人のイデオロギー』東京大学出版会．
小林良彰．1997．『現代日本の政治過程：日本型民主主義の計量分析』東京大学出版会．
品田裕．1998．「選挙公約政策データについて」『神戸法学雑誌』48（2）：541-72．
品田裕．2000．「90年代日本の選挙公約」水口憲人・北原鉄也・久米郁男編『変化をどう説明するか 政治篇』木鐸社，147-71．
品田裕．2001．「地元利益志向の選挙公約」『選挙研究』16: 39-54．
品田裕．2002．「政党配置−候補者公約による析出」樋渡展洋・三浦まり編『流動期の日本政治』東京大学出版会，51-72．
品田裕．2006．「選挙公約政策データについて」『日本政治研究』第3巻第2号: 63-91．
品田裕．2006．「2005年総選挙を説明する−政党支持類型から見た小泉選挙戦略」『レヴァイアサン』39: 38-69．
品田裕．2007．「選挙と政策に関するデータの作成について」『レヴァイアサン』40: 152-159．
品田裕．2010．「2009年総選挙における選挙公約」『選挙研究』26-2: 29-43．
宋財泫．2015．「誰が選挙公約を見るのか: 無党派性と政治的有効性感覚に着目した日韓比較研究」『六甲台論集』62（1）: 1–22
建林正彦．2017．『政党政治の制度分析』千倉書房．
堤英敬．1998．「1996年衆議院選挙における候補者の公約と投票行動」『選挙研究』13: 89-99．
濱本真輔．2018．『現代日本の政党政治−選挙制度改革は日本に何をもたらしたのか』有斐閣．
三宅一郎．1989．『投票行動』東京大学出版会．
三宅一郎・山口定・村松岐夫・進藤榮一．1985．『日本政治の座標：戦後40年のあゆみ』有斐閣．
村松岐夫．1981．『戦後日本の官僚制』東洋経済新報社
Catalinac, Amy. 2017. "Positioning under Alternative Electoral Systems: Evidence from Japanese Candidate Election Manifestos" *American Political Science Review*, 1-18.

〈特集1　小選挙区比例代表並立制・再考〉

小選挙区比例代表並立制と政党競合の展開

森　裕城

> 要旨：本稿の目的は，小選挙区比例代表並立制における政党競合の展開を，共時的・通時的の両面からトータルに叙述することである。本稿における主な発見は次の3点にまとめられる。①中選挙区制時代の政党競合のあり方が，新しい選挙制度のあり方を規定しており，それが自民党に有利に働いたこと，②小選挙区比例代表並立制導入後の巨大政党の誕生は，予言の自己成就としての性格を有しており，それが非自民勢力に多大な負荷を与えたこと，③異なる原理を有する小選挙区制と比例代表制を足し合わせた制度である小選挙区比例代表並立制は，政治過程に複雑な力学をもたらしており，それが現在の野党分断現象を生んでいること。同じ小選挙区比例代表並立制であっても，小選挙区の数（比率ではない）がいくつになるかで，政党競合のあり方が大きく変わることを，本稿の内容は示唆している。

「政党の闘争の結果として一定の選挙制度が生みだされるとともに，いったん生みだされたのちには，政党はこの選挙制度を前提とし，それに適応するために，自らの主体的条件を整備していかなければならない。」[1]

1．小選挙区比例代表並立制・再考

本稿の目的は，小選挙区比例代表並立制における政党競合の展開を，共時的・通時的の両面からトータルに叙述することである。特集テーマ「小選挙区比例代表並立制・再考」の誘導に従い，以下の3つの論点について「再考」を試みた上で，それを行うことにしたい。

第1の論点は，選挙制度と政党競合の関係についてである。選挙制度と政党競合は，前者が後者を規定するという局面が重視されがちであるが，後者が前者を規定するという局面があることも押さえておかなければならない[2]。小選挙区比例代表並立制は，野党になっていたとはいえ，自民党が比較第一党であった状況下で導入されたものであり，いくつかの重要な箇所で自民党に不利にならないように配慮されたものであった。本稿では，小選挙区比例代表並立制の前の選挙制度である中選挙区制の下で一党優位を誇った自民党が，新しい選挙制度のどのような箇所にこだわり，それがその後の政党競合をどのように規定したかを再考する。

第2の論点は，小選挙区比例代表並立制の捉え方についてである。小選挙区比例代表並立制は，政治的妥協の産物としての選挙制度であったがゆえに，それがひとつの制度としてどのように作動するかという視点での研究が深められない傾向があった。日本の場合，小選挙区部分の比率が大きく，その効果も想定された以上に明確に出たところがあったので，そうした研究傾向が強くなったように思われる。しかし，制度導入から20年を経てみると，小選挙区制と比例代表制がセットにされたことの政治的な意味は大きなものであったことに気づかざるを得ない。本稿では，小選挙区比例代表並立制が「ひとつの制度」として，政党競合にどのような影響を与えたか

を再考する。

　第3の論点は、政党競合の解釈についてである。日本で小選挙区比例代表並立制が導入された時期は、日本の政治学の研究状況が大きく変わろうとする時期でもあった。特定の前提に基づいて議論を展開する研究手法の流通は、それまで見えにくかったものがクリアに見えるようになるという効果をもたらしたが、見えたはずのものが見えなくなってしまうという問題を生じさせたように思われる。たとえば、デュヴェルジェの法則[3]に方向づけられた日本の二大政党制化に対する研究関心の高まりは、現象を観察する側の視角における大政党偏重という歪みをもたらしたと言えないだろうか。また、かつての政治学で試みられてきたような政治アクターの行動を動機のレベルで解釈していくという構えが崩れたことによって、現象の理解が過度に単純化されてしまった問題も指摘できるであろう。本稿では、二大政党制化の流れを自明視せず、多党が競合する状況を前提として、諸現象の解釈を再考する[4]。

　次節以下では、考察対象の現象が発展的に展開していることに対応するために、年代順の叙述形式を採用することにしたい。ただし、紙幅の制限があるので、便宜的に、第1局面＝中選挙区制から小選挙区比例代表並立制への移行期、第2局面＝二大政党化現象の進展期、第3局面＝自民党一強・野党勢力分断期、という3つの局面を設定し、焦点を絞った叙述を行うことにする。

2．中選挙区制から小選挙区比例代表並立制へ：制度移行期の自民党の対応

　本節では第1局面の検討を行う。ここでの焦点は、①小選挙区比例代表並立制の前の制度であった中選挙区制の下でどのような政党競合が見られたか、②その政党競合のあり方が新しく導入される選挙制度のあり方にどのような影響を与えたか、である。

(1) 中選挙区制下における政党競合の実態

　伝統的な政党論の作法に従って、政党競合を政党間競合と政党内競合に分別して、中選挙区制下の政党競合の姿を確認することにしよう。

　図1は、横軸に各党の候補者数、縦軸に当選者数をとり、各回の結果を線で結んだものである。この図から把握できるのは、中選挙区制下の主要5政党が対等な形で政党間競合を展開していたわけではなかったという事実である。自民党は、候補者数でも当選者数でも、他の政党を圧倒していた。

　中選挙区制時代の選挙区数は、第28～30回（1958年～1963年）が118、第31～32回（1967年～1969年）が123、第33回（1972年）が124、第34～39回（1976年～1990年）が130、第40回（1993年）が129なので、それよりも多くの候補者を擁立している政党は、一選挙区に複数候補を擁立していることになる。この問題がユニークな政党内競合を生んだことは多くの政治学者によって議論されてきたところであるが[5]、本稿のテーマに関連して取り上げなければならないのは、自民党候補者の集票領域にみられる地理的な「すみわけ」という現象である。

　選挙区内における候補者得票の地域偏重度を数値化したものとしてRS指数がある[6]。表1は中選挙区制で最後の選挙となった1993年総選挙における当選者のRS指数の分布を示したものである。非自民の当選者に比べると、自民党に地域偏重的な当選者が有意に多いことがわかるであろう。自民党当選者内には特定の地域に依拠して安定的当選を勝ち取る候補者（ここではRS≧0.3としておく）が41人存在した。その規模は自民党当選者全体（223人）の18.4％に及ぶものであった。

(2) 小選挙区300の含意

　1994年の選挙制度改革は難産であった。小選挙区比例代表並立制という大枠は決まっても、小選挙区部分の総定数をいくつにするかで、政党間の合意がとれない状況が続いた[7]。

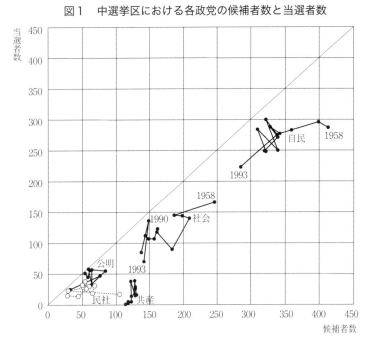

図1 中選挙区における各政党の候補者数と当選者数

表1 当選者のRS指数の分布（1993年）

	自民党 223人	非自民 288人
$0.00 \leq RS < 0.05$	12	60
$0.05 \leq RS < 0.10$	41	102
$0.10 \leq RS < 0.15$	44	60
$0.15 \leq RS < 0.20$	29	33
$0.20 \leq RS < 0.25$	37	13
$0.25 \leq RS < 0.30$	19	8
$0.30 \leq RS < 0.35$	15	4
$0.35 \leq RS < 0.40$	14	3
$0.40 \leq RS < 0.45$	5	3
$0.45 \leq RS < 0.50$	5	1
$0.50 \leq RS < 0.55$	2	1

そうした中で自民党は，小選挙区300は譲らないという態度を取り続け，それを実現させたのだった。

なぜ，自民党は小選挙区300にこだわったのだろうか。この点については，多くの人が言及しているが，たとえば，細川護熙首相の秘書官であった成田憲彦は次のように述べている。

「ご承知の通り，修正問題の最大のテーマの1つは，小選挙区の数でした。自民党がどうしてそんなに数にこだわったかというと，一般的に小選挙区制は自民党に有利ということもありますが，実は個々の自民党の議員は，自民党に有利かどうかということにはあまり関心がないのです。自分が生き残れるかどうか，ということが最大の関心事なわけです。問題は，新たな区割りの際に定数是正も同時にやりますから，小選挙区250では，地方では小選挙区からあぶれる人が続出するわけです。地方で現職が5人いるのに小選挙区の数が2つなどという県が出てきてしまうわけです。これが，物凄い抵抗を生むのです。300にすれば，多少は小選挙区の枠が拡がって，5人のうち3人ぐらいが入れるような状況が出てくるわけです。たかだか1人の差でも決定的に違うわけで，自民党は必死に数にこだわるわけです。」[8]

ある選挙制度で勝利していた政党が，別の選挙制度でも勝利するというのは，容易なことではない。既に存在する巨大政党の自民党が，そのままの形で存続できた背後にどのような政治過程があったかは，慎重に検討されるべき事柄であろう。自民党は中選挙区で勝利していた議員を，新しい選挙区にどのようにはめ込むかという難題を抱えていたわけだが，小選挙区の数が300になったことで，その難易度が下がったのであった。また，新しい選挙制度に比例代表部分があることも，自民党にとっては好都合であった。新しい区割りにおいて候補者の選挙地盤が競合する場合に，「コスタリカ方式」（2人の候補者が小選挙区と比例代表を交互に立候補していくという方式）を活用することが可能になったからである。

表2には，RS指数0.3以上の当選者の「その

後」を示したが，上記の理由により，中選挙区制における勝利の力学が新しい選挙制度に持ち越されていることを読みとることができる[9]。もし，小選挙区の数が300を下回っていたならば，このようなスムーズな選挙地盤の移行は考えにくい。面積的に大きな選挙区の中に中途半端に残存した選挙地盤が複数競合し，その選挙区の取り合いが現職議員の間で発生して，自民党は大混乱に陥ったであろう。

(3) 自民党の得票水準低下と選挙過程の変容

ここで小選挙区比例代表並立制導入以降の自民党の選挙実績を確認しておこう。図2には自民党の絶対得票率の推移を示したが，自民党の得票水準はかなり低いものであることがわかる。2000年総選挙以降，小選挙区部分では公明党

表2　1993年総選挙におけるRS≧0.3の自民党当選者の「その後」

候補者名	93年の選挙区	定数	順位	RS指数	96年の選挙区	当落	移行率	備考
中川昭一	北海道5区	5	1	0.3509	北海道11区	○	67.9	
武部勤	北海道5区	5	3	0.5142	北海道12区	○	83.6	
津島雄二	青森1区	4	3	0.3533	青森1区	○	63.5	
菊池福治郎	宮城2区	3	1	0.4657	宮城6区	○	83.7	
大石正光	宮城2区	3	3	0.3946	宮城6区	×	80.7	96年は新進党から立候補
村岡兼造	秋田2区	3	1	0.3253	秋田3区	○	100.0	コスタリカ
御法川英文	秋田2区	3	3	0.4470	比例東北2位	○	100.0	コスタリカ
近岡理一郎	山形2区	3	3	0.4273	山形3区	○	82.1	
佐藤剛男	福島1区	4	4	0.3397	福島1区	○	75.5	
根本匠	福島1区	4	2	0.3740	福島2区	○	84.7	
増子輝彦	福島1区	4	3	0.3962	福島2区	×	86.4	96年は新進党から立候補
荒井広幸	福島2区	5	5	0.4205	福島3区	○	84.6	コスタリカ
穂積良行	福島2区	5	4	0.4698	比例東北1位	○	88.9	コスタリカ
斉藤文昭	福島2区	5	2	0.5086	福島4区	×	95.4	96年の対立候補は渡部恒三。重複せず
額賀福志郎	茨城1区	4	2	0.3546	茨城2区	○	68.8	
谷津義男	群馬2区	3	1	0.3901	群馬3区	○	84.1	コスタリカ
中島洋次郎	群馬2区	3	3	0.3428	比例北関東5位	○	84.7	コスタリカ
加藤卓二	埼玉3区	3	2	0.3022	埼玉11区	○	92.3	
林幹雄	千葉2区	4	3	0.3376	千葉10区	○	75.5	
森英介	千葉3区	5	1	0.3178	千葉11区	○	63.6	コスタリカ
石橋一弥	千葉3区	5	5	0.4536	比例南関東1位	○	82.8	コスタリカ
中村正三郎	千葉3区	5	4	0.3324	比例南関東2位	○	82.6	コスタリカ(相手は12区浜田靖一)
堀内光雄	山梨全県区	5	1	0.3072	山梨2区	○	65.1	
小川元	長野3区	3	2	0.4784	長野4区	○	82.9	
宮下創平	長野3区	3	3	0.3607	長野5区	○	85.1	
藤井孝男	岐阜2区	4	1	0.3236	岐阜4区	○	72.4	コスタリカ
金子一義	岐阜2区	4	2	0.4134	比例東海1位	○	81.5	コスタリカ
古屋圭司	岐阜2区	4	4	0.4188	岐阜5区	○	85.7	
久野統一郎	愛知2区	4	4	0.3654	愛知8区	○	66.7	
浦野烋興	愛知4区	4	2	0.3310	愛知8区	×	63.7	96年の対立候補は伊藤英成。比例も×
稲垣実男	愛知4区	4	3	0.3695	比例東海2位	○	56.1	Cの値は12区で計算した場合
相沢英之	鳥取全県区	4	4	0.3219	鳥取2区	○	77.2	
河村建夫	山口1区	4	3	0.3156	山口3区	○	79.0	
山本公一	愛媛3区	3	1	0.3589	愛媛4区	○	85.3	
坂井隆憲	佐賀全県区	5	5	0.3989	佐賀1区	△	67.5	96年の対立候補は原口一博。比例は○
保利耕輔	佐賀全県区	5	2	0.4990	佐賀3区	○	72.0	
久間章生	長崎1区	5	3	0.3321	長崎2区	○	68.4	
虎島和夫	長崎2区	4	3	0.3275	長崎3区	○	69.3	
東家嘉幸	熊本2区	4	3	0.3583	比例九州4位	○	68.4	Cの値は4区で計算した場合
渡瀬憲明	熊本2区	4	4	0.3506	熊本5区	×	75.8	96年の対立候補は矢上雅義。比例も×
宮路和明	鹿児島1区	4	2	0.3107	比例九州6位	○	48.1	コスタリカ(相手は3区松下忠洋)

注：移行率＝小選挙区移行部分の得票数(93年)／中選挙区全体の得票数(93年)×100

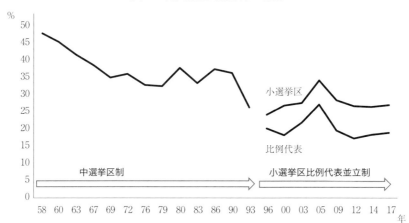

図2　自民党絶対得票率の推移

の選挙協力によってある程度の得票水準を維持しているが，中選挙区制時代と比較すれば，かなり見劣りする結果である。印象的なのは数値の変動幅の小ささであり，小泉人気を要因とする2003年，2005年の盛り上がりを例外として扱えば，自民党の集票力は低水準が継続してきたと評してよいだろう。

このような低水準の得票でも，自民党が圧倒的勝利を遂げられるのは，なぜだろうか。当然のこととして，そこには小選挙区制の制度特性がかかわっている。しかし，それですべてが説明できるとは思われない。たとえば，自民党リーダーによる，有利な選挙戦を展開するための環境づくり行動に注目する必要があるだろう。近年の選挙では，選挙に至るまでの政治過程の流れが，一段と大きな意味を持つようになっていると筆者は考えている。このような現実の選挙の展開に，選挙研究者の側はどのように対応するべきか。選挙研究を構成する重要な柱として，アグリゲートデータ分析，サーヴェイデータ分析に加えて，政局分析のようなものが見直されるべきではなかろうか。

検討課題を列挙すれば，次の通りである。①公明党が他党に寝返らないように自民党がどのようなことをしているか，②非自民勢力が大同団結することを阻止するために自民党がどのようなことをしているか，③保守新党の誕生（自民党の分裂を含む）が起こらないようにするために自民党がどのようなことをしているか，④解散総選挙のタイミングをめぐって自民党内でどのようなやり取りがあるか。このうち，②の非自民勢力がまとまることを阻止することについては，小選挙区比例代表並立制の制度的特徴と絡めて，後述することにしたい。

3．小選挙区制に方向づけられた政治過程：新たに登場した巨大政党の機能不全

本節では，小選挙区制の効果が強く出た時期である第2局面の検討を行う。中選挙区制の頃には経験したことのない，300人の候補者を揃えるという高い壁に，非自民勢力がどのように挑んだかという問題を中心に叙述を進めることにする。

(1)「予言の自己成就」的な巨大政党の誕生

新制度導入後，非自民の諸勢力は次の3つのうちのいずれかの対応をとることになった。①小選挙区での選挙戦を重視して政党の規模を拡大する，②比例代表での選挙戦を重視して政策の一貫性を保持する，③かつて敵対関係にあった自民党と協力関係に入ることで組織の存続を狙う，である。こうした変化の中で，政治的にも，政治学的にも注目されたのが，小選挙区で

の選挙戦を主とする巨大政党の誕生である。

　日本における二大政党化の流れは，一般的にはデュヴェルジェの法則の文脈で理解されているが，筆者は大筋でそのような議論を認めつつも，もう少し違った角度から現象を検討する余地があると考えている。その理由を述べるにあたって，まずは，オーソドックスな二大政党制の形成論を確認しておきたい。

　なぜ小選挙区制は，二大政党制を生むのだろうか。この分野において誰もが引用するデュヴェルジェの『政党社会学』は，そのメカニズムを次の2つの要因で説明している[10]。第1が機械的自動的要因(この制度の下では中小政党の得票が議席に反映されないため，大政党が過大代表になる)であり，第2が心理学的要因(有権者は当選の見込みがない中小政党に投票するのをやめ，大政党に投票するようになる)である。

　留意したい点は，以上の議論は原理論に過ぎないという点である。現実の政治過程は複雑であり，さまざまな他の要因が絡み合って，実際の現象は発生する[11]。たとえば，パス・ディペンデンシーの問題がある[12]。デュヴェルジェ自身も述べているように，制度の効果はそれほど強いものではないので，多党制が根付いているような国では，このような効果が現れるのにかなりの程度の時間がかかると考えなければならない[13]。

　ここで興味深い事実にぶつかる。それは，日本の二大政党化の流れが，速すぎるという点である。日本で起こった現象を振り返ると，アクターが制度の効果を試行錯誤の中で「学習」[14]したというよりは，制度の効果を「予習」して，それに合わせて強引に自分の行動を変更しているように見える。その傾向は，エリートレベルの行動に顕著であり，まるで「予言の自己成就」[15](政治過程のアクターが政治学の理論を知ってしまうことによってその行動が理論の予測する通りになること)という要因が作用しているかのようであった。

　出来る事であれば，その時期に国会議員全体に対して調査を試みておきたかったのだが，「京都大学・読売新聞共同議員調査」(2016年11〜12月)において，筆者はようやくその機会を手にすることができた[16]。表3は，「政治学の議論に『デュヴェルジェの法則』があります。『小選挙区制は2大政党制をもたらし，比例代表制は多党制をもたらす』というものですが，あなたはこうした議論があることを，ご存知ですか」という設問の回答を整理したものである。この結果は，多くの国会議員が「小選挙区制は2大政党制をもたらし，比例代表制は多党制をもたらす」という理論を認識していることを示している。勿論，1990年代後半以降の経験を経て，国会議員の中にこのような常識が広がったという可能性を否定はできないが，状況から考えて，当時も今も，認識の広がりにそれほどの違いはなかったのではないか，と推測する次第である。

(2) 急ごしらえの巨大政党を運営することの難しさ

　ここまで巨大政党という言葉について解説を付さずに用いてきたが，その基準を1つ挙げるとすれば，小選挙区300に候補者を擁立する力量を持った政党，ということになる。中選挙区

表3　自民党・民進党所属の国会議員は「デュヴェルジェの法則」を知っているか？
(2016年京都大学・読売新聞共同議員調査)

	自民党所属議員			民進党所属議員		
	衆	参	全体	衆	参	全体
	87	17	106	39	15	54
政治学の分野でそのような議論があることを，知っている	50.6	23.5	46.2	66.7	46.7	61.1
政治学のことはよくわからないが，一般的な常識として，知っている	37.9	47.1	39.6	25.6	20.0	24.1
知らない	6.9	5.9	6.6	2.6	13.3	5.6
NA	4.6	23.5	7.5	5.1	20.0	9.3
	100.0	100.0	100.0	100.0	100.0	100.0

注：自民党の「全体」の回答には衆・参の別が不明なものが2件含まれている。

制時代の非自民勢力の候補者擁立能力を顧みれば，このハードルがいかに高いものであったかがわかる。すでに述べたように，片方の巨大政党である自民党の場合は，候補者をいかにして小選挙区にはめ込むかが課題となっていたわけだが，小選挙区の枠が300になったことによって，課題の難易度が下がったのだった。他方，非自民勢力が作る巨大政党の場合は，中選挙区制時代には経験したことのない規模の候補者数の擁立に挑まなければならず，小選挙区の枠が300になったことによって課題の難易度は各段に上がったと言うことができよう。

政党が巨大化する方法は，理屈の上では次の2つがある。第1は，地道に有権者の支持を増やして政党の勢力を大きくしていく方法である。時間はかかるが，その分，組織は安定的なものとなるだろう。第2は，すでに議席を占めている異党派の議員たちを結集して新党を作る方法である。候補者の不足分については新人をかき集めることになる。手っ取り早いが，その分，組織は不安定なものにならざるを得ない。

小選挙区比例代表並立制導入後における巨大政党の誕生は，概ね後者の力学によるものであったように思われる。本来であれば，もう少しゆっくりと制度の効果があらわれるはずなのに，アクターがその効果を先取りして動いたために，現象が急速に進んだ側面があるとすると，そのことは政治過程に一定の歪みを生じさせないだろうか。たとえば，急速かつ人工的な二大政党化の流れは，当然に，政党組織に大きな負荷をかけると思われる。こうした観点から，新進党の誕生から崩壊に至るまでの流れを見ることはできないだろうか。また，民主党が直面した困難も，同様の観点から捉えることで，その問題の本質がよりよく理解されると思われる。

表4は，新進党と民主党の公認候補者（比例代表を含む）が，過去の総選挙でどの政党から立候補していたかをまとめたものである。こ

表4 新進党・民主党の候補者の立候補歴

1996年総選挙における新進党候補（361人）

1993年		1990年		1986年	
なし	168	なし	236	なし	275
新生党	54	自民党	54	自民党	40
公明党	51	公明党	29	民社党	17
日本新党	27	民社党	19	公明党	14
自民党	25	無所属	18	無所属	11
民社党	18	社会党	3	社会党	2
無所属	12	新自由ク	1	新自由ク	1
社会党	3	社民連	1	社民連	1
さきがけ	2				
社民連	1				

1996年総選挙における民主党候補（161人）

1993年		1990年		1986年	
なし	91	なし	110	なし	137
社会党	43	社会党	38	社会党	16
日本新党	12	自民党	5	無所属	4
無所属	6	無所属	4	自民党	2
さきがけ	5	民社党	2	民社党	1
自民党	1	社民連	2	社民連	1
社民連	1				
諸派	1				
民社党	1				
社民連	1				

2005年総選挙における民主党候補（299人）

2003年		2000年		1996年		1993年		1990年		1986年	
民主	223	なし	135	なし	186	なし	230	なし	255	なし	278
なし	63	民主	129	新進	53	日本新	16	自民	11	民社	7
無所属	7	自由	22	民主	47	社会	12	無所属	11	自民	6
無会	3	無所属	8	無所属	4	民社	10	社会	10	無所属	5
社民	2	社民	2	自民	3	新生	9	民社	10	社会	2
自民	1	自民	1	さきがけ	2	さきがけ	7	公明	1	社民連	1
		改ク	1	社民	2	無所属	7	社民連	1		
		無会	1	自連	1	自民	5				
				民改	1	公明	1				
						社民連	1				
						諸派	1				

れを見ると，両党がどの程度の寄せ集め集団（元々は異端派であったベテラン勢と多数の新人）であったかが一目瞭然となる。民主党の場合，1996年総選挙の時点では，旧革新系の候補者中心で構成されていたが，2005年総選挙の時点にもなると，かなり雑多な構成に変化していた。これは新進党が空中分解した後の議員を受け入れ，さらに自由党を吸収したことによる結果であった。

　日本政治の文脈においては，保革イデオロギー軸上における諸政党の位置設定の問題も，非自民の巨大政党における組織運営を複雑にしたように思われる。この点も簡単にではあるが述べておきたい。

　G. サルトーリは，政党システムには，双系野党の政党システムと単系野党の政党システムがあると指摘している[17]。模式図にあらわすと図3のようになる。双系野党の政党システムにおいては，保革イデオロギー軸上において政権党は左右の野党から批判されるために，立場が弱くなる。一方，単系野党の政党システムにおいては，政権党は一方向に対応すればよいので，野党連合の成立という事態さえ阻止できれば，政権党は野党に対して有利な立場を維持できる。

　非自民勢力が作る大政党は，保革イデオロギー軸上において中間部分に位置することになるため，政権を担当することになれば（あるいはそれを目指すことになれば），左右両側からの批判やゆさぶりにさらされることになる。党内の組織運営が安定していないところに，そのような力学が発生するわけであるから，党組織にかかる負荷は大きなものであったといえよう。

(3) 二大政党制の政治的・社会的条件

　2009年，民主党政権が誕生したことによって，日本においても二大政党制が誕生するかに思われた時期があった。しかし民主党政権は短命に終わり，党そのものが崩壊してしまった。このことの理由を探る作業はいずれ本格化していくであろうが，それを決定論的に論じるべきかどうかは，議論が重ねられなければならない[18]。

　民主党政権を振り返るに当たっては，政治過程をいくつかのレベルに分けて考察する必要があるだろう。有権者のレベルでは，確かに民主党政権を求める意識が育っており，二大政党制を受け入れる素地はあったと言える[19]。問題は，むしろ，政治家・政党のレベルにあった。本節で述べたように，新しい選挙制度に対応しようとする合理性追求行動が，あまりにも性急かつ過剰であったため，組織に大きな負荷がかかったというのが筆者の見解である。制度改革の効果にともなう副作用といえよう。

　これに加えて，筆者の研究上の守備範囲の中で指摘しておきたいのは，利益団体レベルの問題である。長年にわたって各種の団体調査に従事してきた辻中豊は，二大政党制（もしくは，二大政党による求心的な競合がある安定的な状況）の背後には，団体レベルの独特な行動があるという仮説（「二大政党制の圧力団体的基礎」仮説）を提起していた[20]。それは，政党政治の二大政党化状況にあわせて，①団体全体で見た場合に，接触・支持行動の分布に双峰性がある，②同一団体分類内においても，接触・支持行動の分布に双峰性が見られる，③個別の団体レベルでも，危機分散という観点から二大政党の双方と良い関係を維持しようとする動き

図3　双系野党と単系野党の政党システム

双系野党の政党システム

| 野党 | 野党 | 政権党 | 野党 | 野党 |

←→

単系野党の政党システム

| 野党 | 野党 | 野党 | 野党 | 政権党 |

←←←

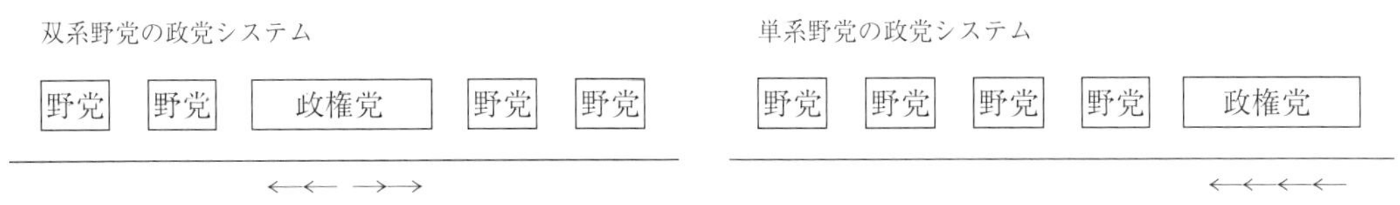

が見られる，という議論である．これらの点について，筆者は辻中の研究チームの一員として，いくつかの団体調査のデータでそれを検討してきたわけだが，頂上団体レベルでは政権交代に敏感に反応する動きが発見されたものの，社会の基底部分における団体の動向には，政権交代の前後で構造的と呼び得るほどの変化が生じていなかったという結論を得ている[21]．すなわち，利益団体レベルでは有権者レベルとは異なり，一貫して自民党一党優位が持続していたのであった．

4．ひとつの選挙制度としての小選挙区比例代表並立制：
自民党一強・非自民勢力分断の政治力学

第8次選挙制度審議会の答申（1990年）に典型的に見られるが，小選挙区比例代表並立制を推進した者たちの議論は，小選挙区制と比例代表制がそれぞれ個別的にその固有の理念を発揮するという前提でなされることが多かった．しかし，以下で述べるように，小選挙区比例代表並立制においては，完全な小選挙区制や完全な比例代表制では見られない独特な政治力学が発生している．本節では，ひとつの選挙制度としての小選挙区比例代表並立制の特性に注目しながら，第3局面の検討を行うことにする．

(1) 制度は別個であるが行動は連動する

小選挙区比例代表並立制の最大の特性は，それがグラーベン制であるという点にある[22]．グラーベンとはドイツ語で「溝」とか「仕切り」を意味する言葉である．つまり，小選挙区制と比例代表制の間には制度的に「溝」あるいは「仕切り」があるということであり，制度導入時においては，小選挙区の選挙と比例代表の選挙は別個のものであるという理解が一般的であったように思われる[23]．

ところが，実際に選挙が行われてみると，選挙行動の側面では両制度の間に連動が見られることに注目が集まるようになった．たとえば，「ある政党が小選挙区に候補者を立てると，その地域における当該政党の比例代表の得票が増加する」という現象がある．いわゆる「連動効果」である[24]．

図4は，1996年総選挙について「連動効果」を検証したものである．小選挙区に当該政党の候補者がいるかどうかを基準に比例代表の政党得票を振り分け，市区町村の有権者規模別に絶対得票率平均値を算出した結果が示されている．ほぼすべての選挙区に候補者を擁立した共産党を除く主要政党の図を掲載した．全体として，候補者がいる場合といない場合とでは，当該地域における比例代表の政党得票率に大きな差が生じていることがわかる．この傾向は，その後の選挙でも継続して確認されている．

このように比例代表の選挙結果が，小選挙区の動向に左右される並立制では，小選挙区で候補者を多く擁立できる政党が有利になることはいうまでもない．つまり，新制度は，自民党にかなり有利な制度としてスタートしたといえるだろう．前述のように，300の小選挙区すべてに候補者を擁立することは，選挙区数約130の中選挙区に慣れ親しんできた日本の政党にとってはかなり高いハードルであった．そして，いかに300小選挙区で候補者を揃えるかは，非自民の巨大政党の課題となり続けたと言えよう．民主党が急速に巨大化したのは，小選挙区部分への対応というだけでなく，比例代表部分への対応という意味もあったことは押さえておかなければならない．

(2) 制度の帰結としての非自民勢力の分断

小選挙区で候補者を立てないと比例代表の票が伸びないとなると，小選挙区で勝利の見込みがない中小政党といえども，比例代表選挙を有利に戦うために，小選挙区での候補者擁立をやめようとはしない．完全な小選挙区制であれば，勝ち目のない中小政党は次第に選挙過程から撤退するか，大政党に合流していくことが予測さ

図4　市区町村の有権者規模別にみた比例代表絶対得票率平均値

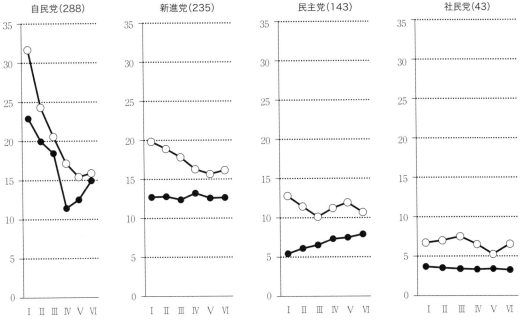

注：政党名の右側の括弧の数値は小選挙区の候補者数である。折線○印は「候補者あり」，折線●印は「候補者なし」を示している。有権者規模は次の通り。Ⅰ：1万人未満　Ⅱ：1万人以上3万人未満　Ⅲ：3万人以上5万人未満　Ⅳ：5万人以上10万人未満　Ⅴ：10万人以上30万人未満　Ⅵ：30万人以上

れるわけだが，比例代表がセットにされ，連動効果が働くことによって，デュヴェルジェの法則から予測されるものとは異なる現象が生まれたのである。いわゆる「汚染(contamination)」効果である[25]。

こうした現象について，若い世代の研究者は，新しい現象と捉えるかもしれない。しかし，日本政治（もしくは日本政治学）の文脈では，既に一通りの議論がなされていた旧知の問題であったことを，ここで指摘しておきたい。以下に引用するのは，3人の政治学者の1983年参院選後の論評である。この選挙は日本に比例代表制が導入されて初の選挙であったが，2つの異なる原理を有する選挙制度を足し合わせることによって発生する政治力学が指摘されている。

「比例代表制導入の基本的な狙いは，それが適用された全国区よりも，むしろ崩れはじめた地方区選挙の補強にある，と解釈するのが正しいというべきだろう。それは，地方区における野党共闘とりわけここ数回しばしば威力を見せた社公民協力を崩壊させることに，第一の照準が合わされていた。」[26]

「小選挙区選挙における多数派政党のアキレス腱である野党共闘を，比例代表制を部分的に導入することで阻止しようとする手段は，今回の参議院の新制度においても随分非難の対象となったが（当初の自民党案である一票制は回避されたにしても），それは，すでに10年前の自民党改革案に源流をもっていたことは，銘記しておくべきであろう。」[27]

「……比例代表制の導入が，野党の地方区選挙での選挙協力を不可能とし，野党の分裂を招来して，結果として自民党の議席増を生み出したという点では……自民党による野党の『分割統治』だったと指摘できるであろう。」[28]

このような視座から，衆議院の小選挙区比例代表並立制の特性を指摘した論者は，少なからず存在する。ただ，その言及の在り方は，実に控えめであった。たとえば，次の石川真澄の文章は，小選挙区比例代表並立制をひとつの制度として捉える視点を含んだものであるが，冒頭に「小さなことを１つだけ挙げれば」とあるように，そのことの意味を重く捉えているようには読めない。

「小さなことを１つだけ挙げれば，並立制は現野党には不利な仕組みになるだろうという問題がある。単独の力量としては自民党にはるかに劣る現野党各党は，なんらかの力の結集を図ろうとするだろうが，比例区が組み込まれているため，そこでは互いに競い合いたい心理が働く。結果的に野党結集にはブレーキがかかり，自民党には有利となるだろう。」(29)

日本の選挙研究において，異なる原理を有する選挙制度を足し合わせることによって発生する力学の研究が低調であったことは，それ自体再検討されるべき事象である。おそらく，1989年参院選の強烈な経験（一人区における自民党の完敗）が，人びとの選挙制度に対する見方を固定化してしまったのであろう(30)。1989年参院選以降，選挙制度改革の肯定派も否定派も，小選挙区部分のみに対する過剰な関心で突き動かされてしまったように思われる(31)。

並立制が有する野党分断効果は，制度導入時や二大政党化現象が順調に進んでいた頃は，「小さなもの」として付随的に取り上げられる程度の問題であったかもしれない。しかし，二大政党化現象が頓挫してしまった2012年以降の政党競合においては，小選挙区制の効果に隠れて見えにくくなっていた，こうした微弱な効果から説明される部分が大きくなってきているといえよう。

(3) 近年の選挙区「すみわけ」について

民主党政権が崩壊して以降，自公政権に対抗するために，非自民勢力はどのような対応をとるべきかの模索を続けている。注目される新しい動きとして，非自民勢力の「選挙区すみわけ」がある。それぞれの政党が，党の基本政策と組織をとりあえずはそのままの状態にした上で，公認候補者を出す選挙区について他党と譲り合う，という戦術である。選挙区によっては相互に選挙協力を行う場合もあるが，それが難しいときはそこまで至らなくてもよい，というところに特徴がある。

表5は，2017年総選挙における非自民勢力の競合状況を示したものである。この選挙で，民進党に所属していた人々は，①希望の党，②立憲民主党，③無所属で立候補する，という３派に別れたわけであるが，結局のところ，それは大筋で，基本政策の異なる共産党と共闘することを認めるかどうかという選択であったことがうかがえる結果となっている(32)。希望の党

表５　小選挙区における非自民勢力の競合状況（2017年総選挙）

	希望の党 198		日本維新の会 47		立憲民主党 63		民進系無所属 32		社会民主党 19		日本共産党 206	
希望の党	---	----	24	(51.1)	39	(61.9)	4	(12.5)	10	(52.6)	163	(79.1)
日本維新の会	24	(12.1)	---	----	12	(19.4)	5	(15.6)	2	(10.5)	34	(16.5)
立憲民主党	39	(19.7)	12	(25.5)	---	----	0	(0.0)	0	(0.0)	21	(10.2)
民主系無所属	4	(2.0)	5	(10.6)	0	(0.0)	---	----	0	(0.0)	14	(6.8)
社会民主党	10	(5.1)	2	(4.3)	0	(0.0)	0	(0.0)	---	----	6	(2.9)
日本共産党	163	(82.3)	34	(72.3)	21	(33.3)	14	(43.8)	6	(31.6)	---	----

注：数値は上欄の政党が左欄の政党と競合した選挙区数を示している。括弧内の数値は，上欄の政党の候補者全体に占める左欄の政党との競合選挙区数の割合を示している。

が共産党と競合したのは198選挙区中163選挙区(82.3%),民進系無所属は32選挙区中14選挙区(43.8%),立憲民主党は63選挙区中21選挙区(33.3%)であった。

選挙後の『朝日新聞』の特集記事「検証 民進分裂 下」[(33)]は,立憲民主党の代表になった枝野幸男の言葉(「20年間気づかなかったけれど,国民は政権交代のための合従連衡を望んでない」等)を紹介しつつ,彼の考えを次のようにまとめている。「枝野がいま,思い描くのは,野党各党が独自の色を発揮しつつ,対政権で協力できるのなら,選挙戦ですみ分けを図る姿だ。」ここには,小選挙区比例代表並立制に対する当事者の新しい見方が提示されているように思われる。人工的な巨大政党を無理をして作るのではなく,中小規模の政党が緩やかに連携して共存をはかる方向性が,しばらくは模索されることになるのかもしれない。

ただし,そうした状況が,有権者にとってどのような意味を持つかという別の問題があることを,最後に指摘しておかなければならない。表6は,過去2回の小選挙区における無効票率の上位30選挙区を示したものである。自民党と選挙区のすみわけを実施している公明党が候補者を出した選挙区と,非自民勢力の中で候補者を出したのが共産党のみであったという選挙区が目立っている。政党側の都合で実施されている選挙区のすみわけに,一部の有権者が無効

表6 小選挙区の投票者に占める無効票の割合(上位30選挙区)

	2017年	無効票率	小選挙区における競合	2014年	無効票率	小選挙区における競合
1	大阪3	10.22	公×共×無	大阪3	15.26	公×共
2	東京12	9.71	公×共×諸	大阪5	14.90	公×共
3	兵庫8	8.84	公×共	大阪6	11.44	公×共×生
4	大阪5	8.21	公×立×共×幸	兵庫8	10.41	公×共
5	大阪6	8.15	公×立	熊本4	9.12	次×共
6	東京17	6.65	自×希×共	長崎3	7.66	自×共
7	東京16	5.97	自×立×希	福岡7	7.43	自×共
8	大阪16	5.82	公×立	東京17	7.24	自×維×共
9	福岡8	5.67	自×共	福岡6	7.24	自×共
10	兵庫2	5.56	公×無×共	熊本2	7.11	自×共
11	東京14	5.25	自×希×共×幸×無	石川2	7.02	自×共×無
12	徳島2	4.78	自×共×幸	福岡1	6.63	無×民×無×共×無×諸
13	和歌山3	4.77	自×共	兵庫2	6.57	公×民×共
14	熊本3	4.57	自×共	熊本3	6.46	自×共
15	宮崎2	4.43	自×共×幸	千葉12	6.40	自×共
16	福岡1	4.27	自×立×希×共	東京14	6.32	自×民×共
17	熊本1	4.27	自×希	広島5	6.26	自×共
18	群馬1	4.27	自×希×共	群馬4	5.98	自×共
19	愛知7	4.23	無×自	埼玉2	5.93	自×共
20	北海道7	4.14	自×共	福岡8	5.79	自×共
21	富山2	4.05	自×社	鹿児島2	5.64	自×共
22	岐阜2	4.03	自×共	徳島2	5.50	自×共
23	兵庫12	3.81	自×希×共	群馬3	5.47	自×社×共
24	千葉11	3.72	自×希×共	三重4	5.30	自×共
25	香川3	3.70	自×社	茨城4	4.97	自×共
26	福井2	3.68	自×希×共	大阪16	4.79	公×民×次×共
27	大阪14	3.67	自×維×共	東京12	4.76	公×共×生×次
28	福岡4	3.61	自×維×共	兵庫9	4.70	自×共
29	山口2	3.61	自×共	千葉11	4.65	自×生×共
30	埼玉7	3.60	自×希×共	栃木5	4.65	自×共

注:政党名は次のとおり。公=公明党,共=共産党,無=無所属,諸=諸派,立=立憲民主党,幸=幸福実現党,自=自民党,希=希望の党,社=社会民主党,維=日本維新の会(以上,2017年総選挙)。
公=公明党,共=共産党,生=生活の党,次=次世代の党,自=自民党,維=維新の党,無=無所属,民=民主党,諸=諸派,社=社会民主党(以上,2014年総選挙)。

票を投じることで拒否反応を示しているのであるとすれば，それは政治的にも，政治学的にも，注目されるべき事象であるといえよう。

5．結論と含意

以上本稿では，小選挙区比例代表並立制導入前から現在に至るまでの25年を，便宜的に3つの局面（中選挙区制から小選挙区比例代表並立制への移行期，二大政党化現象の進展期，自民党一強・野党勢力分断期）に分け，それぞれの時期における政治過程の特質を検討してきた。

本稿における発見は次の3点にまとめられる。①中選挙区制時代の政党競合のあり方が，新しい選挙制度のあり方を規定しており，それが自民党に有利に働いたこと，②小選挙区比例代表並立制導入後の巨大政党の誕生は，予言の自己成就としての性格を有しており，それが非自民勢力に多大な負荷を与えたこと，③異なる原理を有する小選挙区制と比例代表制を足し合わせた制度である小選挙区比例代表並立制は，政治過程に複雑な力学をもたらしており，それが現在の野党分断現象を生んでいること。

同じ小選挙区比例代表並立制であっても，小選挙区の数（比率ではない）がいくつになるかで，政党競合のあり方が大きく変わることを，本稿の内容は示唆している。1996年以降の日本における政党競合の展開は，「小選挙区部分が300の小選挙区比例代表並立制」の帰結として把握されなければならない，というのが筆者の主張である。

〔付記〕 本稿は，2018年度日本選挙学会総会・研究会（拓殖大学，5月12日）の共通論題「小選挙区比例代表並立制・再考」における報告論文を修正したものである。元論文・報告に対してコメントをくださった討論者の高安健将先生，境家史郎先生，司会者の河野武司先生，報告者の品田裕先生，名取良太先生，企画委員長の竹中佳彦先生に感謝したい。

(1) 横越英一『近代政党史研究』勁草書房，1960年，1頁。

(2) この20年の日本政治学の動向を振り返ると，選挙制度と政党競合に関しては，前者が後者のあり方にいかに影響を与えるか（選挙制度→政党競合）に議論が集中する傾向があったように思われる。しかし，比較政治研究の分野では，後者こそが前者を規定するのではないかという見解（政党競合→選挙制度）が出されてきたことは周知のとおりであり，両者の見解の対立を循環的な図式で止揚することの重要性も指摘されているところである。比較政治学における論点の整理については，G．サルトーリ（岡沢憲芙・工藤裕子訳）『比較政治学 構造・動機・結果』（早稲田大学出版部，2000年，30-31頁）を参照。混合制度の研究としては，Matthew Shugart and Martin P. Wattenberg (eds.), *Mixed-Member Electoral Systems: The Best of Both Worlds?* New York: Oxford University Press. が有名であるが，同書の事例分析パートの第Ⅱ部・第Ⅲ部において，「混合制の由来」と「混合制の結果」が同じ比重で扱われていることに注目したい。選挙制度と政党競合の論じ方という点で，ひとつの模範的構成が示されているといえよう。

(3) 現在，デュヴェルジェの法則それ自体が多義的な状況にあるように思われる。二元主義的な秩序観に基づくデュヴェルジェ本人の議論と，議論の対象を政党数（あるいは候補者数）の問題に限定する議論の仕方には，政治学的に見て無視できない乖離がある。また，デュヴェルジェの法則を，現実を直接的に説明するためのモデルとして使用するのか，現実を把握するために有用な理念型として活用するのか，という問題も検討されなければならない。

(4) 政党制の問題をめぐる1990年代後半の言論状況については，谷聖美「新選挙制度下の総選挙と政党配置の変化」『岡山大学法学会雑誌』第47巻第3号，1998年，参照。多くの論者が二大政党制の到来を予測するなかで，佐藤誠三郎が，非自民勢力の組織の脆弱性などを理由として，一党優位制への回帰を予測していたことが注目される。佐藤誠三郎「選挙制度改革論者は敗北した」『諸君』1997年1月号，同「新・一党優位制の開幕」『中央公論』1997年4月。

(5) Mathew D. McCubbins and Frances M. Rosenbluth, "Party Provision for Personal Politics: Dividing the Vote in Japan." in Peter F. Cowhey and

Mathews D. McCubbins eds., *Structure and Policy in Japan and the United States*, Cambridge University Press, 1995. 建林正彦『議員行動の政治経済学　自民党支配の制度分析』有斐閣，2004年。社会党の同一選挙区複数候補擁立の問題については，森裕城『日本社会党の研究　路線転換の政治過程』木鐸社，2001年，183-186頁，参照。

（6）　RS指数とは，ある候補者がどの程度地域的に偏って得票しているかを計量的に示したもので，候補者の各市区町村における得票率と選挙区全体の得票率の差の絶対値を，各市区町村の有効投票構成比の重みをかけて平均し，それをさらに候補者の得票率の2倍で割って相対化したものである。RS指数は，0と1の間の値をとり，その値が大きいほど，得票の地域偏重が高いことになる。詳しくは，水崎節文・森裕城『総選挙の得票分析　1958－2005』木鐸社，2007年，第2章，参照。

（7）　成田憲彦「『政治改革の過程』論の試み―デッサンと証言―」『レヴァイアサン』20号，木鐸社，1997年春。川人貞史「選挙制度」佐々木毅編『政治改革1800日の真実』講談社，1999年。

（8）　成田憲彦「政治改革法案の成立過程―官邸と与党の動きを中心として」『北大法学論集』第46巻第6号，1996年，419頁。

（9）　中選挙区から小選挙区への地盤継承の問題については，水崎・森前掲書『総選挙の得票分析　1958－2005』，第6章，参照。

（10）　M. デュヴェルジェ（岡野加穂留訳）『政党社会学』潮出版社，1970年，248頁。

（11）　Bernard Grofman and Arend Lijphart (eds.), *Electoral Laws and Their Political Consequences*, Agathon Press, 1986; Gary W. Cox, *Making Votes Count: Strategic Coordination in the World's Electoral Systems*, Cambridge University Press; 1997; Pradeep Chhibber and Ken Kollman, *The Formation of National Party Systems: Federalism and Party Competition in Canada, Great Britain, India, and the United States*, Princeton University Press, 2004.

（12）　大嶽秀夫編『政界再編の研究　新選挙制度による選挙』有斐閣，1997年，374頁。建林前掲書『議員行動の政治経済学』，13－15頁。

（13）　デュヴェルジェ前掲書『政党社会学』，250-251頁。

（14）　選挙に関連するアクターがどのようにふるまうことが合理的かを試行錯誤の中で学習するという側面を重視し，制度の効果があらわれるまでに一定の期間がかかるという点を重視する研究として，Steven Reed, "Structure and Behaviour: Extending Duverger's Law to the Japanese Case," *British Journal of Political Science*, 20, 1990. 河野勝「日本の中選挙区・単記非移譲式投票制度と戦略的投票――『M＋1の法則』を超えて」『選挙研究』15号，木鐸社，2000年，がある。

（15）　「予言の自己成就」については，次を参照。ロバート・K・マートン（森東吾他訳）『社会理論と社会構造』，みすず書房，1961年。

（16）　「京都大学・読売新聞共同議員調査」（2016年11～12月）は，京都大学の建林正彦教授を中心とする研究者グループと読売新聞社による共同調査である。自民党・民進党の全国会議員に調査票を郵送し，回収率は自民党25.5％，民進党37.0％という結果であった。本調査のデータを活用した研究書として，既に次の2冊が刊行されている。建林正彦『政党政治の制度分析　マルチレベルの政治競争における政党組織』千倉書房，2017年。濱本真輔『現代日本の政党政治　選挙制度改革は何をもたらしたのか』有斐閣，2018年。

（17）　G. サルトーリ（岡沢憲芙訳）『現代政党学　政党システム論の分析枠組み〔新装版〕』早稲田大学出版部，1992年，232頁。

（18）　東日本大震災が民主党政権期の政治過程に与えた影響については，辻中編『大震災に学ぶ社会科学　第1巻　政治過程と政策』東洋経済新報社，2016年，参照。

（19）　山田真裕『二大政党制の崩壊と政権担当能力評価』木鐸社，2017年，参照。

（20）　辻中豊「二大政党制の圧力団体的基礎」村松岐夫・久米郁男編『日本政治　変動の30年　政治家・官僚・団体調査に見る構造変容』東洋経済新報社，2006年。

（21）　森裕城・久保慶明「データからみた利益団体の民意表出　有権者調査・利益団体調査・圧力団体調査の分析」日本政治学会編『年報政治学2014－Ⅰ　民意』木鐸社，2014年。森裕城・久保慶明「圧力団体政治の前段階　有権者調査と利益団体調査の分析」辻中豊編『変動期の圧力団体』有斐閣，2016年。

（22）　西平重喜『統計でみた選挙のしくみ　日本の選挙・世界の選挙』講談社，1990年，98-117頁，同『各国の選挙　変遷と実状』

(23) 投票行動研究の分野では，二票の使い分けが研究対象とされる傾向があった。三宅一郎『選挙制度変革と投票行動』木鐸社，2001年。

(24) 「連動効果」は参議院選挙ですでに指摘されている現象であった。1983年以降，参議院も選挙区と比例代表制の並立制で選挙が行われているが，高畠通敏は次のように指摘していた。「……今回の地方区のもうひとつの問題は，比例代表制とからんで，民社党が10の選挙区で，いわば当選の見込みのない候補をあえて立てたことであった。……このような戦術をとることによって，民社党はほんとに比例代表区で有利になったか。……比例代表区の票がふえるのは，もちろん，地方区との連動効果が期待されるからである。」（高畠通敏「『圧勝』逸した中曽根自民党——比例代表制の衝撃のベクトル」『エコノミスト』1983年7月12日，23-24頁）。

(25) Federico Ferrara, Erik S. Herron, and Misa Nishikawa, *Mixed Electoral Systems: Contamination and Its Consequences*, Palgrave Macmillan, 2005. 邦語文献による汚染効果の紹介として，待鳥聡史『政党システムと政党組織』東京大学出版会，2015年，139頁，参照。

(26) 高畠通敏前掲「『圧勝』逸した中曽根自民党—比例代表制の衝撃のベクトル」，21頁。

(27) 水崎節文「参議院議員定数不均衡の実態と問題点」『自治研ぎふ』第21号，1983年8月1日，17-18頁。

(28) 白鳥令「『分割統治』——80年代中期の政治展望」白鳥令・沖野安春・阪上順夫編『分割統治　比例代表制導入後の日本政治』芦書房，1983年9月30日，230頁。

(29) 石川真澄「小選挙区比例代表並立制を批判する」『選挙研究』7号，1992年，18頁。

(30) 第8次選挙制度審議会の議論が，1989年参院選の影響を受けていたことについては，石川前掲論文「小選挙区比例代表並立制を批判する」が指摘している。ところで，生活に直結する消費税の是非が問われ，連合型選挙が成功した1989年参院選の結果が，選挙制度改革の展開に多大な影響を与えてしまったことの意味も，再検討されるべきであろう。筆者の見解を述べれば，おそらくそれは逸脱的な選挙なのであって，イデオロギー的な争点であるPKOの問題が問われ，連合型選挙が失敗した1992年参院選こそが，並立制における選挙の参照事例とされるべきではなかったかと考える次第である（森前掲書『日本社会党の研究　路線展開の政治過程』，169-171頁，参照）。

(31) 1997年度日本選挙学会（於・椙山女学園大学）における分科会「小選挙区・比例代表並立制の検証」で，討論者の西平重喜は，議論が小選挙区制の是非に集中してしまうのは問題であり，小選挙区（総定数300）と比例代表11ブロック（同200）が組み合わされた並立制をトータルに論じることこそが必要なのではないか，と述べている。この西平の呼びかけに対する応答として，水崎節文・森裕城「得票データからみた並立制のメカニズム」（『選挙研究』13号，1998年）が書かれたことをここに記しておきたい。

(32) 2017年総選挙に至るまでの政治過程の流れと選挙結果の分析については，現在，別稿を準備中である。

(33) 『朝日新聞』2017年11月21日。

〈特集２　政党と立法過程〉

事前審査制の導入と自民党政調会の拡大
―『衆議院公報』の分析を通じて―

奥　健太郎

> 要旨：1955年自民党政権は事前審査制という新しいルールを導入した。自民党はいつ頃，どのようにして，この新しいルールに適応したのだろうか。本稿は『衆議院公報』の会議情報を数量的に分析することにより，その適応の時期が1959年であったことを明らかにした。このことは1959年から閣法の事前審査が円滑に進むようになったことから裏づけられた。また事前審査を円滑にした要素として，第一に政調会が1958年の「政策先議」以来，予算編成過程に深く関与するようになったこと，第二に1950年代後半，政調会の部会が増員されるとともに，周辺会議体や下位会議体が大量増設され，政調会の政策決定への参加の機会が拡大されたことを指摘した。

1．はじめに

　1955年自民党政権は事前審査制，すなわち政府が予算案法案等を閣議決定する際，閣議決定前に自民党政調会の了承を得なければならないとするルールを定めた[1]。事前審査制は自民党政権を特徴づける政策決定手続きとしてやがて定着していくが，導入当初は，混乱が生じたと想像される。本稿が対象とする1950年代後半から60年代前半にかけて，通常国会だけで毎年150本以上の閣法が提出されており，これらを閣議決定前というタイムスケジュールで，かつ予算との整合性をとりつつ，党内および政府与党間を調整して承認へと進もうとすれば，かなり高度な組織運営が必要になったと考えられるからである。

　自民党はいつ頃，どのようにして事前審査という新しいルールに適応したのであろうか。この点を考える上で重要な証言は，自治官僚柴田護が残した回想である。

　　この予算折衝（昭和36年度予算―引用者注）の前後を通じて痛感したことは，ある

いは予算の編成について，あるいは法案提出について，与党と政府各省庁との間に，非常に緊密な連携ができつつあるということであった。私は，ちょうどまる二年，国の当初予算の編成事務から離れていたのであるが（柴田は1958年6月から60年1月まで北海道に出向していた―引用者注），この事情の変化は真先に感じられた。以前は，党との連絡はあったが，さして組織立ったものではなかったが，帰って来て感ぜられたことは，驚く程自由民主党が組織政党化しつつあることであった。このことは，一面においては好ましいことであった。根廻しのツボが一目瞭然であるからである。しかし，他面，各省庁と各部会との関係が緊密化してきたため，党の政策審議会というところが極めて重要なものになってきたのである。ただ，現在と違うのは，この頃には，まだ大蔵省の抵抗力は相当に強く残っていたこともあって，予算編成上は大問題だけを注目しておけばよかったのであるが，法律案については，そういうわけには行かなかった。それは，およそ法律案は，閣議

に提出する前に，党の政策審議会，総務会の諒承をとりつけておくことが条件とされていたからである。そこで，うっかりしていると係争中の案件が政府段階で結着をつける前に，党の段階で先取りされて，党のすべてが済んだのでというわけで一方的な結論だけ押しつけられることになる。この推移を見定めるのは，官房長の仕事であり，総務課長，政府委員室の仕事であった[(2)]。

柴田の回想からは，1958年から59年にかけて自民党の政策調整の仕組みが急速に整備されるとともに，部会と省庁の関係が急速に「緊密化」したこと，党の事前審査が政府内調整を先取りするほど円滑に進められるようになったことが窺える。つまり，自民党の新ルールへの適応の時期は，1958年から59年にあったと解釈できる。

しかしながら，そもそも柴田の回想は妥当なものだろうか。本稿の第一の目的は，それを数量的に論証することにある。その数量化のソースとなるのが，『衆議院公報』(以下，『公報』)の広告欄に掲載された自民党の会議情報である[(3)]。本稿では『公報』を用いて分析した結果，たしかに1959年に転機があり，それ以後閣法の事前審査が円滑に進むようになったことを示す。それでは何が事前審査を円滑にしたのか。本稿の第二の目的は，その点を考察することにある。結論を先取りすれば，政調会の予算編成過程への関与の深まり，政調会の組織的拡大の二つが重要な要素であったという仮説を提起したい。

本論に入る前に『公報』に関する既存研究について言及する。『公報』を用いた先駆的かつ最も重要な研究は，佐藤誠三郎・松崎哲久『自民党政権』(中央公論社，1986年)である。佐藤らの研究と本稿の最も大きな違いは，分析の単位である。佐藤らは1年単位で会議回数を集計し[(4)]，30年という長い期間を分析することにより，いわば巨視的なトレンドを明らかにした。これに対し本報告は「月」単位の会議回数に注目する。月単位で分析するこれにより，政調会の年間スケジュールの変化を析出することができ，そこからさらに事前審査制への適応の過程を解明できると考えたからである。

また『公報』の資料的制約についても触れておく。『公報』は，国会開会中は日曜祝日を除いて(稀に日曜日も発行されている)ほぼ毎日発行されており，その「広告」欄には翌日以降の各党の会議情報が掲載される。自民党は，開会中は『衆議院公報』，『参議院公報』の広告をもって政調会の開催通知としているほどであり[(5)]，開会中の情報の精度はかなり高い。しかし問題は閉会中(および休会中)である。表1は1956年から64年までの月ごとの非発行日数を一覧にしたものである。1月に非発行日数が多いのは，年明けから休会明けまでの間は，ほとんど発行されないためである。衆議院解散中も発行されず，1958年5月，60年11月，63年11月がそれにあたる。また通常国会終了後から秋の臨時国会召集までの時期は，発行がとびとびになる傾向にある(ただし，数日後までの会議予定が告知されるので，1月前半や衆議院解散中ほどは情報が欠落しない)。このように『公報』が発行されていない時期は情報が薄くなり，会議開催数の月ごとの推移を分析する上での大きな制約となる。しかし，『公報』以上に継続的，系統的に会議情報を記録した資料は存在しない

表1　衆議院公報の非発行日数

	1956	1957	1958	1959	1960	1961	1962	1963	1964
1月	20	23	14	15	17	19	15	13	18
2月	4	3	4	4	3	4	4	4	4
3月	6	5	6	6	4	4	4	4	5
4月	4	5	8	11	4	4	4	19	5
5月	6	6	28	19	6	6	14	7	8
6月	22	13	8	7	4	15	21	3	4
7月	12	12	10	12	6	10	15	20	13
8月	10	12	11	18	14	14	4	24	18
9月	8	9	12	10	12	17	15	22	15
10月	4	7	6	4	10	5	11	18	8
11月	5	10	7	7	27	16	11	26	6
12月	9	14	8	5	9	10	7	10	8
計	110	119	122	118	116	124	125	170	112

ので、この制約を念頭に置きながら分析を進めていく。

2. 事前審査の円滑化

周知のように、自民党の事前審査は部会、政審、総務会の順で進む。そこで、本章ではこの3つの会議体を「事前審査ライン」と名付け、会議のデータを分析していく。

まず1956年から64年の事前審査ラインの会議数を検討していこう。表2、表3は総務会と政調審議会(以下、政審)の会議数の変化を示している。年間の開催数に注目すると、総務会は1956年には年間150回以上も開催されていたが、57年以降減少して59年に79回と最低数を記録、その後若干増加するものの大体、年間100回前後で落ち着いたことが分かる。政審の場合、総務会ほど減少しないが、1957年の121回をピークとして、59年以降は90回〜105回程度で大体落ち着いている[6]。

次に月別の開催数、特に閣法の事前審査が集中的に行われる2月、3月に注目したい。この2ヶ月を見ると、1956年から58年までは総務会、政審の開催数は月に20回を超えることがほとんどである。土日を除けば、ほぼ毎日開かれていたことになる。おそらく結党当初は、総務会、政審に、具体的な調整が持ち込まれ、その審査に多くの時間を要していたと考えられる。換言すれば、ここの負担の集中が生じていたと推測される。しかし、注目すべきことに、1959年以降、2月、3月の会議回数が大幅に減少している。1959年以降、総務会、政審への負担の集中は緩和されていったと見ることができる。

このことに関連して、興味深いのは総務会の開催曜日である。表4は総務会の開催曜日を一覧にした。1956年から58年まで曜日に関係なく開催されており、定例日が存在しなかったことが窺える。また土曜日はもちろんのこと、日曜日にすら開催せざるをえないこともあった。それだけ総務会に要調整案件が持ち込まれていたものと思われる。しかし1959年以降、総務会は火曜、木曜、金曜に集中するようになった。これは1959年2月2日の『公報』に掲載された「総務会は、定例に毎週火、木、金の正午、第十六控室にて開きます」との告知文と一致している。おそらく1959年になると、週3回の総務会で事前審査が処理できるほど、政審や各部会レベルで調整が完結するようになったと考

表2 総務会の開催回数

	1956	1957	1958	1959	1960	1961	1962	1963	1964
1月	5	6	9	9	5	5	8	6	8
2月	23	21	23	11	11	11	13	12	12
3月	26	24	18	10	13	14	13	11	11
4月	24	14	18	6	10	11	13	4	13
5月	24	10	0	0	9	11	5	10	10
6月	4	5	3	5	13	7	1	8	11
7月	4	7	7	4	9	4	4	6	8
8月	5	4	1	3	4	4	8	2	2
9月	10	5	6	4	3	8	4	4	3
10月	8	6	15	8	7	13	3	6	0
11月	19	13	6	10	1	5	7	0	8
12月	15	7	8	9	10	14	13	14	19
計	167	122	114	79	95	107	92	83	105

表3 政審の開催回数

	1956	1957	1958	1959	1960	1961	1962	1963	1964
1月	9	3	5	12	5	6	8	8	8
2月	26	24	25	17	17	21	17	17	11
3月	25	31	21	11	12	19	17	18	12
4月	11	22	13	6	9	17	16	1	10
5月	20	13	0	2	11	11	4	9	10
6月	4	3	2	1	5	7	1	15	9
7月	2	1	7	1	4	7	0	4	1
8月	4	4	1	3	1	0	6	6	4
9月	2	8	13	18	3	4	4	4	4
10月	4	7	16	14	2	10	6	4	2
11月	8	2	4	9	0	2	2	0	7
12月	4	3	7	11	6	8	10	11	15
計	119	121	114	105	75	106	90	97	93

表4 総務会の開催曜日

	月	火	水	木	金	土	日	計
1956	22	30	41	25	21	24	4	167
1957	16	25	18	28	18	14	3	122
1958	11	22	19	29	22	10	1	114
1959	7	30	7	18	14	3	0	79
1960	6	32	4	23	25	4	1	95
1961	8	42	4	20	28	5	0	107
1962	4	31	2	22	22	9	2	92
1963	1	35	6	14	24	3	0	83
1964	6	29	9	23	36	2	0	105

えられる。なお政審の場合，1956年から64年にかけて特定の曜日への集中は見られなかった。別稿で論じたように[7]，この時期の事前審査制は，政審の了承は閣議決定の要件とされていたのに対し，総務会の承認は条件ではなかった。そのため，政審は総務会よりも頻繁に開催する必要があったと考えられる。ただし，その政審も日曜日開催は1959年以降見られない。

さて，1959年以降の落ち着きという点では，部会もほぼ同様のことが言える。表5は各部会の会議開催数を合算したデータであるが，部会の開催数のピークは1958年で，59年以降は大体年間500回前後で落ち着く。しかし，ここでも注目したいのは，通常国会の時期の開催数である。2月，3月に注目すると，1956年ではこの2ヶ月間で252回，57年では201回，58年に184回だったものが，59年には136回へと大幅に減少，60年の揺り戻しを挟んだ後に，61年以降は120回から130回程度で安定している。つまり，1959年以降，総じて部会の事前審議もスムーズに進行するようになったと考えられる。

ところで，ここで確認しておくべきは，閣法の数である。提出法案数が減少（＝議題が減少）したのであれば，会議回数は当然減少するはずだからである。しかし法案数は減少していない。表6において，1956〜64年の通常国会に提出された政府提出法案数を一覧にしているが，提出された法案数は常に150を超えており，59年以降法案数が減少したわけではないことが分かる。

さらにこの法案数と会議開催数の関係に注目すると，印象的なデータを抽出できる。表6では1月から4月[8]の総務会，政審，部会の開催数をまとめた。そして，法案数を会議開催数で割ることにより，1回の会議あたり何本の法案を承認することができたのか（以下，処理能力と呼ぶ）数量的に示した。表から分かるように，56年総務会では1回の会議で承認に至る閣法数は2.21であり，58年まで大差がなかったが，59年には一気に5.14へと跳ね上がり，

その後多少の変動がありながらも，4から5の水準を維持している。政審も同様に59年に大きく処理能力が向上し，1回の政審あたりおよそ4つの法案を承認していた。その後若干処理能力は下がるものの，1959年以降おおむね同じ水準を維持している。部会でもやはり59年に処理能力は向上するが，総務会や政審ほどではない。つまり，1959年以降，上位の会議体ほど事前審査は円滑化し，一歩進んで言えば儀礼化[9]していったようである。

3．何が事前審査を円滑にしたのか？(1)
　　　―予算編成過程と政調会

上に紹介したデータからは，1959年に転機[10]があり，そこから事前審査が円滑に進むようになったことが示唆された。それでは何が事前審査を円滑にしたのか。なぜ1958年まで，事前

表5　部会の開催回数

	1956	1957	1958	1959	1960	1961	1962	1963	1964
1月	26	12	52	64	15	29	45	34	39
2月	128	96	112	69	85	78	70	65	62
3月	124	105	72	67	93	59	53	53	60
4月	65	74	47	17	47	46	35	8	47
5月	50	39	0	2	39	29	2	46	32
6月	7	12	12	3	8	6	3	40	33
7月	9	16	44	15	7	6	6	9	0
8月	7	21	69	48	31	29	39	5	17
9月	17	23	56	36	13	41	38	21	29
10月	30	42	54	33	17	38	33	17	42
11月	38	46	51	57	7	30	37	0	44
12月	25	42	78	124	61	101	110	95	97
計	526	528	647	535	423	492	471	393	502

表6　事前審査ラインの閣法処理能力

年	国会名	提案数	法案数/総務会	法案数/政審	法案数/部会
1956	第24	172	2.21	2.42	0.5
1957	第26	158	2.43	1.98	0.55
1958	第28	159	2.34	2.48	0.56
1959	第31	185	5.14	4.02	0.85
1960	第34	155	3.97	3.6	0.65
1961	第38	211	5.15	3.35	1
1962	第40	160	3.4	2.76	0.79
1963	第43	185	5.61	4.2	1.16
1964	第46	174	3.95	4.24	0.84

注　総務会，政審，部会いずれも1月から4月の開催数

審査は円滑に進まなかったのか。筆者の別の事例研究を踏まえて考えると⁽¹¹⁾，それは1958年までは十分な根回し，事前調整が完了しないうちに，議題が会議へ投じられたためと考えられる。いささか妙な表現になるが，事前審査の事前調整が終了していれば，事前審査はスムーズに進むと想定される。そして，閣法の多くが予算関連法案であることを念頭に置くならば，予算編成段階で関係者の調整が十分進んでいれば，閣法の事前審査もスムーズに行われると予想される。したがって，検討すべきはまず予算ということになる。

結論を先取りすれば，政調会と予算の関係の転機は1958年にあったと考えられる。1958年7月新たに政調会長に就任した福田赳夫は，「政策先議」⁽¹²⁾と名付ける仕組みを導入した。福田はその内容と狙いを「わが党政策の当面の課題」（『政策月報』，1958年8月）の中で次のように説明している。

> 今度は予算案につきましては，少し従来と趣きをかえようと思っております。今までの予算案は大蔵省が事務的に出しまして，その閣議に出されましたものに多少の手直しをして，これを国会に出すのがこれまでの長い慣例でございます。特に最近の四，五年間をみますと，大蔵省当局から出されます政府原案というものは，骨と皮ばかりでありまして，それに党が大幅に三百億，五百億という修正を加えまして（復活折衝を指す—引用者注），提案されるということになっております。そういたしますと，恐らく皆さんも痛感されると思うのです。政府の重要政策がどういうふうに予算に盛り込まれておるか。雑然としかも秩序なく予算に盛り込まれる結果，国民からみるとどうもすっきりいたさない。私ども党といたしましても予算案は国の政策の実行の中心をなすものでありますから，この予算がさようなものでは困る。このようなことで，私どもは方針を考えまして，第一に予算の基本となる政策を審議するという方針をとることとしています。
>
> まず，先ほど少し申し上げましたように，九月に予算編成方針というものを決める。大蔵大臣はこの方針によって突っ込んだ予算案というものを作ってこれを閣議に提出する。すると，あとは手直しをすればよい。政策先議という方針でいきます。

このように福田は，年末または年始の復活折衝時ではなく，9月という早い段階で党内の意向を集約し，大蔵省もこれを土台として予算案を編成することで，与党の意向を十分に取り入れた政府予算案が編成されるとした。

ところで，ここで興味深いのは，政策先議には，予算関連法案の確実な成立という狙いも含まれていたことである。同論文において福田は次のように述べている。すなわち，翌年（1959年）は4月に地方選挙，5月に参議院選挙を控えており，選挙戦に入ると国会審議が事実上終了することが予想される。それゆえ政策先議に基づいて，「予算案と予算案に関連する法律案については，従来のように一月末とかあるいは二月になってから国会に出すということではなくて，もっと早めに国会に出して，そして三月一ぱいでこれが終了できるような体勢を作」ることが必要であると説明している。政策先議とスムーズな法案成立は一体のものとして考えられていたのである。

さて，この新方式はたしかに実行に移された。「政調の動き（7月中）」（『政策月報』1958年8月）の中では，「通常ならば政務調査会の活動も夏休みというところであるが，本年は，三十四年度予算編成方針を9月中旬頃までに決定する建前としたため，それまでに党の公約の具体案をかためる必要があり，従って各部会や特別委員会においては夏休みを返上して公約具体化の研究を続けた」とあり，1958年に新例がひらかれたことが窺える。実際表5の部会の開催回

数を見ても，1958年夏に部会の開催数が大幅に伸びたことが確認できる。こうした部会，特別委員会の審議を経て，9月25日，党の予算編成方針は決定された(13)。

しかし政調会の予算審議はその後も続く。「政調の動き（11月中）」（『政策月報』，1958年12月）は，「34年度予算は公約中心主義によって年内に編成を終えることを目途とし，既に9月中に党の基本的な態度を決定してこれを政府に申し入れてあったが，今回は従来の例のように大蔵原案の閣議提出後において大幅な修正を加えるようなことは避け，重要問題については大蔵原案立案の前に党と十分意見の統一をはかることとし，その意味において重要問題に対する党の態度の決定をいそぐことにした」とし，11月24日から28日かけて各部会が一斉に重点項目を検討したことを伝えている。

このように政府与党間の調整プロセスを長くとったことは，福田の目論見通り，スムーズな政府予算案の決定をもたらした。昭和34年度予算の大蔵原案は12月23日に閣議に提出されたが，復活折衝はほぼ1週間でまとまった。このことを『昭和財政史』(14)は，「これまでの保守合同後の復活折衝に比べると，著しく圧縮されている。これは保守合同のもとにおける予算編成過程の制度化が，定着しはじめたことを意味していたということができる」と評価している。

そして，「予算編成過程の制度化」は，閣法の事前審査もスピードアップさせたようである。1959年5月福田は第31通常国会を振り返り，以下のように総括している(15)。すなわち，「自由民主党は，（中略）総選挙において公約したところの『七百億減税』『老令，母子，身体障害者に対する国民年金の実施』（中略）その他すべてを三十四年度予算に織り込み，これに関連する法案をも国会の初期に提出し，予算案は年度内に成立し，法律案も二〇〇件中一八五件の成立を見たのであった。このように重要な公約を忠実，果敢に遂した国会というものは戦前，戦後を通じてかつて見なかったところである」とし，予算案についても「旧臘年内において政策優先，公約実施の原則の下に，政府及び与党の緊張と連携協力をもって作成を了えたものでこのようなことも独立後初めての事であった」と高く評価する。その上で福田は重要法案について言及し，次のように述べている。

　このような重要な諸種の法案が，このように国会の早期にはほとんど提出を終つたことも，かつてその例を見なかったことであり，これは一つは昨年内に予算の編成を完了したことと，与党及び政府がきわめて緊密な連絡の下にその作業を完了したからであった。

福田は言及していないが，政府が法案を提出するには与党審査における承認が必要である。そのプロセスを含めた法案提出が「早期」に終了したのは，政策先議により与党側は予算関連法案の要点を事前に十分把握しており，そのため政府予算案決定後に行われる閣法の事前審査が，滞りなく進められたためと考えられる。

そして「政策先議」は，1959年以降も継続した。1960年2月『政策月報』上の「国会の窓から」という解説は，政策先議が早くも制度として定着したことを物語っている。

　国の予算の編成過程を与党の政調会から見ると次のような作業がある。
　第一の段階で毎年夏（傍点引用者）から秋にかけて各部会，特別委員会は政調会長，政調幹部役員と緊密な連携を保ちながら来年度予算に対して政策的にどの部門には，どうした予算を組むかを決めて各部会の要求を，続々政調審議会に持ちこんでくる。審議会はこうして，各部会から持ち込まれた来年度予算の各方針を聞きながら一方財元（ママ）の方にも検討を加えつつ8月から9

月，10月と政調の来年度予算編成方針を煮つめていく。こうして秋深くなる11月中旬までに，政調の手で作り上げた原案は，むろん党幹部との会議を重ねつつ総務会を経て，党の正式予算申入れとして決定され大蔵省に手渡される。

このようにして，政調会が概算要求前後から政府予算案の決定まで予算編成過程に関与しつづける仕組みは自民党政権の中に定着した。先に述べたように，このことが1959年以降の閣法のスムーズな事前審査の基本的前提になったと考えられる。

4．何が事前審査を円滑にしたのか？(2)
　　—部会，周辺会議体，下位会議体

本章では1959年以降の事前審査の円滑化に影響したもう一つの要素として，政調会の組織的変化に注目する。その変化とは，部会の増員，周辺会議体の大量増設，下位会議体の設置を通じた参加の機会拡大である。

4.1　部会員の限定的増員

自民党は結党時，国会の常任委員会にほぼ沿う形で，15の部会を設置することを党則で規定した。一方部会のメンバーは，対応する国会の常任委員会の委員を兼任させるという方式が採用された。1955年12月13日の『公報』にそのことが告知されているが，この方式は党則ではなく運用の問題である。

しかし間もなく方針が転換される。1957年7月23日政調副会長会議は次のような決定を行った(16)。

各部の部員の公募

政党各部の部員は，原則として当該常任委員会の委員を当然部員とする建前となっているが，本人の希望によっては，常任委員会の所属にかかわらず，希望する部の所属となることも認めることとして，全議員の希望を照会する。

この照会を経て決定されたと思われる部会メンバーが1957年10月11日の『公報』上で発表されている。該当部分の冒頭を紹介すると，

政務調査会各部員左の通り決定いたしました。
○内閣部両院内閣常任委員全員
　逢澤寛，中馬辰猪，永山忠則，福井路太，林屋亀次郎，一松定吉，野本品吉
　（以下略—引用者）

このように常任委員会全員＋氏名という形式で発表されているが，後者が希望によって部会に配属されたメンバーであろう。1958年も7月9日の『公報』や1958年の『政調週報』付録の「政調調査会名簿（昭和33年7月19日現在）」の中にも同様の記載がある。

表7はこのうち，1957年の『公報』，58年の『政調週報』の名簿をもとに，各部会の「希望」による参加者の数をまとめたものである。まず興味深いのは部会間の偏りである。農林部会が41名(57年)，60名(58年)と最も希望者が多いのは，自民党の選挙基盤と整合的で分かりやすい。次いで商工部会，建設部会の人数が多いのも，自民党議員の利益，政策への関心の度合いを反映しているのであろう。

また表8では，この二つの名簿をもとに各議

表7　「希望」により所属した部会員数

	内閣	地方行政	国防	法務	外交	財政	文教	社会	労働	農林	水産	商工	交通	通信	建設	計
1957年	7	10	14	7	9	22	16	15	13	41	3	32	21	5	19	234
1958年	6	13	19	4	25	18	9	12	5	60	3	22	15	6	26	243

表8 所属部会数

	1957年	1958年
1個	85	192
2個	73	24
3個	1	1
4個	0	0
5個	0	0

員の所属部会数を整理した。ここで興味深いのは、1名を除く全ての議員が1個か2個に収まっている点である。おそらく、政調会執行部は、議員側の希望の強さを前にして無制限な増員を避けるために、1個か2個という制限をかけたのであろう。

こうして1958年以降、議員の部会への参加の機会は、議員の選好に配慮しながら拡大した。これら増員された部会員が概算要求段階から予算編成過程に関与し、「事前審査の事前調整」に加わったことは、閣法の事前審査の円滑化に一役買ったと思われる。

4.2 周辺会議体
①周辺会議体の増設

政調会では部会のメンバーを増やしたものの、部会の数そのものを増やすという方式はとらなかった。各部会は党則で設置された機関であり、簡単に増やすことが難しく、しかも部会は省庁、国会の常任委員会と対応して設置されているから、これを変更することは非現実的だったであろう。そこで政調会は別の方式で政調会を拡大する。それが政調会の判断で設置できる[17]特別調査委員会を政策領域ごとに大量増設するという方式だった。特別調査委員会は、「調査会」(総合的な視点から基本政策を扱う)、「特別委員会」(特定の問題の処理のために設置)、「懇談会等」(臨時的に設置)に分けられる[18](以上3つの会議体を以下周辺会議体と呼ぶ)。表9、表10はこのうち特別委員会と調査会の開催数を『公報』を用いて集計した結果である[19]。

表中の「aアクティブな委員会数」とは、1年の間に最低1回でも会議を開催した会議体の数である。「b出現」とは、その年に新規に活動が確認された会議体数であり、その年に委員会が設置されたこととほぼ(設置翌年に初会合が開催される場合があるため)イコールである。「c休止」とは、前年活動が確認されたものの、その翌年に活動が見られなかった委員会である。「休止」した委員会が再び「アクティブ」になることは少ないが、それは委員会が廃止あるいは統合されたことを示している。なお「休止」状態であった委員会が、再び会議を開催する場合、「f復活」と表現した。

表9、表10から分かることは、1950年代後半が特別委員会の増殖期にあたることである。1956年から59年にかけて数多くの委員会が設

表9 特別委員会の開催数

		1955	1956	1957	1958	1959	1960	1961	1962	1963	1964
a	アクティブな委員会数	5	20	31	29	35	30	31	32	33	33
b	委員会開催数	28	212	344	344	272	215	314	315	253	330
d	出現	5	15	23	14	12	3	7	5	1	8
e	休止	0	0	12	15	14	9	9	1	2	7
f	復活	0	0	0	1	5	1	3	0	1	1
g	小委員会開催数	0	28	24	18	143	36	89	46	44	18
h	b+g	28	240	368	362	415	251	403	361	297	348

表10 調査会の開催数

		1955	1956	1957	1958	1959	1960	1961	1962	1963	1964
a	アクティブな委員会数	3	3	3	3	10	12	17	17	15	16
b	委員会開催数	5	41	38	51	135	138	201	242	161	283
d	出現	3	0	0	0	8	4	2	3	0	2
e	休止	0	0	0	1	2	4	0	2	2	1
f	復活	0	0	0	0	1	0	2	0	0	0
g	小委員会開催数	0	26	0	32	41	68	87	67	84	84
h	b+g	5	67	38	83	176	206	288	309	245	367

置され，1959年には最大値である35個の特別委員会が活動していたことが確認できる。その一方で相当数の休止もみられ，この時期，特別委員会の入れ替わりが激しかったことも分かる。委員会の開催数は1958年に頂点を迎えるが，特別委員会の下に設置された小委員会（後述）も合算すると，1959年が活動のピークとなる。一方，調査会の場合，設置のペースは特別委員会に比べて遅い。増殖期が1959年以降に始まっている。会議開催数が3ケタとなるのも1959年のことである。なお「懇談会」等は，1958年から1964年にかけて設置されたのは3から5にすぎず[20]，会議開催数も年間約20回程度にとどまっていた。

以上のことから，1959年の事前審査制の変化と関係してくるのは，周辺会議体の中でも特別委員会と考えられるので，以下では特別委員会に注目して分析を進めていく。

②特別委員会の参加者

特別委員会には，何人くらいの議員が参加したのか。ここでも『公報』は有用な情報源となる。『公報』は特別委員会が新たに設置されるたび，役員だけでなく平議員の氏名も掲載しているからである[21]。また息の長い特別委員会は数年ごとに委員会の名簿が掲載され，1962年以降は毎年，ほとんど全ての委員会の名簿が掲載されるようになる。そのため，これらの名簿を使えば，特別委員会の参加人数と経年変化を把握することが可能になる。

表11は各年のアクティブな特別委員会について，その委員数（委員長，副委員長等の役職者は含めず）を集計し，構成人数別に区分した結果を一覧にしたものである[22]。構成人数はばらつきがあるものの，1委員会あたりの平均人数は30～40名程度である。委員数80名以上の巨大委員会は，大体の場合，災害関係の特別委員会である（例えば，1957年霜雪害対策特別委員会144名）。また地域開発系の委員会も地域の議員を抱え込むので，大規模になる傾向にある。特に大規模だったのが九州開発特別委員会で，1958年に96名の議員が名を連ねた。59年の『公報』上には，九州開発特別委員会の商工部会，農林水産部会等の8つの部会別メンバーが発表され，九州開発特別委員会それ自体がミニ政調会の体をなしていた。

特別委員会の延べ参加人数は，1956年以降右肩上がりで増加し続け，1959年以降は大体1300人程度で安定している。また，1人あたりの参加委員会数を，延べ参加人数÷議員数（1956年～63年にかけて実施された各回衆参両院選挙直後の議員数の平均値）で計算すると，1300名÷421名（衆議院議員289名，参議院議員132名）＝3.08となり，議員1人あたり3つ程度の特別委員会に参加したことになる。

表11 特別委員会の参加人数別集計

	1955	1956	1957	1958	1959	1960	1961	1962	1963	1964
1～10名	0	0	0	1	0	0	0	0	0	0
11～20名	3	4	3	2	1	3	3	3	2	0
21～30名	1	6	6	8	14	8	10	8	10	14
31～40名	1	6	9	4	4	4	6	11	10	6
41～50名	0	2	4	5	5	4	3	1	1	4
51～60名	0	0	2	3	3	2	3	3	4	5
61～70名	0	0	0	0	2	2	1	2	3	2
71～80名	0	2	1	1	2	2	1	1	0	1
81名以上	0	0	1	2	1	1	1	1	1	0
人数不明	0	0	5	3	3	4	3	2	2	1
計	5	20	31	29	35	30	31	32	33	33
（延べ参加人数）	156	648	991	1148	1336	1083	1034	1318	1377	1388
（1委員会あたり平均参加人数）	31.2	32.4	31.8	39.6	38.2	36.1	33.6	41.2	41.7	42.1

③特別委員会の開催パターン

　特別委員会はどの時期に頻繁に開かれていたのか。図1は1956年から64年までの各月の構成比（各月の開催数の56年から64年までの総和を総開催数で割ったもの）の推移を示したものである。比較のため部会についても同様の作業を行った。

　図を見ると特別委員会は部会に比して、2月3月の構成比は低い。この時期、政調会の活動の中心は、部会における閣法の事前審査に置かれており、特別委員会に多くの時間を割くことはできなかったのであろう。5月から7月にかけて通常国会が閉会すると事前審査もなくなり、部会の開催頻度は落ちる一方、特別委員会の比重は相対的に増す。そして8月から11月にかけて、特別委員会の活動が盛んになる。この時期は予算を煮詰めていく時期にあたり、特別委員会も委員の意見を調整しながら、特別委員会としての意思を固めていたのであろう。そして12月は、部会と同様、活動量が最大になる。12月は通常、党の予算編成大綱、大蔵原案発表、復活折衝時期と重なるため、特別委員会が一斉に開催されたためである。そこではメンバーの意向の聴取や情報の共有が行われていたと考えられる。

4.3　下位会議体—小委員会

　『公報』のデータを収集していくと、政調会がさらに別の方式で政策調整を行っていたことが分かる。すなわち、部会、調査会、特別委員会、懇談会等の下に下位会議体（小委員会）を大量に設置したのである。図2は親会議別に分類しながら小委員会の開催数の年間推移をまとめたものである。

　転機はやはり1959年である。1959年は、特に特別委員会の小委員会の開催数が激増した結果、小委員会全体として年間300回を超える会議が開催された。全体の開催数は、1960年に一度落ち込むものの、61年から64年にかけて200から250回程度で安定している。なお、1962年以降は特別委員会の小委員会の開催数は減少し、部会の下に設置された小委員会の活動が目立つ。後述するように、1960年代に入ると増えすぎた特別委員会への批判が生じ、そのため部会の下に設置することが好まれたと推測される。ともあれ、政調会は、これらの下位会議体を通じてきめ細かく議員の利害、意向を吸収し、政策を調整していったと考えられる[23]。

　さて、以上のように1950年代後半に大量に出現した周辺会議体は、どのような影響力を持っていたのか。これに関して、1961年7月21日の『読売新聞』は「自民政調会改革の動

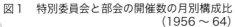

図1　特別委員会と部会の開催数の月別構成比（1956〜64）

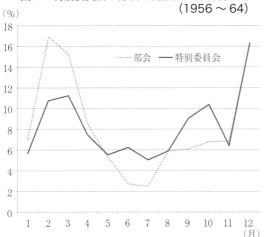

図2　小委員会（親会議別）開催数の推移

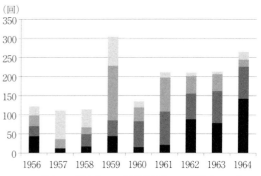

注　「懇談会その他」には親会議不明の小委員会が含まれている。

き　特別委などを大幅削減」と題して，次のようように報じている[24]。

　　（前略）政調会は政調審議会，各部会，問題別による多数の特別委員会，調査会，懇談会によって構成されているが田中新政調会長の構想として①現在10人もいる政調副会長を半数以下に減少させる②各種特別委員会，調査会，懇談会を大幅に削減し，その代わりに大きな問題がでた際は直にこの問題に対処する特別委員会，調査会を設ける③内閣の行政と党政調会の境界線を明らかにし，従来のように何でも党が行政に介入するという弊害を除くとの基本線を明らかにし，これには大野副総裁も賛成といわれる。

　　政調会にある各特別委員会，調査会，懇談会および部会の中には問題を二重に取り扱っているものもあったり，平常は出席しないのに予算編成の時だけ副会長として圧力的動きを示すものなどがあったので，この際これらを形の上からすっきりさせるほか，これまでは何の問題についても与党としてあるいは政調会として政府の行政に介入し陰に陽に行政上の影響を与えていたので，これを本来の姿にもどして（中略）政府，与党間の責任の区分を明らかにしようというのがねらいである。

　この記事からは，少なくとも1961年には，周辺会議体が議員の利害を政府予算案の中に反映させるための重要なルートになっていたことが読み取れる[25]。これら周辺会議体を通じて，多くの議員が予算編成過程に参加した上で政府予算案が決定されるならば，予算案決定後に行われる予算関連法案の事前審査がスムーズに進行し，ある意味セレモニー化することは，自然のことのように思われる。

5．おわりに

　本稿は，1958年から59年にかけて事前審査制の急速な発展があったことを示唆する柴田の回想に注目した。そして，その回想が事前審査ラインの会議回数の減少によって裏づけられることを明らかにした。事前審査ラインの会議体は，結党当初の混乱期を1959年には脱し，少ない時間で効率的に閣法の審査を完了できるようになったのである。

　このような事前審査の円滑化を可能にした第一の要素は，予算編成に対する政調会の関与の深化であった。1958年から始まった「政策先議」は，概算要求段階から各部会が予算を議論するという新例を作った。各部会が復活折衝時という限定された瞬間だけでなく，長いスパンで予算に関与することにより，政府与党間，与党内の政策調整は緊密になっていった。こうした予算編成システムの変化は，閣法の事前審査を円滑化させる基本的前提になったと考えられる。

　事前審査を円滑にしたもう一つの要素として，政調会の意思決定への参加の機会拡大があった。まず，事前審査ラインの基本である部会では1957年に実質上の増員が行われた。さらに周辺会議体が大量に増設された。特に特別委員会は1956年から59年にかけて大量に設置され，議員の政調会への参加機会は雪だるま式に拡大した。また下位会議体である小委員会も多数設置され，1959年に開催数のピークに到達した。これらの活動により，多様で細分化された利害が政調会の中に吸収され，それは政府の予算編成にかなりの影響を及ぼしたと考えられる。そして，このようにして決定された予算案は，予算関連法案に当然反映されるから，閣法の事前審査はスピードアップし，上位会議体では審査が儀礼化すらしていったと考えられる[26]。柴田が回想した自民党の「組織政党化」とは，このように急拡大を続ける自民党政調会を念頭においたものではなかったであろうか。

追記　本稿は2018年度日本選挙学会において発表した原稿をもとにしている。発表の機会を与えて下さった濱本真輔先生，討論者の大山礼子先生，

武蔵勝宏先生にお礼申し上げます。

本稿は科学研究費補助金・基盤研究（C）（研究課題名：自民党政権「形成期」における政府与党関係の研究―事前審査制はなぜ定着したのか？）の成果の一部である。

（1）　事前審査制が出現した歴史的経緯については，奥健太郎・河野康子編『自民党政治の源流―事前審査制の史的検証』（吉田書店，2015年）を参照のこと。筆者らの研究は1962年の赤城書簡を事前審査制の出発点とする通説を修正したものであった。これに対し，川人貞史は同書の書評論文の中で，「通説の立場に異論はない」という見解を示している（川人貞史「与党審査の制度化とその源流―奥健太郎・河野康子編『自民党政治の源流』と研究の進展に向けて―」（『選挙研究』，第32巻第2号，2017年1月）。

（2）　柴田護『自治の流れの中で』（ぎょうせい，1975年），295-296頁。

（3）　筆者は，1955年10月から1964年12月までの会議の開催日を日付ごとに入力した。部会は各部会別に，調査会，特別委員会もそれぞれの調査会，委員会ごとに入力した。入力に際しての細則としては，①複合会議が開かれる場合，単独の会議体として扱わず，それぞれの会議が開催されたものとして計算した（例えば，農林水産連合部会は，農林部会，水産部会それぞれ1回開催されたとして計算）。②各会議体の下部会議（小委員会）は親会議とは区別して集計した。一方調査会の正副会長会議のような，当該会議体の執行部によって開催される会議は区別しなかった。会議数が非常に少なかったためである。

（4）　佐藤・松崎は会計年度を単位としてデータを集計しているが，本稿は暦年を単位としている。年末（あるいは年初）に翌年度の政府予算案が決定し，それにもとづいて通常国会に閣法が提出され，審議されるカレンダーを考えると，暦年を単位とした方がよいと判断したからである。

（5）　『公報』，1958年12月13日。

（6）　佐藤・松崎も結党当初，政審が頻繁に開催されたことを指摘している（91頁）。佐藤らは1960年代以降政審の開催数が減少したこと，一方で部会や特別委員会の開催数が急増したことを指摘し，そこから審議の中心が政審から部会や特別委員会に移行したという見方を示している。本稿も基本的にその見方に同意するが，政審の会議回数の減少を事前審査制の制度化という文脈で解釈している。ただし，佐藤・松崎が，56年から57年にかけて予算審議小委員会や予算特別委員会も政審としてカウントしている点は同意しがたい。両委員会は予算に特化した会議体であり，政審とは別に開催されているからである。それゆえ，本稿はこれらの会議を政審の会議としてカウントしていない。

（7）　拙稿「事前審査制の起点と定着に関する一考察」（『法学研究』，87巻1号，2014年1月）。

（8）　通常国会は早い年で5月早々に閉会している。また『政調週報』の記録をみても閣法の事前審査は4月にはほとんど終了している。そこで1月から4月の数値で計算した。

（9）　儀式化された事前審査というイメージは，自民党元職員へのインタビューから得たものである。1980年代から2000年代の政調会の審議を長く見てきた党職員は，事前審査の様子を次のように答えている。

「奥：（前略）中丸さんのご記憶からして，一つの法案というのは部会の中で，大体，何回ぐらい審議するものなのでしょうか。一回で，通ってしまうものでしょうか。政府提出法案の場合ですけれども。

中丸　政府提出法案は大体一回です。ひどいのは部会を開いて，10～20分で終わってしまいますよ。役所の局長や審議官が説明して，「ご意見ありませんか」と言っても，ほとんどないわけです。事前に部会の主だった先生方のところに，役所が説明に行っているわけです。そうすると，部会長が「今，説明終わりましたけど，ご意見ありますか」「異議なし」「はい，終わります」という感じで，ひどいのは10分かからないです。あとは政審，総務会はいわゆる「ところてん」ですから，一突きでパッといっちゃうという。そういう話ですから，トータルでどのぐらいかかったかと言われると，部会が10分，15分で上がる法案は，政審・総務会はそれぞれ五分ですね。お経文を読んで終わりです。部会というのは，役人が

法案の細かい要旨の説明をしますけど，政審や総務会は部会長が法案要旨のお経文を3分ぐらいで読み上げるだけですから」（『自民党職員の回想談・中丸到生氏（元自民党政調会長室室長）談話速記録』，2011〜14年度文部科学省科学研究費補助金研究成果報告書，206頁）。
中丸氏が目撃した時代と本稿が扱う時代は30年以上の開きがあり，簡単に結びつけるのは危険であるが，1回の総務会で5つの法案を承認した1959年と，「お経文」を読んで1法案5分で終わる総務会の事前審査に，それほど大きな違いはないように思われる。

(10) 政調会の議事録として刊行されてきた『政調週報』にも，1959年が事前審査の転機だった形跡がある。1958年までの『政調週報』には，政審や各部会の議事内容が短いながらも記録されていた。しかし1959年1月以降，『政調週報』は政調会で了承した法案の説明がほとんどとなり，議事内容の紹介はなくなる。政審や部会の審議が形式化したため，議事を説明する必要性が低くなったのではないだろうか。

(11) 審査がもめた事例研究として，拙稿「自民党結党直後の政務調査会 ― 健康保険法改正問題の事例分析」（『年報政治学』，2016年2号）がある。同論文では1956年健康保険法改正をめぐり，医師会の利益を代表する医系議員と政調会執行部との間に対立が生じ，部会，政審，総務会で何度も審議が重ねられたケースを分析した。一方，もめなかった事例研究として，拙稿「自民党結党直後の事前審査制 ―『母子福祉資金の貸付等に関する法律』の改正過程を事例として」（『東海大学紀要・政治経済学部』，48号，2016年）がある。

(12) 「政策先議」に基づく予算編成は，牧原出『内閣政治と「大蔵省支配」－政治主導の条件』（中央公論新社，2003年）に詳細な分析がある。

(13) 「政調の動き（9月中）」（『政策月報』1958年10月）。

(14) 大蔵省財政史室編『昭和財政史－昭和27〜48年度 3 予算(1)』（東洋経済新報社，1994年），429頁。

(15) 福田赳夫「第31国会の概観と参議院選挙」（『政策月報』，1959年5月）。

(16) 『政調週報』，昭和32年8月5日号。

(17) 党則36条には「必要があるときは，政務調査会の審議会の議を経て，政務調査会長管掌のもとに，特別調査委員会を設けることができる」とある（自由民主党編『自由民主党史資料編』，自由民主党，1987年，33頁）。

(18) 前掲，『自民党政権』，85頁。

(19) 「調査会」とは「〇〇調査会」と表記される会議体を指す。「特別委員会」として分類したのは，「〇〇特別委員会」に加え，「〇〇特別調査会」「〇〇整備委員会」である（政調会の刊行物や『公報』において，これらが「特別委員会」のカテゴリーの中で表記されているため）。「懇談会」とは，「〇〇懇談会」「〇〇専門委員会」と表記される会議体を指す。データの収集に際しては，原則『公報』に依拠して情報を収集したが，前掲，『自民党史資料編』の役員表(1445-1472頁)にも『政調週報』にも記載のない特別委員会は，政調会外の特別委員会と判断して集計から除外した。懇談会については，役員表に記載のある会議体のみ集計した。

(20) ただし役員表に記載のある懇談会だけを集計したため，実際の開催数は若干これより多いはずである。

(21) 『公報』では一旦委員のメンバーが発表された後，追加メンバーが五月雨式に発表されるが，後者は集計しなかった。

(22) 特別委員会の名簿は，必ずしも毎年発表されるわけではないので，各年の所属人数の確定に際しては，次のような基準を設けた。当該年の特別委員会の名簿が発表されている場合は，その年の名簿を利用した。当該年の名簿が入手できない場合は，前年の名簿を用い，前年もない場合は2年前のものを，それもなければ3年前の名簿を用いた。以上にも拘わらず名簿に行き当たらない場合は，「人数不明」の委員会として処理した。

(23) 小委員会の最新の研究として，河野康子「外交をめぐる意思決定と自民党―外交調査会を中心に―」（前掲，『自民党政治の源流』）がある。そこでは外交調査会の安保条約改訂等小委員会の党内調整に果たした役割が言及されている。

(24) 1963年に発表された自民党第三次組織調査会の組織小委員会の答申にも，「部会と重複する各種調査会，特別委員会を極力整理解消する」という文言が見られる（笹部真

理子『「自民党型政治」の形成・確立・展開―分権的組織と県連の多様性―』(木鐸社, 2017年)。特別委員会の増殖は, 自民党内部からも問題視されるほどのレベルに達していたといえよう。

(25) 当時政調会副会長であった坊秀夫の日記(国立国会図書館憲政資料室蔵)を見ても, 特別委員会が議員の利害をアピールする重要な場になっていたことが分かる。たとえば, 「四国開発委で紀の川用水を国営にすべく要望したが, 県からはこの要望がないためかっこうのわるいこととなる」(「坊秀夫日記」, 1959年9月22日の条)とある。この記述からは, 党の予算編成大綱をまとめる前に, 特別委員会での議論が重視されていたことが分かる。また10月には, 「国土開発特別委員会より外されていること判明。寺島委員長に抗議する」(1959年10月28日の条)とある。副会長の坊をして抗議せしめるほど, 特別委員会は一定の重要性をもっていたと考えられる。

(26) もっとも, 本稿は会議量という数量に注目して導き出した仮説なので, 現実の文脈を踏まえていない危険性がある。今後は定性的な事例研究を行うことにより, 本稿の見通しが妥当なものかさらに検証していきたい。

〈特集2　政党と立法過程〉

政党内政策組織と強い上院：
日豪の事前審査に関する比較研究

石間英雄

要旨：なぜ，政党は議会提出前に法案の実質的な審議をするのだろうか。本論文では，日本とオーストラリアの主要政党を題材に，議会政党による法案の事前審査を，対称的な二院制のもとでの調整メカニズムとして捉え，その説明を試みる。具体的には，対等な二院制による制約のため，議会内でなく政党内政策組織で議員間の調整が行われると主張する。対等な二院制である両国の政党の活動を調査したところ，議会提出前に政党が法案を審査しており，党内の政策委員長に上院議員も就任していた。加えて，日本の自民党の部会活動を分析したところ，野党議員が参議院の委員長職に就いた場合，委員会と対応する部会の活動が増加することが明らかとなった。以上の結果からは，上院の存在が政党組織に影響を与えており，旧来の下院中心的な政党観を脱する必要が示唆される。

1．はじめに

なぜ，議会内の委員会でなく，政党内部において政策の実質的な審議がおこなわれるのであろうか。日本のこれまでの研究は，この政党内部での法案審議を「事前審査制」と呼んできた[1]。本論文は，日本で行われてきた「事前審査制」を比較政治学の観点から相対化し，二院制によってその存在を説明するものである。

いわゆる「事前審査制」とは，閣議決定前の内閣提出法案を，自由民主党が審査し，国会提出にはその承認を必要としたという慣行である（飯尾，2007; 奥，2015）。本論文では，やや広く，与党が政府提出法案を議会提出前に審議し，その承認が提出の条件である仕組みを指すこととする。

先行研究は，このような「事前審査制」を日本独自の慣行として捉えてきており，国会法の規定などの日本に「特殊な」要因に注目してきた。しかし，オーストラリアの主要政党も内閣提出法案の事前審査を行っており（石間，2017），その両国における政党組織のあり方を説明する枠組みが必要である。そこで，本論文は，「事前審査制」を相対化するために，議会政党内部での政策活動として「事前審査制」を幅広く捉える。その上で，日本の自由民主党とオーストラリアの主要政党を比較しつつ議論する。

日本とオーストラリアの主要政党の政策組織を説明する上で，本論文が注目するのが，両国に共通する権限関係の対等な二院制である。具体的に言うならば，対等な二院制のもとで上下院議員の意思を調整する場という視点から，政党内政策組織による「事前審査制」を分析する。権限関係の対等な二院制である場合，第二院の存在を無視することはできない（Ganghof, 2017; Sin, 2014）。二院間の権限関係は，一般に両院の多数派が異なる場合に問題になると考えられている。しかし，両院の多数を占める党派が同じであったとしても，インセンティブ構造が異なる場合には，両者の考えが異なることが予想される。そのため，両院の議員が参加する政党内部の政策組織において，上下院議員間の調整が行われると考えられる。

日本とオーストラリアにおける政党内政策組

織を分析したところ，上下院議員の両方が政策組織の委員長に就任しており，また，上院の政治状況が政策組織の活動を規定していることが明らかとなった。分析結果を踏まえると，これらの組織は会派の組織ではなく「政党」組織なのだと考えられる。

本論文は，以下の構成をとる。次節において，先行研究の検討を行う。第3節では，二院制と事前審査の関係について検討する。第4節では，オーストラリアの事例について説明を行う。第5節では，日本の自由民主党に関する事例について検討する。第6節において，結論と今後の課題について述べる。

2．先行研究の検討：
　　　事前審査はなぜ行われるのか

なぜ，自由民主党が「事前審査制」という慣行を採用しているのか，先行研究は大きく分けると以下の二点に注目して説明してきた[2]。一つは，選挙制度に注目する見解であり，もう一つは，議会制度に注目する見解である。

第一に，選挙制度に注目する見解は，1993年の衆議院選挙まで採用されていた単記非移譲式投票方式がもたらす議員の個人投票追求誘因に注目する。この選挙制度による個人投票追求誘因が，自民党議員による利益誘導を促し，自民党の分権的な政策決定過程を生み出したのだという。つまり，政務調査会を中心とした事前審査制は，議員の集票インセンティブと合致し，一般議員の活躍の場として機能したのである（McCubbins and Rosenbluth, 1995；猪口・岩井, 1987）。これらの見解は，アメリカ連邦議会研究の分配理論における委員会のアナロジーとして，政務調査会部会を捉えていると言える（建林, 2016）。これらの見解によれば，事前審査制とは，個人投票追求要因の強い選挙制度のもと議員間の長期的な交換関係を政党内に制度化するものであったと考えられる。しかし，なぜ議会内の委員会ではなく，政務調査会部会が活用されたのかという理由が明確ではない。

次に，議会制度に注目する見解は，内閣が国会に対して介入できないため，内閣と国会の意思の乖離を政党内で解決するようになったと指摘する（大山, 2011；川人, 2005）。例えば，大山は国会法の規定に注目し，内閣は法案審議に介入する手段がなく，内閣が自由に法案修正できないといい，法案成立のために事前審査制が採用されたのではないかと指摘している（大山, 2011, 75, 85）。

これらの見解では，「イギリス型の議院内閣制」からの乖離が一つの大きなポイントとなっている。すなわち，「イギリス型の議院内閣制」と異なり，内閣と与党の意思が一致していない場合に，その意思を調整することが，事前審査の目的であると想定されている[3]。実際に，連立政権が中心である欧州諸国では，連立パートナーを監視し，大臣の機会主義的行動を防ぐために委員会制が活用されていることが示されている（Martin and Vanberg, 2011；Martin, 2014）。このような凝集性の低い連立政権における内閣と与党間の離齬の存在は，派閥化された日本の自由民主党についても当てはまる。

しかし，内閣と与党の意思を調整する場合，欧州諸国のように委員会が活用される可能性もあったはずである。にもかかわらず，なぜ委員会ではなく政党内部の政策組織が内閣与党間の調整に活用されたのかという点を先行研究は十分に検討できていなかったのではないかと考えられる。

確かに，大山は国会法などの制約を考慮した議論を展開している。しかし，議会慣習や法律による制約は，議会多数派の意思によって変更可能であるため，多数派によって変更できないような，より上位に位置する制約を踏まえ事前審査を考える必要がある。

以上の議論より，法律よりも上位のレベルの制約に注目し，なぜ委員会ではなく，政党内部の政策組織が議員の活動の場として活用されるのかを検討しなければならないと考えられる。

3．理論：
対等な二院制と政党内政策組織

本論文では，政党内部の政策組織を政治家間の調整メカニズムであると捉える。言い換えると，政党内での法案審議によって，議員間で事前の合意がとりつけられ，議会内での結束した行動がもたらされるのだと考える[4]。本節では，調整メカニズムとして考えられている委員会制について検討し，二院制という制約条件について説明する。

3.1　委員会制と連立政権

連立政権においては，政党間の意思調整の手段として，委員会が用いられる（Martin and Vanberg, 2011）。Martin and Vanbergによれば，相互に独立した政党によって構成される連立政権では，大臣が所属する政党の政策を表明するといった機会主義的行動を監視するために，委員会制が用いられるのだという。加えて，André, Depauw and Martin（2016）やZubek（2015）は，連立政権である場合や連立政権内部のイデオロギー的な異質性が大きい場合，委員会の権限が強くなることを示している。この相互監視については，連立政権だけでなく，派閥化された凝集性の低い政党にも当てはまりうる。凝集性の低い政党の場合，個々の議員に拒否権や修正権を与え，大臣が極端な政策的立場をとることを防ごうとすると考えられる。

しかし，議会内の委員会では，監視・調整が困難な場合が存在する。以下で述べる通り，対等な二院制である場合，議会内での調整が難しくなると考えられる。

3.2　上院と妨害・対称的な二院制

政府による任命や間接選挙ではなく，上院議員が有権者によって直接選ばれる場合，法案成立の条件について上下院の権限は対等であることが多い。対等な二院制の場合，法案成立には二院間の合意が必要であり，同一の文面の法案を可決する必要がある。多くの場合，両院の意思が異なった場合には，両院協議会などの両院の意思を調整するプロセスが存在する。しかし，それらのプロセスの利用には時間がかかる。そのため，前段階で妥協することが解決策の一つである（Tsebelis and Money, 1997）。法案を成立させたいアクターが，法案成立に時間がかかることを嫌がる場合，時間を引き伸ばす権限を有するアクターは，妥協を通じて政策的な影響力を発揮することができる（Fong and Krehbiel, 2018; Tsebelis and Money, 1997）。

これまで，このような第二院の影響力は，一体的な政党像のもと二院間の党派的な構成の差異によって生じると考えられてきたが，同一政党が上下院の多数を占めていたとしても上下院の意思の相違は起こりうる。すなわち，凝集性が低く，規律執行が難しい政党の場合，同一政党の議員でも異なる行動をする場合があり，上下院の意思が異なる可能性がある。特に，上下院で選挙制度が異なる場合，上下院議員は異なる政策的目標を追求しうる。対等な二院制の下では，意思の相違を無視することは不可能である。このような場合，議会内の活動では一体性を維持することが難しく，両院議員のそれぞれの機会主義的行動を防止するため，上下院の相違を政党組織に内部化することが目指される（VanDusky-Allen and Heller, 2014）[5]。

前述の議員間の調整という観点と照らし合わせると，各議院内の委員会で調整を行う場合，同一の政策・法案の文面に至る可能性は低い。特に，与野党の議席差が小さい場合や野党議員に影響力がある場合，超党派的な議論が行われ一部の与党議員が野党議員に同調した場合，法案の成立は危ぶまれることになる。よって，議会内の委員会を用いることで政党内の不一致を解消することは難しいと考えられる[6]。また，上下院の権限が非対称ならば，上院の決定を無視することも可能であるが，権限が対等ならば無視することは不可能であり，上下院で必ず同じ決定に至る必要がある。

そこで，委員会ではなく，「事前の両院協議会」として，政党内の政策組織が活用され，議員間の調整が行われると考えられる。言い換えるならば，その内部で政策を審議することで，事前に議員間の政策的な合意をとりつけるのである。そのため，対等な二院制のもとでは，議会政党内部の政策組織が形成されやすくなると考えられる。

本論文では，議会政党内部の政策組織について，組織内部の委員会の人事と実際の活動を分析することで，上記理論の含意を検証する。まず，政策組織の委員長における上下院議員の比率は，その政党間の上下院議員の権力関係のバランスを示していると考えられ，両院議員の比率が対等に近い場合，二院間関係を政党内で処理しているものと捉えられる。また，上院の政治状況が政党内の政策活動に影響を与えているならば，二院制の政党組織に対する影響を示す一つの証拠になる。

3.3 日豪の共通点

日本とオーストラリアはともに，直接公選の上院を有し，かつ議院内閣制である。本論文の観点からは，両国ともに両院間の権限関係が対等であることが重要である[7]。

日本の場合，憲法上，衆議院の優越が定められているものの，法案を参議院が否決した場合には，衆議院の3分の2以上の賛成をもって再議決しない限り，参議院の決定を覆すことができない。そのため，再議決のハードルは高く，両院間の権限はほぼ対等であると考えられている（大山，2011）。

オーストラリア連邦憲法においても，二院間の権限は基本的に対等であると規定されている（Galligan, 1995; 杉田，2014）。オーストラリア連邦憲法第53条には，上院は歳出・課税に関する法案を提出・修正することができないと規定されている。ただし，それらの法案を否決することや成立の妨害を行うことは可能である。そして，それ以外の法案については，上下院で一致した結果に至る必要がある。不一致が発生した場合には，両院解散の後，両院協議会が開催されると憲法57条に規定されている。しかし，これらの手続きを利用するためには，時間を消費する必要があることから，日常的に利用することは困難である。また，憲法上の規定に加えて，上院では下院と比べ比例性の高い選挙制度を採用していることから，与野党の議席差は小さく，一部の与党議員の造反が法案の成立を難しくする。

以上の検討から，両国ともに二院間の権限は対等であり，上院は潜在的に強い影響力を有していると言える。両院での一致が求められていることから，二院間の事前調整が必要であると考えられる。以下では，以上の議論に基づき，上下院議員間の調整という観点から人事と実際の活動について分析を行う。

4. オーストラリアの事例

4.1 オーストラリアにおける政党内政策組織

オーストラリアの主要政党であるオーストラリア労働党と保守連合（自由党と国民党の恒常的な連立）には，各政党の上下院議員が参加する組織が存在している（Faulkner, 2001; Snow, 2017; Ward, 2014）[8]。オーストラリア労働党のものは，コーカス（caucus）と呼ばれ，保守連合のものは合同党会議（joint party room）と呼ばれている。そして，その機関の決定は，単一の議院に所属する議員のみでなく，上下院議員双方の行動を拘束するものとなる（Ward, 2014, 194）[9]。コーカスの下には，政策分野別のコーカス政策委員会があり，対応する政策分野の法案を審査する。1980年代には，コーカス政策委員会と内閣委員会を対応させることで，内閣と与党の間の意思疎通を図ることが目指されていた（Australian Labor Party, 1982）。

これら与党による事前審査は，実際の立法過程に埋め込まれていることがうかがえる。法案を起草する際の手続きを示した立法ハンドブッ

クにも，法案提出の際や議会内で法案を修正する場合，事前に与党の許可を得る必要があるとの記述がある（Department of the Prime Minister and Cabinet, 2017, chapter 10）[10]。

4.2 本会議開会日数の少なさ

事前審査に関連する点として，オーストラリアでは本会議開会日数が少ない。特に，同じ本会議中心主義のイギリスやカナダと比較しても，著しく少ない。第二次世界大戦後のオーストラリア連邦議会の本会議開会日数は，100日を超えることはなく，平均すると上院は60.6日，下院は65日である[11]。上院・下院ともに開会日数が少なく，原因とも結果とも解釈できるが，両院議員の参加する政策組織による事前審査と関連していると考えられる。

4.3 人事

図1は，70年代から90年代にオーストラリア労働党が政権についていた時期において，上院議員が閣内大臣とコーカス政策委員会委員長に占める割合を示している[12]。上院議員が大臣となる時期には，コーカス委員会で委員長とならず，大臣職につかない時期には，コーカス委員長になる傾向にある。大臣職とコーカス委員会委員長の間には代替関係があり，大臣職につかなくとも，コーカス委員会によって発言権が保証されていたと考えられる。

以上より，オーストラリアにおいて上下院を横断する形での議会政党組織が成立していたと言える。

5．日本の事例

続いて，日本の自由民主党の事例について記述する。日本における二院間調整としての政党内政策組織という考えを裏付けるものとして，自由民主党職員であった村川一郎による発言がある。村川によれば，参議院議員と衆議院議員間の異質性を考慮し，衆参両院議員の所属する政務調査会部会での調整を行うという慣習を作り上げたという（村川, 1995, 962-963）[13]。

5.1 人事

図2は，東大法・第5期蒲島郁夫ゼミ（2005）のデータを用いて，政務調査会部会の部会長に占める参議院議員の割合を示したものである[14]。時期により変動があるものの，ある程度の参議院議員が部会長についている。特に，参議院議員は，2，3人程度しか大臣ポストを得ら

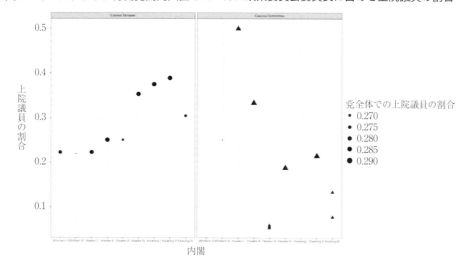

図1　オーストラリア労働党閣内大臣とコーカス政策委員会委員長に占める上院議員の割合

れないことを踏まえると，内閣ではなく部会を通じて影響力を行使するようになっていたのではないかと考えられる。

図2 自由民主党政務調査会部会長に占める参議院議員の割合

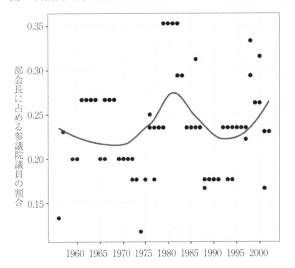

5.2 部会活動量の分析

次に，理論のもつ含意を政務調査会部会の活動量で検討する。その一例として，ここでは，委員会との関係を考察する。

二院制の場合，政策組織が活用されやすくなると考えられるが，特に議会内委員会が活用しにくく政策組織が活用される場合として，野党議員が常任委員会の委員長である場合が考えられる。日本の参議院では，創設以来，常任委員会の委員長職を，会派の議席比によって配分している[15]。そのため，自民党以外の政党に所属する議員が委員長になることがあり，参議院では，野党議員が内閣提出法案の審議を妨害することが可能となっている[16]。実際に，参議院議長を努めた斎藤十朗の回想によれば，自身の社会労働委員会での経験から，社会党議員が委員長である場合には，自民党が強行採決を行うことは難しかったと述べている（政策研究大学院大学，2004, 39-40)[17]。また，委員長が議事進行の権限を有することから，そもそも委員会が開催されない可能性があり，野党委員長の場合，与党議員は委員会での活動が難しく，委員会内での与党議員間の監視・調整の実施には困難を伴った。

自由民主党政務調査会部会と国会の常任委員会の間には対応関係があり，ある常任委員会のメンバーとなると自動的に対応する部会に所属する（村川, 1989, 147)。そこで，部会での議論が活用される。委員会で自民党議員が野党議員に同調した場合，審議がいっそう困難となることから，同調を防ぐインセンティブは与党議員が委員長である場合よりも大きく，野党議員が委員長である場合，委員会よりも部会での活動が盛んになる。

以上より，参議院で野党議員が委員長の場合，対応する政務調査会部会の活動量が増加するという仮説を検証する。

5.2.1 データ

以下では，政務調査会部会の開催回数を被説明変数として，回帰分析を行う。本論文では，自由民主党政務調査会が発行していた機関誌である『政策月報』内の「政務調査会日誌」という記事をもとに，各部会・月ごとの開催回数を集計した。なお，『政策月報』の発行期間の制約から，1959年1月から1973年12月までの部会の活動を分析する。ただし，期間の途中で創設された科学技術部会と環境部会は分析から除外している。また，部会単独の活動を扱うこととし，部会小委員会やその他特別委員会などとの合同会議も開催回数に含んでいない。図3は，このデータを用いて，月ごとの部会回数の平均値を示したものである。図からは，部会ごとの活動量にそもそもの差異が存在することがわかる。

5.2.2 変数の操作化，対抗仮説，推定方法

本論文の主要な説明変数は，対応する参議院の常任委員会の委員長が自民党以外の政党に所属していれば1をとるダミー変数である[18]。

図3. 部会開催回数の平均値

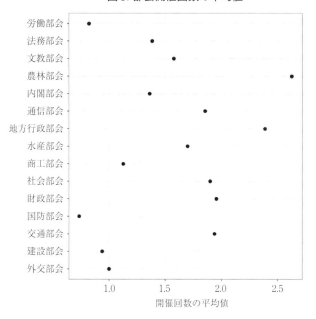

データによると、商工委員会や建設委員会、通信委員会などの自民党議員の集票にとって重要と思われる委員会でも野党議員が委員長となっていた[19]。なお、部会と委員会の対応関係は、以下の表1のように想定している。

部会活動に影響を与える統制しなければならない要因として、部会固有の要因と時点固有の要因が考えられる[20]。第一に、部会ごとの平均的な活動量の差異がある。図3より明らかな

表1　政務調査会部会と参議院常任委員会の対応表

部会	常任委員会
内閣部会	内閣委員会
地方行政部会	地方行政委員会
国防部会	
法務部会	法務委員会
財政部会	大蔵委員会
外交部会	外務委員会
文教部会	文教委員会
社会部会	社会労働委員会
労働部会	社会労働委員会
農林部会	農林水産委員会
水産部会	農林水産委員会
商工部会	商工委員会
交通部会	運輸委員会
通信部会	通信委員会
建設部会	建設委員会

通り、議員の集票にとって役に立つとされる部会とそうでない部会の間には、そもそもの活動量に差がある。

第二に、時点固有の要因がある。例えば、予算編成の時期には、部会の活動量は多くなると考えられ、他方で、立法需要が小さく法案数が全体的に少ない時期では活動量は少なくなる。これらの時期については、各部会に共通して活動量が増減していると考えられる。

以上の部会固有の要因と時期固有の要因については、パネルデータであることを利用して、部会ダミーと時点ダミーを用いることで、それぞれ統制する。また、時点固有の要因については、年ダミーと月ダミー、政治的状況に関する変数を用いて統制するモデルも用いる[21]。加えて、時点数が多いため、系列相関を考慮する必要があり、被説明変数の1期前のラグを説明変数として使用するモデルも推定している。

衆議院の政治的状況については、自民党が常任委員長を総取りしていることから、この時期では一定であると考えられる。なお、部会の開催は国会会期中が主であるため、冒頭解散を行った場合を除く、会期中のデータを用いる。

被説明変数が部会の開催回数であるため、以下では、OLSとポアソン回帰を用いた結果を報告する。過分散が見られる場合のカウントデータの分析では、負の二項回帰を用いることが一般的であるが、部会でクラスター化したロバスト標準誤差を用いたポアソン回帰の方が条件付き平均の予測としてはよく、また固定効果モデルの使用により個体の異質性を統制できるとの指摘があるため、ここではポアソン回帰を用いている（Cameron and Trivedi, 2013）。

5.2.3　分析結果

表2は、回帰分析の結果を示したものである。モデル1は時点ダミーを投入したもの、モデル2は年・月ダミーと政治状況の統制変数を投入したモデルである。それぞれOLSによって推定している。モデル3とモデル4は、それぞ

表2　回帰分析の結果

	(Model 1) OLS	(Model 2) OLS	(Model 3) ポアソン	(Model 4) ポアソン	(Model 5) OLS	(Model 6) OLS	(Model 7) ポアソン	(Model 8) ポアソン
野党委員長	0.469 **	0.487 **	0.199 **	0.204 **	0.368 **	0.416 *	0.155 *	0.173 *
	(0.189)	(0.196)	(0.0962)	(0.100)	(0.171)	(0.197)	(0.0924)	(0.103)
議席差		0.145 ***		0.0647 ***		0.149 ***		0.0678 ***
		(0.0291)		(0.0137)		(0.0284)		(0.0139)
選挙までの月数		−0.0433 ***		−0.0211 ***		−0.0449 ***		−0.0220 ***
		(0.00954)		(0.00380)		(0.00930)		(0.00364)
選挙月		−1.571 ***		−1.023 ***		−1.517 ***		−1.007 ***
		(0.204)		(0.210)		(0.202)		(0.215)
被説明変数のラグ					0.118 ***	0.0513	0.0457 ***	0.0170
					(0.0339)	(0.0371)	(0.0113)	(0.0120)
定数	2.550 ***	1.793 ***			2.940 ***	1.526 ***		
	(0.473)	(0.222)			(0.642)	(0.243)		
ユニット固定効果	YES	YES	YES	YES	YES	YES	YES	YES
時点ダミー	YES		YES		YES		YES	
年・月ダミー		YES		YES		YES		YES
サンプルサイズ	1,935	1,935	1,935	1,935	1,920	1,920	1,920	1,920
R − squared	0.368	0.263			0.376	0.265		
ユニット数	15	15	15	15	15	15	15	15

カノコ内は部会でクラスター化した標準誤差
*** $p<0.01$, ** $p<0.05$, * $p<0.1$

れ，モデル1，モデル2と同じ変数を投入しているがポアソン回帰によって推定したものである。モデル5，モデル6，モデル7，モデル8については，以上のモデルに，被説明変数の1期前のラグを投入したモデルである。また，すべてのモデルにおいて，部会を単位とした固定効果推定を行っており，部会固有の要因は統制されている。

表2からは，主要な説明変数である野党委員長の係数の符号は，予想通り正であることがわかる。特に，ラグを投入していないモデルでは，OLSとポアソン回帰の双方の推定方法でも野党委員長の係数は5％水準で有意である。ただし，ラグを投入したモデルでは，時点効果ダミーを投入したOLS推定のみ5％水準で野党委員長の係数は有意であるが，その他のモデルでは，10％水準で有意であった。すなわち，ある部会の対応する委員会の委員長が野党議員である場合には，そうでない場合と比較して，部会の開催回数が増加すると言え，本論文の仮説が支持されたと言える。以上より，日本では野党議員が委員長となるといった参議院の政治状況が部会の活動に影響していることが示唆される。

6．結論

本論文は，事前審査制を二院制の観点から考察した。二院間の権限が対等な日本とオーストラリアでは，上下院議員の参加する政策組織があり，一般議員が内閣提出法案を審査し，修正もしくは提出の拒否を行っていた。日本における政務調査会やオーストラリア労働党におけるコーカスは，一方の議院にのみ存在する「会派」レベルの組織ではなく，両院を横断する「政党」としての組織であると言える。特に，上院議員が政策委員会の委員に就任していることからも，上院議員に発言権や拒否権を与えていると解釈できる。以上から，これらの対称的な二院制の国々では，議会ではなく政党内部で上下院議員の調整を行っていると考えられる。

加えて，自由民主党政務調査会部会の活動に関する計量分析では，参議院の常任委員会委員長が野党議員であった場合，対応する部会の活動量が増加することが明らかとなった。この結果は，参議院の政治状況が政党組織に影響していることを示しており，これまでの研究の知見に対して，二院間関係を考慮する必要があるこ

とを示唆している(22)。事前審査制の形成・制度化に参議院の存在が影響していたのではないかと考えられ，今後も質的研究などを通じて検討を続ける必要がある。

今後の課題として，非対称な二院制であるイギリスのような国の政党の検討を行い，比較研究を進め二院制のもつ影響を広い文脈から検討することがある。また，自民党に関する計量分析については，今後，別の資料を用いて，時期を広げ委員会での議席差などとの関連を分析すること，調査会や合同部会などの開催について分析することも残された課題である。

〔謝辞〕本論文は，2018年度日本選挙学会研究会での報告論文を修正したものです。司会の岩井奉信先生，討論の大山礼子先生，武蔵勝宏先生，ご参加いただいた先生方，報告の機会を与えていただいた企画委員の濱本真輔先生に感謝申し上げます。なお，本研究は，JSPS科研費18J10229の助成を受けています。

(1) 奥(2014)や奥・河野(2015)は，歴史的な観点から自由民主党の事前審査制を相対化する重要な試みである。
(2) 事前審査制については，奥(2015)が，先行研究を整理している。
(3) ただし，イギリスでは，政権党の一般議員が政府提出法案に対して修正案を提出することが多い(Russell and Gover, 2017)。
(4) 一般議員に拒否権を与える負のアジェンダコントロールの一種であると解釈しうる(Cox and McCubbins, 2005)。
(5) VanDusky - Allen and Heller (2014)は，二院制と政党組織の関係について検討する貴重な業績である。しかし，候補者指名制度のみに注目しており，本稿とは関心が異なる。加えて，上院が選挙で選ばれていない国も分析に含まれているため，候補者指名制度が何を表しているのか分析結果の解釈が難しい。
(6) 建林(2016, 7)も，二院制のもとでは，ログロール型の意思決定を委員会で行うことは困難だったのではないかとの仮説を提起している。
(7) Lijphart (2012, chapter 11)は，オーストラリアの方が，日本より強い二院制であると指摘している。ただし，Lijphartは，上下院の構成を含めて議論しており，制度上の関係のみを議論しているわけではない。また，同一党派内の関係を考慮しているわけではなく，本論文の議論とは視点が異なる。
(8) 加えて，オーストラリアの主要政党は，派閥化されており，凝集性は低い(McAllister, 1991)。
(9) ただし，下院議員の方が多いため，採決では下院議員が有利とも言われる(Ward, 2014, 215-6)。しかし，後述の通り，政策委員長に上院議員も就任していることから，政策形成の過程で影響力を発揮しうる。
(10) 以下のサイトの立法担当者向けのチェックリストにも，与党の承認に関する項目がある（https://www.pmc.gov.au/sites/default/files/publications/legislation-handbook/legislation-handbook-appendix-i.pdf 最終確認日2018年8月30日）。
(11) オーストラリア連邦議会のホームページをもとに計算した(https://www.aph.gov.au/Parliamentary_Business/Statistics/Senate_StatsNet/General/sittingdaysyear 最終確認日2018年8月30日）。
(12) 議会のウェブページから議会図書館の所蔵する資料にアクセスし，オーストラリア労働党の文書をもとにコーカス政策委員会のメンバーシップをデータ化した(http://parlinfo.aph.gov.au/)。
(13) 竹中(2010)や松浦(2017)は，参議院の有する黙示的な影響力を検討しているが，本論文は，「事前審査制」と関連づけて，参議院の影響力を検討するものである。
(14) 図中の線は，loess回帰にもとづく平滑化曲線である。
(15) なお，衆議院に関して，分析に用いた時期では，委員長職を自民党が総取りしていた。
(16) 欧州の研究では，野党議員が委員長である場合，法案の修正が活発に行われることが示されている(Fortunato, Martin and Vanberg, 2017)。
(17) 野党による妨害が激しい場合，議長は委員長に中間報告を求めることで，委員会審議を打ち切ることが可能である。しかし，中間報告の使用にはコストが存在し，乱用は難しいと考えられる。
(18) 佐藤・松崎(1986)の巻末付録を参照し，データ化した。
(19) 具体的な委員長職の配分は議院運営委

員会の理事会で決定されるようである（例えば，『朝日新聞』1955年12月1日）。また，一度，ある委員長職に野党議員が就任すると，勢力比が変わらない限り同じ政党の議員が委員長職に就くことになる。そのため，野党議員が委員長であるからと言って，与党議員の活動が停滞するわけではない。

(20) 与野党逆転委員会のような委員会の構成も重要な要因であると考えられるかもしれないが，分析対象の時期に逆転委員会はほぼ発生していなかった。

(21) 政治的状況を示す変数には，与野党の議席差，選挙までの月数，選挙の月を示す変数を用いた。

(22) Ganghof (2017) は，内閣が一方の院にのみ責任を負う議院内閣制は「純粋な議院内閣制」と異なる新たな執政制度であると主張している。なお，イタリアは議院内閣制であり，かつ対称的な二院制であるが，内閣は両院の信任を必要とすることや連立政権中心であるため，日本やオーストラリアとはやや異なっている。

参考文献（アルファベット順）

André, Audrey, Sam Depauw and Shane Martin. 2016. "'Trust Is Good, Control Is Better' Multiparty Government and Legislative Organization." *Political Research Quarterly* 69 (1): 108-120.

Australian Labor Party. 1982. *Report of Taskforce on Government Administration.*

Cameron, A. Colin, and Pravin K. Trivedi. 2013. *Regression Analysis of Count Data*. 2nd ed. Cambridge: Cambridge University Press.

Cox, Gary W. and Matthew D. McCubbins. 2005. *Setting the Agenda: Responsible Party Government in the U.S. House of Representatives*. Cambridge: Cambridge University Press.

Department of the Prime Minister and Cabinet. 2017. *Legislation Handbook.*

Faulkner, John and Stuart MacIntyre. 2001. *True Believers: The Story of the Federal Parliamentary Labor Party*. Crows Nest, NSW: Allen & Unwin.

Fong, Christian and Keith Krehbiel. 2018. "Limited Obstruction." *American Political Science Review*, 112 (1), 1-14.

Fortunato, David, Lanny W. Martin and Georg Vanberg. 2017. "Committee Chairs and Legislative Review in Parliamentary Democracies." *British Journal of Political Science*, 1-13.

Galligan, Brian. 1995. *A Federal Republic: Australia's Constitutional System of Government*. Cambridge: Cambridge University Press.

Ganghof, Steffen. 2017. "A New Political System Model: Semi - parliamentary Government." *European Journal of Political Research*, 57 (2), 261-281.

飯尾潤．2007．『日本の統治構造―官僚内閣制から議院内閣制へ』中央公論新社．

猪口孝・岩井奉信．1987．『「族議員」の研究―自民党政権を牛耳る主役たち』日本経済新聞社．

石間英雄．2017．「事前審査による政党の一体性：オーストラリア労働党を事例として」『年報政治学』2017-I，134-158頁．

川人貞史．2005．『日本の国会制度と政党政治』東京大学出版会．

Lijphart, Arend. 2012. *Patterns of Democracy: Government Forms and Performance in Thirty - Six Countries 2nd edition*. New Haven: Yale University Press.

Martin, Lanny W. and Georg Vanberg. 2011. *Parliaments and Coalitions: The Role of Legislative Institutions in Multiparty Governance*. Oxford: Oxford University Press.

Martin, Shane. 2014. "Committee." S. Martin, T. Saalfeld, & K. W. Strøm (eds.), *The Oxford Handbook of Legislative Studies*. Oxford, Oxford University Press.

松浦淳介．2017．『分裂議会の政治学―参議院に対する閣法提出者の予測的対応』木鐸社．

McAllister, Ian. 1991. "Party Adaptation and Factionalism within the Australian Party System." *American Journal of Political Science* 35 (1): 206-27.

McCubbins, Mathew D. and Frances McCall Rosenbluth. 1995. "Party Provision for Personal Politics: Dividing the Vote in Japan." In Peter F. Cowhey and Mathew McCubbins. (eds.), *Structure and Policy in Japan and the United States: An Institutionalist Approach*. Cambridge: Cambridge University Press. 35-55

村川一郎．1989．『自民党の政策決定システム』教育社．

村川一郎．1995．「政党の立法機能：北大立法過程研究会資料」『北大法学論集』456，949-979頁．

大山礼子．2011．『日本の国会――審議する立法府へ』岩波書店．

奥健太郎. 2014.「事前審査制の起点と定着に関する一考察:自民党結党前後の政務調査会」『法学研究』871, 47-81頁.

奥健太郎. 2015.「事前審査制とは何か」奥健太郎・河野康子(編)『自民党政治の源流―事前審査制の史的検証』吉田書店.

奥健太郎・河野康子 編. 2015.『自民党政治の源流―事前審査制の史的検証』吉田書店.

Russell, Meg and Daniel Gover. 2017. *Legislation at Westminster: Parliamentary Actors and Influence in the Making of British Law*. Oxford: Oxford University Press.

佐藤誠三郎・松崎哲久. 1986.『自民党政権』中央公論社.

政策研究大学院大学. 2004.『斎藤十朗元参議院議長オーラル・ヒストリー』政策研究大学院大学C.O.E.オーラル・政策研究プロジェクト.

Sin, Christian. 2014. *Separation of Powers and Legislative Organization: The President, the Senate, and Political Parties in the Making of House Rules*. Cambridge: Cambridge University Press.

Snow, Jim. 2017. *Keating and His Party Room*. Australian Scholarly Publishining.

杉田弘也. 2014.「オーストラリアの二院制:憲法上の規定と現実:北大立法過程研究会報告」『北大法学論集』646, 238-207頁.

竹中治堅. 2010.『参議院とは何か 1947~2010』中央公論新社.

建林正彦. 2016.「政党研究における自民党というモデル」『法学論叢』1794, 1-21頁.

東大法・第5期蒲島郁夫ゼミ. 2005.『参議院の研究』木鐸社.

Tsebelis, George and Jeannette Money. 1997. *Bicameralism*. Cambridge: Cambridge University Press.

VanDusky - Allen, Jullie and William B. Heller. 2014. "Bicameralism and the Logic of Party Organization." *Comparative Political Studies*, 47(5), 715-742.

Ward, Allan J. 2014. *Parliamentary Government in Australia*. Anthem Press.

Zubek, Radoslaw. 2015. "Coalition Government and Committee Power." *West European Politics*, 38(5), 1020–1041.

〈特集2　政党と立法過程〉

大統領制における与党事前審査：
韓国の「高位党政協議」を事例に

朴　志善

> 要旨：現代民主体制の下，与党は，政府の議会提出予定法案の作成過程に一定の役割を果たしている。しかし，大統領制の場合，立法府・行政府の関係の観点からアプローチすることが多く，政府案の作成過程における与党の参加（事前審査）の過程については十分な研究は行われてこなかった。その点から，本稿は，韓国の事例を通じて，大統領制の下での与党の事前審査の現状と，与党に対する大統領の資源が事前審査に及ぼす影響を明らかにする試みである。韓国の最高位レベルの事前審査である「高位党政協議」のデータを用いた分析の結果，大統領制の韓国においても多様な議題に関して事前審査が行われ，大統領の権限，大統領の支持率，発足後の月数など，大統領と所属議員の関係に影響する要因が事前審査の開催と性格に影響してきたことが確認された。本研究は，立法における事前審査，また，与党のリーダーとしての大統領の役割の重要性を指摘し，与党の立法活動の比較および理論化への貢献を試みる。

1．はじめに

　政党，とりわけ，行政府の首班が所属する与党がいかに行政府に関与しうるかは，政治学の伝統的な関心事項の一つである。この問題は，政策結果に影響を及ぼすだけではなく，民主主義における正当性の確保において重要であるからである。代表的な研究として，政党政府論（party government）の研究がある。Katz（1987, 7）は，政党政府の条件として以下の三点を挙げた。(1)選出された党の役員，または，彼らの統制の下にある人々によって，決定が行われること，(2a)政策は政党の中で決定され，(2b)政党はその政策を実行するために凝集して行動すること，(3a)党の役員は政党を通じて募集され，(3b)政党を通じて説明責任を持つ（傍点は筆者）。
　ところが，政党政府論の流れから見ると，大統領制の下，行政府の中の政策決定における（政府に入っていない）与党の参加（事前審査[1]）に関しては十分に分析されてきたとは言い難

い。政党政府論がウェストミンスターモデルから出発してから，多様な議院内閣制や大統領制にも適用できるよう発展してきたものの，アメリカ下院を中心にする研究の流れの上で，立法における議会の多数党の役割という問いの下，立法過程や制度に焦点がおかれたからである（Aldrich and Rhode 2000; Cox and McCubbins, 2005）。また，この傾向は，執政制度が政府と与党の関係に根本的な相違を生み出すとみる観点とも関係すると思われる。議院内閣制の場合，有権者－議会の多数党－内閣という委任の関係がつながり，与党と政府の関係はヒエラルキー的に成立する。しかし，大統領制は，議会と政府が異なる選挙で構成されるため，与党と政府の関係はトランスアクション的または自律的になり，政策決定過程においても同じである（Cotta and Blondel et al., 2000）。この観点から，大統領制度の下で政府と与党の協力関係に基づく政党政府の研究，その一つである事前審査については，十分な研究が行われてこなかったと

思われる。その中で，大統領と与党の関係において，与党のリーダーとしての大統領の役割についても十分な研究がなされてこなかった。

以上の問題意識[2]から，本論文は以下の二点を目標とする。第一に，大統領制の下，与党の事前審査の実態を明らかにする。第二に，大統領と与党の関係における与党のリーダーとしての大統領の役割，特に大統領が党に提供する資源に注目し，これが，事前審査に及ぼす影響を検証する。本稿は，効率的な立法のために，与党のリーダーたる大統領は，与党に資源を提供することで，事前審査における与党議員の参加行動を調整およびコントロールするとのモデルに基づき，大統領が与党に提供する資源の変化が，事前審査に影響するとの仮説を提示する。

本稿は，上記の仮説の検証のため，韓国の事例を扱うが，以下の三点の理由がある。第一に，韓国では1964年の第3共和国以降，主要な政府法案について議会提出前に政府と与党が協議を行う「党政協議」が行われてきた[3]。第二に，韓国の大統領は，法律案の提出権，予算作成権など，国会・立法における権限を持ち，与党と密接な関係を構築してきたが，2000年代以降，その権限が大きく変化した。特に，2003年の「党政分離」の制度改革は，与党に対する大統領の影響力が大きく減少したと思われるので，大統領の資源と事前審査の関係を検証するために適合な事例を提供する。第三に，韓国の政党，特に与党は，立法における投票行動の一体性が非常に高い点である(チョン，2010)[4]。本稿は，大統領が与党に資源と事前審査における与党の参加を通じて，与党の一体性が一定に保たれるモデルを想定している。そのため，立法における与党の行動の一体性が高いと，事前審査における大統領の資源の効果を確認しやすいと思われる。

本稿の構成は以下の通りである。まず2節において，本稿の理論的枠組みを説明し，大統領が与党所属議員に分配する資源が多いと，事前審査における与党の参加は減り，大統領が与党に提供する資源が少ないと，事前審査における与党の参加は増えるとの仮説を提示する。続いて3節では，本稿の研究方法を説明する。ここで本稿はオリジナルのデータに基づき，韓国の高位党政協議の開催と議題に関する記述統計を通じて，韓国の高位党政協議の現状を示す。また，4節では，与党に対する大統領の資源と政策決定過程における与党の参加および影響力の関係を検証するために行った二つの分析結果を述べる。最後の5節では結論として，本稿の分析結果を改めて要約し今後の課題を論じる。

2．理論的枠組み

2.1 大統領制の下，政府と与党

現代の民主体制の下，政府与党(行政府および行政府首班を選出または支持する政党)は，党派的責任(partisan responsibility)と統治責任(government responsibility)という二つの基準を，バランスよく満たすという目標を持つ(Sartori, 2005；Karrenmans and Damhuis, 2018；Mair, 2013；2014)[5]。したがって行政府も，前回選挙公約を実行することが求められ，与党も次回選挙で有権者の支持を得られるよう，立法業績を通じて効率的な統治を行う必要がある。

ところが，政府与党が実際に公約実行および懸案解決をしようとする際に，政府与党内のアクターの政策選好が一致していることは稀である。政府も与党も多様な選好を持つ個人やグループで構成される集合体であるからである。とりわけ，大統領制の場合，議院内閣制に比べ，政府と与党の間で選好が異なる可能性が高い。議会選挙を通じて行政府が構成される議院内閣制とは異なり，大統領制の場合，議会の与党と政府が別々の選挙で構成されるからである。

また，この政府と与党間の選好のずれは，同じ大統領制度を採用しても，その下位制度によって差が出ると思われる。例えば，議会選挙と大統領選挙のサイクルがある(Samuels and Shugart, 2010)。議会総選挙と大統領選挙が同

じ時期に行われる場合，与党と大統領の選挙公約の相違は小さくなるが，その時期が異なると公約内容に大きな相違が生じる可能性が高い。後者の場合，公約の実行において，行政府と与党間に選好の差が発生する。また，大統領の多選制限によっても相違が発生すると思われる。大統領の再選禁止制の下，大統領は懸案より公約の履行などの責任性(responsibility)を優先しがちである一方，次の選挙を準備する与党は，応答性(responsiveness)を重視し，懸案の解決を優先するだろう。この結果，制度の相違による差はあるものの，大統領制の下，議院内閣制の下より行政府と与党の選好の差異が生じる可能性が大きくなり，支持基盤の共有による相互依存関係が崩れやすくなる。

2.2 大統領の資源と政策決定過程における与党の行動

政府与党内の選好の不一致を解決するためには，各政策において協議を重ねる必要があるが，すべての課題において互いに説得する過程は非常にコストがかかり，統治責任を果たすのに適しない。効率的な立法や立法業績は，次の選挙での勝利と直接かかわることであるため，政府与党は多様な規範，制度的な手段により立法における所属議員の行動をコントロールし，政府与党の集合行為を促す(Cox and McCubbins, 2005；Kam, 2009)。そのうちの一つが，党から提供される結束誘因である[6]。結束誘因は，忠誠心などの心理的なものだけではなく，党に所属してから各議員が党から得られるブランドネーム，政党交付金，職位，立法への影響力など，議員の再選・昇進・政策などに関わる「資源」である(Close, 2018；Hazan, 2003)。

これらの資源を議員個人に適切かつ選別的に与え，政府与党内の一体性を保つ役割を果たすのは，政党リーダーたる大統領である。大統領は行政府の首班として政府の構成権，人事権など，公式的な権限を持ち，党内外の支持グループを通じて非公式的な権限を行使できる。例えば，内閣での職位と政府の政策決定における活動も，議員の名声になり，次回選挙での再選の可能性を高める。特に大統領が政府案の提出権を持ち，国会議員と国務大臣の兼職が可能な場合，議院内閣制に近い誘因を与党所属議員に提供できる。大統領は，与党に適切な資源を提供し，政府与党内の一体性を高めながら，自分の政策を推進し，統治責任を果たそうとするのである。

一方，所属議員は，大統領からの資源が多いかぎり政府案の作成に参加せず，大統領および政府に政策の決定を委ねると思われる。与党にとっては，政府案の作成に積極的に参加することは，党派的責任と統治責任を果たし，有権者にアピールできる機会ではあるが，立法権を持つ立場からすると，同時に非常に時間と努力がかかるためである。その結果，大統領からの資源が多いと，政府案の作成における与党の参加は減り，事前協議の開催は減るものの，政府与党内で大統領の選好を中心に一体性が高まり，政府主導の事前協議が行われる。

一方，大統領からの資源が少ないと，政府の政策の決定に参加する与党の誘因は高まると考えられる。政策決定過程に参加させること自体が，大統領が与党に提供できる資源となるためである。コストは高いものの，政党にとって政策決定過程に参加することは，自らの選好を反映させた立法を成立させる機会になる。政府案に与党の選好を反映すると，後の立法過程における議題設定で，ほかの政党より優位な位置を示すことができる。特に，政府が政府案の作成に参加する権限をほかの政党に与えず，与党に限定した場合，事前協議への参加の便益はより増加する[7]。

以上を整理すると，本稿の仮説は以下のようになる。大統領が与党に提供する資源が多いと，与党は政府に政策決定を委ね，政府案に対する政党の参加行動は減る。その結果，事前協議は政府主導で行われる。一方，大統領が与党に提供する資源が少ないと，党政協議における政党

の参加行動は増え，協議も政党主導で行われるだろう。

3．分析対象・データ・方法

3.1　分析対象：韓国の党政協議

3.1.1　韓国の大統領制

韓国の憲法は，5年任期の再選禁止制の大統領選挙と4年任期の国会議員選挙を規定している[8]。アメリカのような「弱い大統領制」とは異なり，韓国の大統領は，憲法上，大きな権限を持つ。行政の首班としての権限だけではなく，法律案の提出権，予算作成権など，国会・立法における権限を持ち，政治家の国務委員（大臣）の兼職が可能である点などから，与党を通じて実際に大きな影響力を発揮してきた。

3.1.2　与党に対する大統領の権限の変化：「党政分離」の制度改革

本稿が，与党に対する大統領の資源の変化として注目するのが，2003年の「党政分離」の制度改革である。韓国において大統領の強い権限の見直しは，1987年の民主化以後も政治改革の課題として指摘されてきた。1988年2月25日から施行された第10次改正憲法の下においても，大統領には大きな権限が与えられていたからである[9]。特に，党代表が党の大統領候補になり，当選後も党の資金，公認，人事などを含め党の運営に関与する中で，議会が行政府と同等な立場で機能できず，与党を通じて，行政府に従属しているとの批判が提起されてきた。

しかし，2001年の補欠選挙で与党が敗北したことをきっかけとして，当時与党の民主党が，大統領と与党の分離の改革を導入した。2002年1月，民主党は，大統領と党総裁職の兼職禁止，党運営に対する大統領の関与の禁止など党規則の改正を行い，この改革は盧武鉉政権において定着した。盧武鉉大統領も「党政分離」を主張し，与党の総裁にはならず，党の公認や人事などの運営にも関与しなかった。また，2003年から始まった政党らの分権改革によって，ほかの政党においても「党政分離」が定着した。特に，政党の大統領候補を含め，党の指導部の選出においても，党内の推薦などではなく，一般党員や非党員の有権者が参加する予備選挙に転換してから，大統領が与党の運営，人事や公認などに関与する余地が狭くなった。

3.1.3　韓国の事前審査：党政協議と「高位党政協議」

本稿は，韓国の事前審査の党政協議の実態を分析するために，高位党政協議を対象とする。韓国の政府与党間政策協議は，「実務党政協議」，「省庁別党政協議」，「高位党政協議」の三段階で構成される。「実務党政協議」は，各省庁と与党の政策委員会の政策調整会の実務担当者間で行われ，「省庁別党政協議」は，各省庁と与党政策委員会の長レベルで行われる。一方，「高位党政協議」は，国務総理を含む内閣の大臣と与党の代表を含め院内代表（院内幹事），政策委員会の長，大統領部秘書室の担当者が参加する。

本研究が，高位党政協議のデータを用いた理由は，以下の二点である。第一に，高位党政協議の開催は，政策決定過程における政党の参加を測る指標となる。「高位党政協議」は，最高位レベルでの政府与党間協議でありながらも，その開催に関する規制が少ない。開催に関しては，現行の総理訓令は「原則的に月1回」開催になっているが，「ただし，会議を開催する理由がない，または，緊急な懸案がある場合にはそうしない（国務総理訓令第703号，第7条⑤）」と規定しており，実際の開催は国務総理と党代表との協議で決まる。また，政府立法は，管轄省庁の担当部門の草案→「実務党政協議」→担当部門案→「省庁別党政協議」→省庁案→「高位党政協議」→次官会議→国務会議→大統領による国会提出→国会という流れで行われ，下のレベルで合意できなかったものが高位党政協議に集まることもあるので，政府がその前の段階における協議から積極的に参加したこ

とがわかる。また，高位党政協議で議論されてから，その後続装置として実務や省庁のレベルで協議される場合もある。

第二に，高位党政協議の議題は，政策決定過程における政党の影響力を測る指標となる。政策決定過程における政党の影響力は，自らの政策選好を政府の政策に反映する政策形成だけではなく，議題設定においても現れるからである。高位党政協議の議題設定は国務総理と党代表の協議で決まり，他の規制はない。総理訓令は，党政協議の議題対象よりも幅広く，「法律案，大統領令案，国民生活，または，国家経済に重大な影響を及ぼす政策にかかわる総理案，部令案，予算案，または，国政課題の遂行など，国民生活，または，国家経済に重大な影響を及ぼす政策案（国務総理訓令第703号第4条）」と規定されており，実際は各省庁と与党の政策委員会の協議で決定される。政府・与党の最高位レベルの構成員が協議をするため，政府も与党も最重要事項を議題として設定すると思われる。また，協議の具体的な内容は公表されないが，協議された案件自体は政党のスポークスマン室を経由し報道され，国民に伝わる。そのため高位党政協議での議題は，立法における議題設定や立法結果においてもより大きな影響力を及ぼすと思われる。

3.2 高位党政協議のデータから見た韓国の政府・与党事前協議

本論文が分析に利用したデータは，韓国の政務長官室や国務総理室の資料から入手した1993年の金永三政権の発足から2017年までの高位党政協議の開催と議題の記録である[10]。この資料には，開催日，参加者，簡単な議題が記録されていて，1993年から2017年までの25年間，協議は計117回が開催され，361件の議題について議論されたことがわかる。以下は，入手した開催と議題に関する資料の記述統計の結果である。韓国の先行研究では大統領個人の特徴，または，特定の大統領と与党の間の関係を重要要因として分析したものが多いため（ミン，2009；イ，2004など），全体像とともに政権を基準にして整理した。

3.2.1 開催に関する記述統計

まず，図1は年毎の開催の推移を折れ線で示したものである。1年の平均は4.68回で，2000年や2014年など開催されなかった年もあれば，2008年は13回も開催されている。また，図2の政権別の開催数を見ると，文政権のデータ（5回）が2017年5月の発足から2017年12月の時点までの8か月間分ということで別として，李明博政権が33件でもっとも多く，盧武鉉政権の29回，金永三政権の25回，金大中の16

図1 年度別開催数の推移

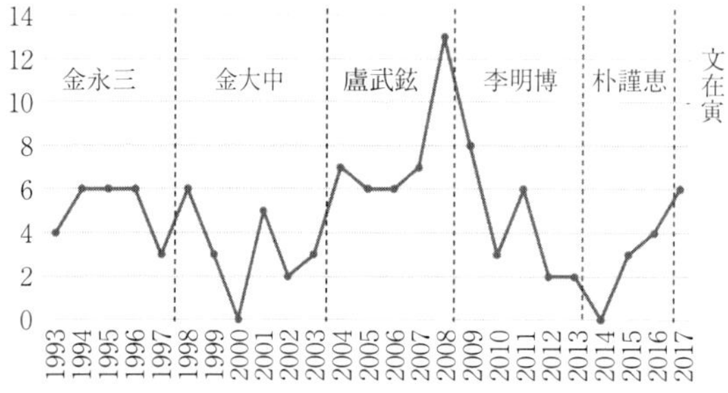

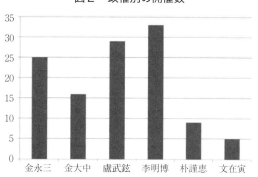

図2 政権別の開催数

金永三政権：93年2月～98年2月　金大中政権：98年2月～03年2月
盧武鉉政権：03年2月～08年2月　李明博政権：08年2月～13年2月
朴槿恵政権：13年2月～17年3月
文在寅政権：17年5月～現在　（＊データは17年末まで）

回の順番で，朴槿恵政権が9件でもっとも少ない。ただし，朴槿恵政権は弾劾で終わったので13年2月から17年3月まで約4年の開催数である。

3.2.2 議題に関する記述統計
① 議題数

計117回行われた協議の議題数は，361件である。1回開催に当たり議題数に関して，中央値は3件，最頻値は1件であり，最小の1件から最大の13件までの議題について議論が行われた。図3は，1回の協議における議題数の分布を表したヒストグラムである。

一方，図4の政権別のデータを見ると，金大中政権において，1回当たりの議題数が最も多かったことがわかる。ほかの政権における1回当たりの議題数の最頻値は，金泳三政権が3件，朴槿恵政権が2件，盧武鉉・李明博・文在寅政権は1件であったが，金大中政権の場合は12件であり突出して多い。それも影響し，金大中政権下の1回当たりの議題数の平均が6件で，総計も96件と最も多かった。次は，金泳三政権であった。1回当たりの議題数の中央値が3件で，最頻値は1件であり，最大値が6件で，平均も3.52だった。総計も88件（25回開催）で金大中政権の次を記録した。その後が，李明博政権の78件（33回開催），盧武鉉政権の62件（29回開催），朴槿恵政権の69件（9回開催），文在寅政権の9件（5回開催）である。文在寅政権の場合，8か月のデータであるが，全協議において議題数は1件であった。

② 分野別の議題数

図5は，高位党政協議で扱われた議題を，政策分野別に分類したものである。議題は，①国政課題，②国会関連，③国民生活にかかわる懸案，④安全・事故，⑤教育，⑥科学技術，⑦経済・財政・産業，⑧福祉・社会・文化，⑨外交・統一・防衛，⑩その他の10種類に分類した。高位級の協議であるため，複数の省庁が関わるものが多かったが，主な管轄省庁を中心に⑤教育，⑥科学技術，⑦経済・財政・産業，⑧福祉・社会・文化，⑨外交・統一・防衛に分類し，分類できなかった場合⑩その他に分類した。

また，議題の中で，③国民生活にかかわる懸案は，お盆など，節句に合わせた国民経済・生活に関する総合対策を，④安全・事故は，豪雨や水害など，災害などに関する対策や復興を，①国政課題は，盧武鉉政権の「新行政首都建設」，李明博政権の「緑色成長」など，大統領の重点政策を，②国会関連は，立法推進計画，国会の対策など，国会の主要法案の成立に関わる議題を入れた。

その結果，最も多く議論されていた分野は，⑦経済・財政・産業（77件）で，次が⑨外交・統一・防衛（67件），②国会関連（60件），⑧福祉・社会・文化（42件），⑩その他（35件），③国民生活にかかわる懸案（27件），④安全・事故（25件），①国政課題（21件），⑤教育（10件），

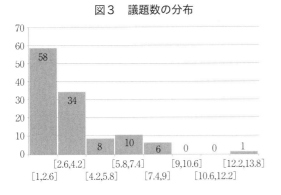

図3　議題数の分布

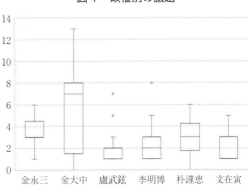

図4　政権別の議題

⑥科学技術（2件）の順であった。

一方，図6は，政権別に議題の構成を示したものである。数が少なかった⑤教育，⑥科学技術，⑩その他を，その他に入れて整理したものである。その結果，政権別に議題の構成が異なることがわかる。政権別に最も多く議論された議題を見ると，金永三政権と李明博政権では外交・統一・防衛関連政策が，金大中政権では財政・経済・産業政策が，盧武鉉政権と朴槿恵政権では国政・議会関連議題が，文在寅政権初期8か月間では，国民・安全関連議題が最も議論されたことがわかる。

③　協議の性格

本稿は上記の議題分類から，各協議において与党と政府のどちらが好む議題が多かったかを整理し，総計117回の協議を，与党中心型議題の数と政府中心型議題の数を比べ，「政府中心型」，「与党中心型」，「政府・与党同等型」，「政策中心型」に分類した。政府中心型議題には，大統領の重点政策である①国政課題，立法の計画や国会運営に関連する②国会関連の議題を，与党中心課題には③国民生活の懸案や④安全・事故に関する対策が当たる。大統領の国政課題や他の政府提出法律案がいかに成立するかにかかわる問題は，政府の方が立法過程に直接参加できる与党の方より議題にしたがると思われる。

一方，国民生活にかかわる懸案や国民生活の安全・事故に対する対処は，それを直接担当する政府より政党の方が比較的に議題にしたがると思われる。

分類の結果，総計をみると「政府中心型」が45件でもっとも多く，「政策中心型」（38件），「与党中心型」（22件），「政府・与党同等型」（12件）の順になった。図7は，年度別の推移を，図8は政権別の構成をグラフにしたものである。

政権別にみると，全体の党政協議に対し「政府中心型」が最も多く行われたのは，朴槿恵政権で，9件中7件，「与党中心型」が最も多く行われたのは，文在寅政権で5件中2件であった。また，「政府中心型」に対し，「与党中心型」の割合が高い政権は，文在寅政権（2件／0件），李明博政権（9件／12件），盧武鉉政権（4件／7件），金永三政権（4件／11件），金大中政権（3件／8件），朴槿恵政権（0件／7件）である。

3.3　分析方法

まず，「分析1」では，党政協議の開催数に対して，党政分離，発足後の月数，大統領支持率，統一政府（分割政府），議会制度などそれぞれの項目との関連性をポアソン回帰分析によって検証する。続いて「分析2」では，2項ロジスティック回帰分析を活用し，党政協議の性

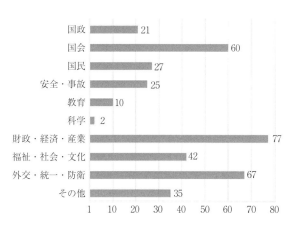

図5　分野別の議題数

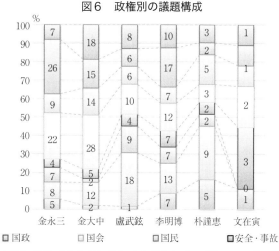

図6　政権別の議題構成

図7　年度別の推移

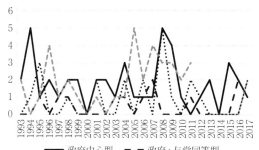

図8　政権別の構成

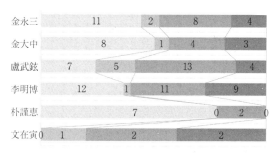

格(政府中心型協議，または，与党中心型協議)に対する各項目との関係を検証する。ところが，「分析2」の場合，政府中心型協議が45件，与党中心型協議が22件行っており，ケースの数が十分ではない点から，統計的有意性が得られにくいと予想される。そのため，補足分析として，政府中心型と与党中心型の議題数を各々従属変数とし，議題数の総計をオフセット項に入れたポアソン回帰分析を行った。大統領の資源を含めた各要因が事前協議の性格に及ぼす影響を確認する[11]。

3.3.1　使用する変数

① 被説明変数：政府案の作成過程における与党の参加と影響力

本稿では，政府案の作成過程における政党の参加を計るため，1ヵ月を基準として，高位党政協議の開催数を「分析1」で使う。また「分析2」では，政府の政策決定過程における政党の影響力を測るため，高位党政協議の議題を基準として分類した上述の協議の性格(政府中心型協議と与党中心型協議)と，分類した議題(政府中心型議題と与党中心型議題)の数を使う。

② 説明変数：大統領の資源とその効用に影響する要因

まず，大統領が与党に提供する資源を表す変数として，2003年の党政分離の制度改革前の「党政結合」と後の「党政分離」をダミー変数として含めた。2003年以降，大統領が与党の代表を兼任することが禁止されたため，党の運営に対する公式的な権限がなくなった。この制度的な変化は，大統領が与党に提供する資源を一部減らしたと思われる。その結果，党政結合の下が，党政分離の下より，協議の開催は減少し，政府主導の協議が行われると予想される。

また，政権発足後の月数と大統領の支持率[12]を，大統領が与党に提供する資源の効用に影響する変数として入れた。第一に，韓国は大統領再選禁止制を採択しており，政権発足後の時間が経つと，与党議員にとって，大統領が与党に提供できる資源の効用が減ると思われる。その結果，政権発足後の月数が増えると，政府案の作成における与党の参加が増加し，与党主導の協議が行われると予想される。

一方，大統領の支持率が高ければ，与党のブランドネームが高くなり，所属議員にとって，政府案の作成に参加する誘因が低くなる。その結果，政府案の作成における与党の参加は減少し，政府主導の協議が行われると予想される。

③ 統制変数

大統領制における政府と政党の相互依存関係に影響すると思われる変数として，「統一政府(分割政府)」と「多数決型議会制度(コンセンサス型議会制度)」を統制変数として入れた。まず，統一政府，すなわち，議会で過半数の地

位の獲得の可否である。大統領制における分割政府の効果に関しては比較政治学においても多くの研究があり，韓国の場合も大統領と国会議員の任期が異なる点から，「与少野大」と呼ばれる分割政府が立法に及ぼす影響について議論がある。統一政府の場合，分割政府より政府と与党の相互依存が深まるため，事前協議の開催は増加し，与党主導の協議が行われると思われる。

また，政府と与党の関係は国会法とも密接に関連する。国会制度が多数決型ではなくコンセンサス型であれば，政府と与党の協力の必要性が低くなるためである。2012年5月に成立した国会法（いわゆる，国会先進化法）は，国会議長の職権上程の制限，案件調整委員会の設置などが含まれた。以前は，過半数を取った政党が国会運営に大きな影響力を発揮できたが，導入の後は，在籍議員の3分の1以上の要求がある場合，本会議の審議案件に対し無制限の討論が可能になるなど，少数派の影響力が強化された。2012年の国会法の改正によって，与野党間の調整が国会運営により重要になり，政府と与党の協力の必要性は低くなったと思われる。その結果，国会法の改正の前の多数決型議会制度の方が，事前協議の開催は増加し，与党主導の協議が行われると考えられる。

4．分析の結果

4.1　分析1：開催の分析

表1は，高位党政協議の開催数を従属変数にした3つのモデルをポアソン回帰分析した結果を表す。モデル1は，党政分離を基準に，党政結合が高位党政協議の開催を決める唯一の要因として分析した。係数は負であり，党政結合の方が党政分離より党政協議の開催の確率は落ち，与党の参加が低くなることが確認される。これは仮説通りの結果であるが，統計的に有意ではなかった。

モデル2は，党政結合とともに大統領支持率

表1　開催数を従属変数としたポアソン回帰分析

	モデル1	モデル2	モデル3
党政結合	−0.209 (0.194)	−0.068 (0.206)	−0.316 (0.305)
発足後の月数		−0.025*** (0.007)	−0.024*** (0.007)
大統領支持率		−2.159** (0.757)	−1.721* (0.817)
統一政府			0.038 (0.328)
多数決型国会制度			0.637* (0.310)
MCFADDEN'S PSEUDO R^2	0.003	0.060	0.080

（備考）データ：議会の過半数に関しては，大韓民国の国会ホームページ (http://korea.assembly.go.kr/，最終アクセス：2018年1月21日)，大統領支持率：韓国GALLUP。表の中の数字は，2項ロジスティック回帰分析の係数と標準誤差（カッコ内）を示す。すべて有意ではなかった。

と発足後の月数の影響も検証した。党政結合の効果はモデル1と同じく仮説通りの結果であったが，有意性はなかった。一方，発足後の月数と支持率は両方とも負数で，前者は0.1％の水準で後者は5％の水準で有意であった。発足後の月数が経つと，また，大統領の支持率が高くなると，党政協議の開催の確率は落ちることが確認された。すなわち，大統領支持率については仮説通りであったが，発足後の月数については仮説は支持されず，逆の結果になった。

モデル3は，既存の変数に加えて，統一政府と多数決型議会制度を入れた。その結果，統一政府，多数決型国会制度の下で事前協議が開催される確率が高いことが確認された。ただし，統一政府に関しては有意ではなかった。

4.2　協議の性格の分析

表2は，与党に対する大統領の資源の変化と政府案の作成過程における政府と与党の相対的な影響力の関係を検証するため，各変数と高位党政協議の性格（「政府中心型」，または，「与党中心型」）を2項ロジスティック回帰分析した結果である。「与党中心型」，「政策中心型」，「政府・与党同等型」の四種類に分類した党政協議の性格の中で，「政府中心型」と「与党中心型」の事例だけを選び，2項ロジスティック回帰分析を行った。

分析1と同じく，モデル1から3まで分析し

表2　与党中心型協議を従属変数とした2項ロジスティク回帰分析

	モデル1	モデル2	モデル3
党政結合	−0.448 (0.548)	−0.487 (0.605)	−0.750 (0.731)
発足後の月数		−0.0001 (0.019)	0.004 (0.022)
大統領支持率		−0.450 (2.159)	0.622 (2.508)
統一政府			−0.600 (0.568)
多数決型国会制度			0.795 (0.968)
MCFADDEN'S SEUDO R^2	0.008	0.031	0.049

(備考) データ：議会の過半数に関しては，大韓民国の国会ホームページ (http://korea.assembly.go.kr/，最終アクセス：2018年1月21日)，大統領支持率：韓国GALLUP．表の中の数字は，2項ロジスティク回帰分析の係数と標準誤差(カッコ内)を示す．すべて有意ではなかった．

た。事例数が少ないため，すべてのモデルが有意ではなかったものの，モデル1と2に関しては分析1と同じ結果が得られた。モデル1では，党政分離に比べて党政結合で，政府主導の協議と比較して与党主導の協議が行われる確率が低い点が確認された。また，発足後の月数と大統領支持率を加えたモデル2の場合，大統領支持率が高くなると，また，発足から月数が経過すると，政府主導の協議と比較して与党主導の協議が行われる確率が低くなることが確認された。しかし，統一政府と多数決型議会制度を入れたモデル3の結果，発足後の月数と大統領支持率の係数が負から正に変わった。すなわち，統一政府と多数決型議会制度の変数を統制すると，大統領の支持率が高くなると，また，発足後の月数が経つと，政府主導の事前協議と比較して相対的に与党主導の協議が行われる確率が高くなる結果になった。最後に，統一政府と多数決型議会制度の下で，相対的に与党主導の協議が行われる確率が高い結果になった。

最後に，協議の性格の分析が仮説を検証するに不十分であったため，議題数の分析を補足的に行った。各協議における議題数をオフセット項にし，政府中心型議題と与党中心型議題の数を従属変数とし，各説明変数の影響を検証した。分析2は，協議の性格に関するものであったが，この分析は全体の議題数における政府中心型，または，与党中心型の議題数に関する分析になり，分析2では分析できなかった議題数の変化がわかる。

分析の結果，党政結合を唯一の変数として入れたモデル1と，モデル2の中，党政結合の変数だけが統計的に有意であった。モデル1の分析結果，党政結合によって，政府中心型と与党中心型の議題，両方の確率が低くなったことがわかる。モデル2の場合も，党政結合の影響は同様であった。統計的有意性はなかったものの，発足後の月数が経過すると，政府中心型の確率は減り，与党中心型の確率は増加する。一方，大統領支持率が高くなると両方が減少する。また，モデル3の場合は，統一政府の場合，政府中心型の確率は増加し，与党中心型の比率は減少する。また，多数決型国会制度の場合，両方の確率が減少することがわかる。

この結果を分析2の結果と合わせてみると，限界はあるものの，党政分離の下，政府中心型および与党中心型の議題の確率は両方増加する

表3　政府中心型と与党中心型の議題数を従属変数としたポアソン回帰分析

		モデル1	モデル2	モデル3
党政結合	政府中心型	−0.732** (0.236)	−0.588* (0.257)	−0.369 (0.310)
	与党中心型	−0.675*** (0.291)	−0.599 (0.310)	−0.490 (0.370)
発足後の月数	政府中心型		−0.007 (0.008)	−0.014 (0.009)
	与党中心型		0.002 (0.010)	−0.002 (0.012)
大統領支持率	政府中心型		−1.352 (0.945)	−2.060 (1.062)
	与党中心型		−1.200 (1.200)	−1.494 (1.323)
統一政府	政府中心型			0.230 (0.244)
	与党中心型			−0.033 (0.298)
多数決型国会制度	政府中心型			−0.600 (0.351)
	与党中心型			−0.198 (0.454)
MCFADDEN'S PSEUDO R^2	政府中心型	0.133	0.161	0.198
	与党中心型	−0.025	0.003	0.036

(備考) データ：議会の過半数に関しては，大韓民国の国会ホームページ (http://korea.assembly.go.kr/，最終アクセス：2018年1月21日)，大統領支持率：韓国GALLUP．表の中の数字は，ポアソン回帰分析の係数と標準誤差(カッコ内)を示す．
***$p<0.001$，**$p<0.01$，*$p<0.05$，.$p<0.1$

が，政府主導の事前協議と比較して相対的に与党主導の協議が行われる確率が高いという可能性は示された（表3）。

5．考察と今後の課題

本稿は，大統領制の下の政府案の作成に対する与党の参加を明らかにするために，韓国の高位党政協議のデータを用いた分析を行った。とりわけ，与党リーダーとしての大統領の役割に焦点をおき，大統領が与党に提供する資源が事前審査に及ぼす影響を検証した。本稿で明らかになったのは，大統領制の韓国において多様な議題に関して活発な事前審査が行われてきた点である。

第一に，民主化以後の韓国では，政権別に相違はあるものの，一年に多い時には13回，平均4回以上の高位党政協議が行われ，各協議において平均3件の議題について議論されてきた。高位党政協議は，政府・与党間協議体のうち最高位のもので，国務総理を含む内閣の大臣と与党の代表を含め院内代表（院内幹事），政策委員会の長，大統領部秘書室の担当者などが参加するため，その開催自体がそもそも難しい。さらに，この協議の前後には実務党政会議と省庁別党政会議において実務レベルの協議が十分に行われており，この点も考慮すると，高位党政協議の開催頻度は実務的な必要性の点から見るとむしろ多いと言える。

第二に，その議題は，経済・財政・産業関連政策（77件）が最も多く議論され，外交・統一・防衛（67件），国会関連（60件），福祉・社会・文化（42件），国民生活にかかわる懸案（27件），安全・事故（25件），国政課題（21件）など，多様であった。

第三に，議題により協議の性格を分類した結果，協議が「政府中心型」，「与党中心型」，「政策中心型」，「政府・与党同等型」など，多様な性格で行われたことが分かった。韓国の場合，比較的に政府の関心の高い議題を扱った「政府中心型」協議が最も多く（45件），純粋な政策を扱った「政策中心型」（38件），比較的に与党が重要視する議題が中心になる「与党中心型」協議（22件），政府と与党が関心を持つ議題を同等に扱った「政府・与党同等型」（12件）の順で行われた。

一方，開催数に関するポアソン回帰分析（分析1）と協議の性格に関する2項ロジスティック回帰分析（分析2）の結果は，以下の通りであった。まず，本稿が最も主眼を置いた党政分離の制度変化（モデル1）だけを分析した場合，統計的に有意ではなかったものの，仮説通りの効果が確認された。特に，分析2で補足的に行われた議題数に関する分析の結果と合わせてみると，党政分離は，協議の開催や与党主導型の協議の増加と同時に，政府主導の議題数の増加にも影響することが分かった。

また，大統領の資源に影響される変数（政権発足後の月数と大統領の支持率）を入れたモデル2の場合，分析2において統計的に有意ではなかったものの，事前協議における両変数の影響が確認できた。特に，発足後の月数については，仮説とは逆の結果になり，発足後の時間が経つと協議の開催と与党主導の協議が減少することが確認された。この結果の解析にはさらなる研究が必要になる。しかし，この場合，政府・与党間協力の下，与党が政府へ委任を行い，政府案の作成に参加しなかった結果とみることは難しいだろう。与党が政府と協力するより，独立的に行動することを選んだ結果とみる方が妥当と思われる。

最後に，統制変数として政府・与党間関係に影響する変数（統一政府，多数決型議会制度）を入れたモデル3の場合，分析1では統一政府が，分析2では両変数が有意ではなかったものの，分析1については両変数とも協議の開催及び政党主導の協議を増加させるという，仮説通りの結果になった。これによって，立法府の構成及び議会制度によって，政府と与党間系は変化する可能性が示された。

以上の分析結果に基づき，本研究には以下の

三つの意義があると思われる。第一に，従来の政党政府の研究が注目されてこなかった大統領制の下，政府の政策決定における与党の参加行動を明らかにしようとした点がある。大統領制の韓国において，政府と与党の間で，多様な議題について活発な立法協力が行われたことが確認された。第二に，与党のリーダーとしての大統領の役割に注目し，大統領の資源が与党の行動に及ぼす影響を明らかにした点がある。その中で，大統領の資源だけではなく，大統領の支持率，政権発足後の月数，分割政府，議会制度の性格など，大統領と与党の関係を構成する多様な要因が，事前協議に及ぼす影響を確認した。これらの結果は，与党の立法活動に関する研究および大統領制と議院内閣制の比較研究に貢献できると思われる。その中でも，発足後の月数に関する結果からは，本稿のモデルでは説明できなかったものの，発足後の時間の経過が政府与党間の協議に影響していることが確認された。大統領の再選禁止制の下，政権末期になると，政府と与党が協力するより独立した行動をとる可能性が示されたのである。この結果から，同じ大統領制でも下位制度によって政府と与党の協力行動が異なる可能性が示されたと言えるだろう。第三に，オリジナルのデータを利用し，実証を試みた点が挙げられる。

以上が本稿の意義であるが，理論モデル，データ，研究方法においてさらなる改善の可能性があるだろう。最後に今後の研究課題として三点を挙げておく。第一に，理論モデルに関しては，より精密な検討が必要になる。本稿のモデルは，政府政党論に基づき，大統領が提供する資源を中心に政府・与党が一体性を保っているという限られた状況を前提としている。その結果，政府と与党の関係が膠着する場合を説明できない。有権者と政党との関係，党内の組織や制度など，この前提を成立させるための条件の検討も必要であろう。

第二に，データ面での課題がある。高位党政協議は，政府与党間最高位の協議体という点から，その開催と議題は政策決定における政党の参加行動と影響力を測る重要な指標になるが，ケース数を十分に確保することが困難である。そのため，理論モデルが精緻であったとしても統計的に有意な結果が得られにくい。この問題への対策としては，データの再処理も考えられる。協議性格の分類において，「安全・事故」や「国民生活の懸案」以外にも与党が政府より重視する分野を，また，「国政課題」と「議会の運営」以外に政府が比較的に関心を持つ分野を再選定し，再分類する方法などが考えられる。

第三に，党政協議に関する量的データが十分に得られないことと関連して，定性的な事例研究により定量分析を補足することも可能であろう。事例研究も用いることで，第一の課題である理論モデルの精緻化もより正確なものとなるだろう。今後，上述した理論的・実証的な面における検討を通じて，さらなる発展を試みる。

〔謝辞〕 本稿は，2018年度の選挙学会総会・研究会で発表したものです。司会の岩井奉信先生（日本大学），討論の大山礼子先生（駒沢大学）と武蔵勝宏先生（同志社大学），企画の濱本真輔先生（大阪大学）に深く感謝申し上げます。また，論文の執筆中に上ノ原秀晃先生（文教大学），孫斉庸先生（立教大学），三輪洋文先生（学習院大学），大内勇也先生（東京大学）より有益なご指摘をいただきました。厚く御礼申し上げます。

（1） 日本における「事前審査」は，「内閣が国会に予算・法律などを提出するにあたり，閣議決定前に自民党が審査する手続き（河野・奥，2015，2）」などと定義され，日本の独特の政治過程として扱われてきた。確かに，自民党の事前審査は，政府のすべての法律案および予算に対し，国会の委員会レベルまで細分化された党内の組織によって行われ，その結果が当該法律案の次官会議への上程の可否を決める点において，独特とも言える。しかし，特殊性に注目すると，ほかの国家との比較を通じて，現代民主体制の理解に貢献する機会は制約される。そのため，本稿は，事前審査の比較を念頭

(1) に,「事前審査」を,「政府の議会提出予定法案に対して,政府・与党間で行われる協議」と広く定義し,政府との協調の下,政府の政策決定に参加する与党(または,支持政党)の参加行動としてアプローチする。

(2) 本稿は,執政制度が与党の政策活動に及ぼす影響を否定するのではなく,その下位制度がいかに構成されるかによって,多様な政府・与党関係ができる点を強調する。

(3) 韓国の「党政協議」は,1964年大統領指示覚書で規定されてから,国務総理訓令によって公式的な制度として規定されている。総理訓令によると,各省庁は,重要政策を立案する時に,必ず,与党の政策委員会と協議することになっており,1998年からは,各省庁や国務総理室でその運営を管理している。一方,政党側の公式な制度化は遅れていたが,2000年代以降,各与党の党規則に規定されるようになっている。

(4) 2008年5月から2009年3月の第18代国会の議会政党の投票行動を分析した結果,RICE指数の平均は0.988,HIX指数の平均は,0.975である。両指数は,1に近いと一体性が高い。

(5) この二つの基準は対立する場合も多く,超国家団体や国際規約が増加した現代においては,「統治責任」のために「党派的責任」を犠牲にする場合が増えており,政党政府の危機と指摘されることがある。

(6) 多様な個人と集団で構成される政党が一体的な集合行為を行うのは,各個人が政策選好を共有しているからだけではなく,所属議員が「凝集性」と「規律」によって影響されるためである。「凝集性」とは,各議員が自発的に,投票における一体性を獲得するための方法を構成するものであり,「規律」は党リーダーが使用する強制的な経路である。党凝集性は,イデオロギー的コンセンサスや社会化などがあり,規律は,政党および議会におけるルールや規制を指す。

(7) この場合,事前協議は,行政府首班が与党だけに提供する権限として作用され,政府与党内の一体性のために使う凝集性のツールになる。

(8) 韓国の憲法は,大統領制でありながら,議院内閣制的な要因を持つ。学者によっては韓国を半大統領制として分類する見方もあるが,大統領制と分類する方が妥当だと思われる。韓国は首相(「国務総理」)を置いているが,大統領が実質的な国務総理の任免権を持ち,国務総理が政府または議会において大きな影響力を持つとは言えないからである。国務総理は,国会の同意を得て大統領が任命し,国会は3分の1の発議および過半数の賛成によって,総理の解任を大統領に建議できるだけである。

(9) 大統領は,行政における最高決定権,指揮権,法律執行権,国家の代表および外交に関する権限,政府構成権,公務員任命権,国軍統帥権,財政に関する権利,司法における憲法違反政党の提訴権,救免・復権・減刑に関する権利を持つ。国会および立法においては,国会臨時会議の集会要求権,憲法改正に関する権限,法律案の提出権と拒否権,公布権,命令制定権を持つ。

(10) 韓国の権威主義体制は1988年の2月の全斗煥政権までとすることが多いが,次の盧泰愚大統領も軍出身であり,当時の与党の民主正義党も権威主義体制からの人物が多く,民主体制の下,与党の事前審査を実証するには適していないと思われるため,1993年の金永三政権からのデータを利用した。1993年から2003年までの資料は,「政務長官室の沿革:1948 − 1997(政務長官(第一)室,2017)」から,2003年から2017年までの資料は,情報公開を請求し,国務総理室から入手した。党側の記録として,中央選挙管理委員会への報告で党政協議の記録はあるが,政府側の記録と比較すると一部抜けている部分があるため,データの統一性や精確性を考慮し,政府側の記録を利用した。

(11) 高位党政協議は,そのケースの数が少ないものの,その前後に行われる実務と省庁レベルの協議を考慮すると,事前審査における与党の参加を計る重要なデータである。そのため,統計的な有意性が低くとも,協議の性格に対する分析を行う重要性は十分あると思われる。また,議題数に及ぼした影響を補足的に分析することで,大統領の資源が事前協議の性格に及ぼす効果をより明確に検証できると思われる。

(12) 大統領の支持率は,2011年までは分岐別であったため,その前は,2月から4月,5月から7月,8月から10月,11月から1月の支持率を同じく処理した。

参考文献

Aldrich, John H., and W. David. Rhode. 2000. "The

Consequences of Party Organization in the House: The Role of the Majority and Minority Parties in Conditional Party Government." In Bond and Fleisher (eds.) *Polarized Politics: Congress and the President in a Partisan Era*. CQ Press, 31-72.

Andeweg, R. B.,and Thomassen, J. 2011."Pathways to party unity: Sanctions, loyalty, homogeneity and division of labour in the Dutch parliament." *Party Politics*, 17 (5), 655-672.

Blondel, Jean, and Jaakko Nousiainen. 2000."Governments, supporting parties and policy-making." In Blondel and Cotta (eds.), *The Nature of Party Government*, Palgrave Macmillan.

Blondel, Jean, and Maurizio Cotta eds. 1996. Party and government: an inquiry into the relationship between governments and supporting parties in liberal democracies. Springer.

Blondel, Jean, and Maurizio Cotta eds. 2000. *The Nature of Party Government: a comparative European perspective*. Palgrave Macmillan.

전진영. 2010.「제18대 국회 원내정당의 정당 응집성 분석」『한국정당학회보』9 (2), 119-139 (チョン・ジンヨン. 2010.「第18代国会院内政党の政党凝集性分析」『韓国政党学会報』9 (2), 119-139頁.)

Close, Caroline. 2018."Parliamentary party loyalty and party family: The missing link?" *Party Politics*, 24 (2), 209–219

Cox, Gary W., and Mathew D. McCubbins. *Setting the agenda: Responsible party government in the US House of Representatives*. Cambridge University Press, 2005.

Hazan, Reuven Y. 2003."Introduction: Does cohesion equal discipline? towards a conceptual delineation." *The Journal of Legislative Studies* 9 (4), 1-11.

Hix, Simon, Abdul Noury, and Gérard Roland. 2005."Power to the parties: cohesion and competition in the European Parliament, 1979–2001." *British Journal of Political Science* 35 (2), 209-234.

정무장관(제1)실. 1997.『정무장관실연혁 : 1948－1997』. 정무장관(제1)실.
(政務長官(第1)室. 1997.『政務長官室沿革：1948－1997』政務長官(第1)室)

Kam, Christopher J. 2009. *Party discipline and parliamentary politics*, Cambridge University Press.

Karremans, Johannes, and Koen Damhuis. 2018"The changing face of responsibility: A cross-time comparison of French social democratic governments." *Party Politics*, https://doi.org/10.1177/1354068818761197 (最終アクセス：2018/04/30).

Katz, R. S. 1987."Party government and its alternatives". In Katz (ed.), *Party governments: European and American experiences Party Governments: European and American experiences*, W. de Gruyter.

이정희. 2004."한국 당정관계의 역동성과 제도화." 한국정치학회편.『한국 의회정치와 제도개혁』. 한울：95-124 (イ・ジョンヒ. 2004.「韓国の党政関係の力動性と制度化」韓国政治学会編『韓国の議会政治と制度改革』ハヌル, 95-124項)

Mair, Peter. 2014."Representative versus responsible government" In P. Mair (ed.), *On Parties, Party Systems and Democracy*, Colchester: ECPR Press.

Mair, Peter. 2013."Smaghi vs. the parties: representative government and institutional constraints." In Streeck, W., and Schäfer, A. (eds.), *Politics in the Age of Austerity*. Cambridge: Polity Press.

Mair, Peter. 2008."The Challenge to Party Government." *West European Politics*. 31 (1-2), 211-234.

민진. 2009."우리나라 당정협의체제 변화의 특징."『의정논총』4 (1), 33-59.
(ミン・ジン. 2009.「韓国の党政協議体制の変化の特徴」『議員論総』4 (1), 33-59項.)

奥健太郎・河野康子編. 2015.『自民党政治の源流：事前審査制の史的検証』吉田書店。

Samuels, David J., and Matthew S. Shugart. 2010. *Presidents, parties, and prime ministers: How the separation of powers affects party organization and behavior*, Cambridge University Press.

Sartori, G., 2005. *Parties and party systems: A framework for analysis*. ECPR press.

〈投稿論文〉

テレビ報道への接触と投票意図の変化：
2010年参院選における報道内容と有権者の分析を通して

劉　凌

> 要旨：本稿は，メディアの選挙報道が有権者の投票行動に影響を与えるかという古典的な問いについて再検討する。具体的には，テレビ報道の内容分析と全国パネル世論調査（2波）を結びつける研究設計を用いて，これまで指摘された方法論的な課題を改善し，テレビ報道への接触により有権者の投票意図が変化するかを検証する。結果として，有権者の投票意図の変化は接触したテレビの報道量によって規定され，投票予定政党に関するネガティブな言及があったテレビ報道に多く接触すると，当該政党に投票しなくなることが明らかになった。海外のコンテクストで行われた先行研究と一貫して，有権者の投票選好がメディアに影響されていることを日本の文脈でも確認したことは，重要な意義を持ちうる。

1．はじめに

　メディアによる選挙報道は，有権者の投票行動に影響を与えるのか。この問いは，政治コミュニケーション研究及びメディア効果研究といった分野における伝統的な問いとして，長年にわたり実証研究が蓄積されてきた。しかし，これまでの実証研究に対して，因果関係の方向性を特定できないことや接触効果を精緻に測定していないことなどの方法論的な問題点が指摘されてきた。本稿は，先行研究が抱えている方法論的な課題を可能な限り乗り越えて，テレビの選挙報道が日本の有権者の投票意思決定に影響を与えうるかどうかを再考する。

　人々の態度や行動に対してメディアがどのような効果を持つかという問いに対して長きにわたり研究が積み重ねられ，その答えも幾つかのパラダイムを経て変容してきた。最初のプロパガンダ研究では，メディアが人々に直接的かつ強力な説得効果を与えるという仮説を多くの研究者が共有していた。しかし，社会科学における実証的な研究手法の発展とともにこの仮説が実際に検証されると，メディア効果は人の先有傾向に沿ったメディアへの接触と対人的コミュニケーションによって媒介され，人の態度を改変させるという強力効果よりむしろ既存の態度を補強あるいは顕在化させるという間接的かつ限定的な影響力しか持たないことが明らかになった（Lazarsfeld, Berelson & Gaudet, 1948; Klapper, 1960）。このいわゆる限定効果論のパラダイムを経て，以降の研究では，「巨大なメディア vs. 無力な受け手」という構図でメディア効果を考える研究者は少なくなったと言えよう。実際に，日本の文脈でメディアへの接触が有権者の政治的態度や投票行動を規定するほどの強力な影響を検出できなかった実証研究も多く存在している（平野，2010；稲増・池田，2007；相田・池田，2007；池田，1997）。

　では，このような研究背景の中，なぜ再び態度・行動レベルのメディア効果を議論するのか。一つ主な理由として，近年では，態度・行動レベルに関するこれまでのメディア効果研究に対して方法論的な欠点が潜んでいることが指摘されてきた点が挙げられる（Ladd & Lenz, 2009; Brandenburg & Van Egmond, 2012）。今まで多くの実証研究で態度・行動レベルのメディ

ア効果を検証できていないのは，人がメディアから影響されていないからではなく，従来の実証研究では適切なデータセットや精緻な研究デザインが用いられておらずメディアの効果を正確に測定できていないからだという主張もなされている（Bartels, 1993; Zaller, 2002）。実際，より精緻な研究デザインを用いて，有権者の投票選好がメディア報道に影響されていることを確認した研究も現れている（e.g., Dilliplane, 2014; Brandenburg & Van Egmond, 2012; Lawson & McCann, 2005）。

こうした背景をもとに，本稿では，テレビの選挙報道の内容分析によって得られた結果と全国パネル調査で尋ねたテレビ接触データを結びつけるという研究デザインを採用する。これまでの方法論的な課題をクリアした上で，日本の文脈における態度・行動レベルのテレビ報道への接触効果を再考することが本稿の目的である。次節では，本稿の理論的背景とこれまでの先行研究における方法論的な限界について論じる。

2. 背景

2.1 なぜ投票意思決定がメディア報道に影響されうるのか

メディアが人の投票意思決定にもたらす影響は限定的であるということは70年前に実証されていたが，メディア環境や政治と社会の状況が激変したことに伴い，その効果も変容しうる（Dilliplane, 2014）。とりわけ政治がますます専門的になり複雑になってきた現在，人々はメディアを介して政治や選挙の情報を得て状況を理解することを余儀なくされる（谷藤，2005）。なお，各メディア媒体のうち最も重要な情報源はテレビである。明るい選挙推進協会が近年実施した意識調査では，「政治，選挙に関する情報を主に何から得ているか（単一選択）」という質問に対して「テレビ」を選んだ回答者が6割前後に達し3回連続で一番多く，しかも常に2位の「新聞」と回答した人より約4割多いことがわかる（明るい選挙推進協会，2014; 2015; 2017）[1]。このようにとりわけテレビに大きく依存するメディア環境の中では，有権者の政治的態度の形成や投票意思の決定がメディア，特にテレビ報道に影響されやすくなる（Norris, 2000）。

一方，近年では，政治的無関心の高まりや投票参加の衰退が日本でも海外でも観察されている（e.g., 山田，2016; Putnam, 2000; International IDEA, 2016）。政治の専門化・複雑化によって政治問題を理解するハードルが高くなる一方，政治関心の低下により政治問題を理解するモチベーションが低くなる。能力と動機によって情報処理の方式に違いがあると提唱した「精緻化見込みモデル（Elaboration Likelihood Model: ELM）」（Petty & Cacioppo, 1986）の理論枠組を援用して考えると，政治を熟慮する能力及び動機が高いとは言えない有権者は，政治・選挙情報を処理する際に，その情報の内容をじっくり考えて検討するという中心ルート（Central Route）よりも，むしろ外在的なキューやヒューリスティックなどに依存する周辺ルート（Peripheral Route）で情報を処理しがちである。メディア報道では，有権者の投票意思決定の手掛かりになりやすいキューとしてメディアのポジティブ・ネガティブな言及やコメントが挙げられる（Dalton, Beck & Huckfeldt, 1998）。従って，有権者の政党・候補者に対する選好もこうしたメディアのポジティブ・ネガティブな言及に影響されやすいと予想される。

なお，メディア報道に有権者の支持する政党・候補者にネガティブな言及があったとしても有権者の支持態度が変わりにくいのは，選択的接触（Selective Exposure）や動機づけられた推論（Motivated Reasoning）などの情報処理バイアスがあるからだと言われてきた（Lazarsfeld et al., 1948; Taber & Lodge, 2006）。しかし，メディアのネガティブな言及がはっきりとしている場合，そのような情報処理バイアスをオーバーライドできて態度の変更に結びつく

と報告された研究もある（Feldman, 2011）。一方，とりわけ選択的接触の発生にも多くの調整変数（Moderator）が存在すると指摘される（Smith, Fabrigar & Norris, 2008）。例えば，選挙前のような情報の効用がより重視される時期には，選択的接触の傾向が弱くなる可能性がある（Knobloch‐Westerwick & Kleinman, 2012）。また，テレビの場合，視聴者が習慣的に番組を視聴する傾向があるため（Adams, 2000; Dilliplane, Goldman & Mutz, 2013），（テレビ番組に党派的な色分けがそれほど鮮明ではない環境では）テレビでの党派的選択的接触もより発生しにくい（Skovsgaad, Shehata & Strömbäck, 2016）。さらに，選択的接触の程度には国別の違いがあり，公共放送が強い国では選択的接触の傾向が相対的に弱いと示唆する研究が最近見られるようになった（Knobloch‐Westerwick, Mothes, Johnson, Westerwick & Donsbach, 2015; Bos, Kruikemeier & de Vreese, 2016）。本稿は国際比較を行うわけではないが，選択的接触の傾向自体が弱いことによって日本の有権者の投票意思決定がよりメディア報道に影響されやすい可能性もある。

以上の議論を踏まえると，メディア，特にテレビ報道が有権者の投票意思決定に影響を与えることは十分ありうると考えられる。投票意思決定に対するメディアの効果は70年前から頻繁に実証されてきたが，近年のデータを用いてその問いについて再検証する意義は少なくなかろう。なお，投票意思決定に対して，本稿はLazarsfeldらの研究と一貫し「投票意図の変化」で捉える。それに合わせて，下記の仮説を提示する。

　　仮説：政党に関するネガティブ（ポジティブ）な言及があるテレビ報道に多く接触すると，当該政党への投票意図が変化しやすい（投票意図が変化しない）。

2.2　先行研究における方法論的な問題点

態度・行動レベルにおけるメディア効果を実証したこれまでの研究に対して，方法論の観点からしばしなされてきた批判は以下の2点にまとめられる。1つは，メディア報道の内容に対する客観的かつ明確な記述分析が欠けているという批判である。今までの先行研究において，メディアの報道内容を分析せずメディア視聴のパターンもしくは頻度を独立変数にして政治的態度や投票行動への効果を検証した研究は少なくない（e.g., 山田，2012; 平野，2010; 白崎，2009; 相田・池田，2007）。しかし，そのような研究設計は，メディアへの接触頻度がもたらす効果を検証することはできるものの，メディアメッセージへの接触効果を検証することはできない。すなわち，それらの研究は回答者が具体的にどのようなメディア報道の内容に接触して，政治的態度や行動を変化させたのかを見ていなかったという問題点を抱えている。また，メディアの報道内容を分析しないことによって，各番組もしくは新聞社には意見の分布が存在しているにもかかわらず，集計レベルで捉えるとバリエーションがなくなり接触効果が相殺されてしまうという問題もある（Bartels, 1993; Brandenburg & Van Egmond, 2012）。

1つ目の批判に対して，少数ではあるものの，メディア報道の内容を客観的な手順を踏まえて分析した研究が日本のメディア効果研究でも存在する。例えば，池田（1997）は，回答者ごとのメディアへの接触内容を特定するため，93年衆院選の選挙期間中で主要な新聞とテレビで発信された選挙関連のニュースを内容分析した。その上で，内容分析の結果と世論調査で得られたメディア接触データとを照らし合わせて，回答者個人ごとの報道内容への接触指標を作った。このようなメディア報道の内容分析の結果と接触データを結びつける研究設計は，1つ目の批判に対する有効な改善策であり，日本の効果研究において重要な一歩であったと言ってよい。従って本稿も報道の内容を分析した結果と世論調査で測定したメディアへの接触データを接合するデザインを採用し，1つ目の課題を改善する。

2つ目の批判は，従属変数として一時点のデータを使ってメディアの接触効果を検証することに関連している。それによって生じる問題点は，稲増・池田(2009)でも指摘されたように，メディアの接触と説明された従属変数の間の因果関係の方向性を確定できなくなることである。すなわち，たとえメディアへの接触と政治的態度や選好との間に強い相関を検出できたとしても，人の態度がメディアへの接触より先行する可能性(まさに選択的接触現象)，もしくはメディアが人の意見や好みに合わせて報道を作った可能性を排除できなくなる(Ladd & Lenz, 2009)。更に言えば，一時点の従属変数を用いることで，メディアへの接触によって有権者の政治的態度や行動にどのような変化が生じたのかをしっかり検証することはできない。

2つ目の批判に対して，最近の研究では，複数の時点で同一の回答者に同じ質問を繰り返すというパネル手法で得られたデータセットを使って分析を行うのが一般的である。また，一時点のデータセットを使用しても，一般化傾向スコアマッチング法などを用いて観察データにある因果推定の問題を解決する手法もある(登藤・小林・稲増，2016)。本稿は前者のパネルデータセットを使用することで2点目の問題点を改善する。

以上の議論をまとめると，有権者が接触したメディアの報道内容までを確定し，かつ因果関係の方向性を特定できる実証研究は日本のメディア効果研究において意外に少ない。そのため，より精緻な研究デザインを用いて態度・行動レベルでのメディアへの接触効果を再考する余地は大きいと言えよう。次節では，本稿の研究デザインについて詳述する。

3．研究デザイン

前節で整理したこれまでの実証研究における方法論的な問題点をクリアするために，本稿はテレビの報道に対する内容分析を行い，更に態度変容を反映できるパネル調査データを用いて分析を行う。以下では，本稿が使用するデータセットと内容分析の手順について述べる。

3.1　データセットとメディア接触の測定

メディア接触が精緻に測定され，かつその接触によって起こった変化が反映できるという2つの条件を満たすため，本稿は全国パネル世論調査「早稲田大学・読売新聞共同実施『日本人の社会的期待と選挙に関する世論調査』(2010年)」(以下 Waseda - CASI2010と略称)を使用する。Waseda - CASI2010では，2010年7月11日に行われた第22回参院選に向けて，投票日前後に同じ対象者に2回の世論調査が実施された[(2)]。

ここでは，テレビ番組への接触に関する質問設計について述べたい。Waseda - CASI2010では，報道番組と情報・ワイドショー系番組に限定し，NHKと民放4局(日本テレビ系，TBS系，フジテレビ系とテレビ朝日系)の主要な番組がリストアップされ，回答者に提示された。質問画面デザインは図1で示すように，テレビ番組表に近い形で作られている。このデザインは，多くの番組情報をコンパクトに提示することができるという特徴を有するとともに，番組表のレイアウトは特定性が高く，かつ回答者に親和性があるため，回答する際の記憶の歪みも縮小できるというメリットを持つと考えられる。更に，CASI (Computer Assisted Self - administered

図1　Waseda - CASI2010におけるテレビ番組への接触に関する質問画面デザインの一例

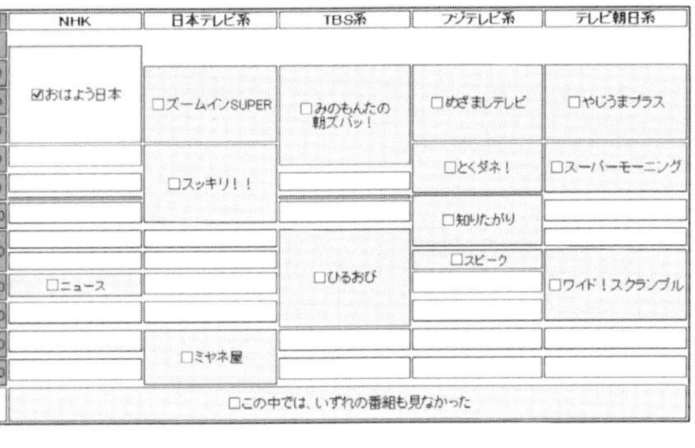

Interview)調査方式[3]が採用されたことにより調査票にプログラミングをかけることができるため，番組が選択されると色が変わるなどのように視覚の面において工夫を施すことができる。それにより，大量の情報を提供する一方，回答者の負担が重くならないように配慮されている（細貝, 2013）。なお，Waseda - CASI2010と似ている番組リスト法（Program List Technique）を採用してテレビへの接触を測定する調査としてアメリカの2008 National Annenberg Election Study調査が挙げられる。このような番組を列挙するという測定方式は，接触時間を聞くなどの従来の方式より高い信頼性と妥当性を持つことがDilliplane et al.（2013）で示されている（cf. Prior, 2013）。

3.2 内容分析

メディアへの接触効果を精緻に検証するために，メディアが何を報道したのか，すなわちメディア報道の内容分析が必須となることを前節で述べた。本研究は，Waseda - CASI2010でリストアップされた番組項目に合わせて，2010年参院選の選挙公示期間におけるテレビの選挙報道を分析する。具体的には，質問項目とした番組のうち，平日に放送され，かつ接触率[4]が高い15番組に絞り込み，当時の主要な三政党（民主党，自民党及びみんなの党）がどのように報道されたかを内容分析する。分析期間は，2010年参院選の公示期間（2010年6月24日〜2010年7月10日，土日を除く）とした。分析単位は，ニュース項目である[5]。本稿の研究関心は2010年参院選に関する報道であるため，1つのニュース項目全体で「参院選」「選挙」というワードに1回以上に言及したニュース項目を分析対象とした。この手順に従い，15番組の12日間における合計1,030,080秒（286時間08分00秒）[6]の放送から，298項目の参院選に関連するニュース項目を抽出した。298項目の長さは合計90,109秒（25時間01分49秒）であり，全体の放送時間の8.7％を占めている。

抽出した項目が，政党（民主党／自民党／みんなの党）に言及したかを判断した上で，言及した政党に対してポジティブ／ネガティブ／中立で報道したかという手順でコーディングを行う。有権者の情報処理の手掛かりになりうるメディアのポジティブないしネガティブな言及をより明確に捉えるため，本稿は以下の3つの面に注目してポジティブ／ネガティブ／中立の判断を行う。具体的には，言及した政党に対して，①メディアからの高い・低い評価があったかどうか，②当該政党に属する関係者の行為や発言によって起こったもしくは起こりうる利点・問題点が明言されたかどうか，③有利・不利な選挙情勢が明確に述べられたかどうかである。以上の3つの基準のいずれも当たらない場合は中立でコーディングされる。コーディング基準の詳細は付録を参照されたい。

なお，ニュース項目の抽出及びコーディングの作業は全て著者一人によって行った。また，コーディングの信頼性を保つため，全サンプル（N = 298）の約20.1％（N = 60）の項目をランダムに抽出し，もう一人の日本語を母語とする大学院生に訓練を受けた上でコーディングしてもらった。著者によるコーディングの結果ともう一人のコーダーによる結果がどの程度一致しているか，Krippendorff's α の指標（Hayes & Krippendorff, 2007）を用いて信頼性検定を行った。その結果，α 係数は.717〜1.000[7]を示し，いずれもKrippendorff（2004）が提唱する α 係数の最小許容値（Smallest Acceptable Reliability）.667を超えているため，本稿の内容分析は一定の信頼性を満たすものであると言える。

4．実証分析とその結果

4.1 内容分析の結果

2010年の参院選[8]について，分析対象となった15番組が選挙公示期間に民主党，自民党，みんなの党の各党をどのように報道してきたか。仮説の検証の説明に移る前に，差し当た

り，内容分析の結果について述べる。

　各政党に対する報道の全体像を掴むために，まずは図2の3つの政党に対する報道のトーンの傾向を見ていこう[9]。図2は，中立を示す水平線よりも上になればなるほどその日に当該政党に対して相対的にポジティブな言及が多いことを示し，水平線よりも下になればなるほど相対的にネガティブな言及が多いことを意味している。当時の政権与党である民主党に対する報道のトーンは全ての日においてマイナスであり，しかも選挙戦の展開に伴って，報道におけるネガティブな言及が多くなっていく傾向が示されている。それに対して，当時の野党第一党の自民党と，初めて参院選を戦い第三極として注目が集まるみんなの党に対する報道のトーンは全体的にポジティブになっていく傾向が見てとれる。これは，与党の民主党は当時総理大臣・民主党党首であった菅直人の消費税増税の発言などが大きく批判され苦戦した一方，結党して1年と経たないみんなの党が高い評価を得て，自民党とともに勢いを得ていたという実際の選挙戦の展開を反映している。

　続いて，それぞれの政党に対して各番組がどのように報じたのかを見ていく。図3は，番組ごとのポジティブ／ネガティブ／中立報道のコーディングの結果を示している。まず民主党に対する報道については，NHKの正午のニュースを除き，全ての番組でポジティブな言及があった報道よりネガティブな言及があった報道のほうが圧倒的に多いことが明らかとなった。一方，番組ごとのネガティブな報道が占めた割合を見ていくと，番組データに欠損がある「ミヤネ屋」を除いても13%から55%の間に分布していることが示されている。すなわち，各番組は民主党に対する報道のトーンが近似しているにもかかわらず，そのネガティブな言及度合いに違いがあると言える。一方，自民党に対する報道はほぼ中立であった。ただし，ポジティブとネガティブそれぞれの報道量を見ると，「みのもんたの朝ズバッ！」以外の多くの番組は自民党に対するポジティブな言及かネガティブな言及の一方しかなかったことがわかる。また，みんなの党に対しても，ネガティブな言及がなかったという共通点があるにもかかわらず，ポジティブな言及をしたグループと中立を貫くグループに分けられ，ここでも番組間の違いが見られる結果となった[10]。

　以上の分析から，2010年参院選に関する選挙報道では，当時の政権与党民主党に対しては相対的にネガティブな言及，野党第一党の自民党と初めて参院選を戦うみんなの党に対しては相対的にポジティブな言及がより多く見られ，政党に対する報道のトーンが分かれていることが明らかとなった。更に，その報道の仕方に番組間のバリエーションが存在することが内容分析を通して確認された。では，このような政党に対するメディアのポジティブないしネガティブな言及がなされていた情報環境の下，有権者はテレビ番組の視聴を通して，自らの投票判断に影響を受けていたのか。次では，この疑問を，世論調査データと結び付けながら解明していく。

4.2　仮説の検証

4.2.1　検証方法

　以上の内容分析の結果を踏まえて，本節の後半では仮説の検証を行う。後ほど説明する投票予定政党に対する相対的にネガティブな言及があったテレビ報道への接触量という鍵変数は内容分析の結果を基に作成するため，分析サンプ

図2　各政党に対する日ごとの報道のトーンの傾向

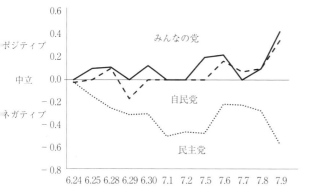

図3 政党に対する各番組のポジティブ/ネガティブ/中立の報道量

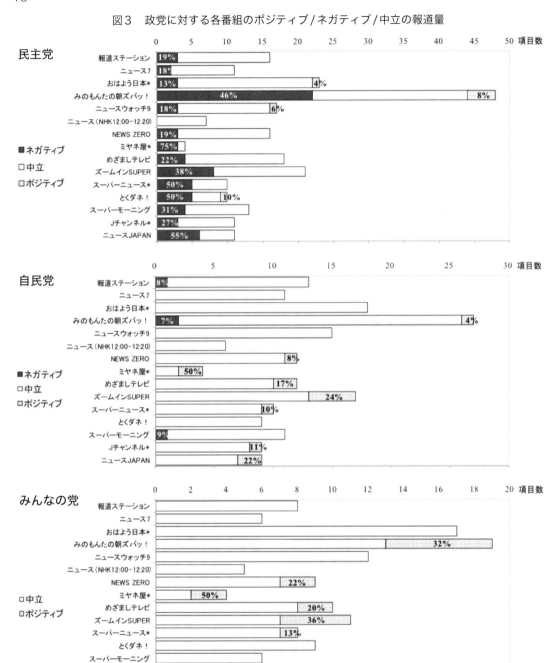

備考：アスタリスクが付いた番組が番組データに欠損がある。欠損データの詳細は補遺を参照されたい。

ルは選挙前調査で民主党，自民党とみんなの党のいずれかの政党への投票意図を持ち，かつ内容分析で対象とした15番組のうち一つの番組以上に接触したことがあると回答した有権者に限定する（N = 775）[11]。欠損を除いた最終有効数はN = 644である。以下は，検証モデル及び

それぞれの変数の作業化について詳述する。

仮説の検証にあたり，従属変数には有権者の比例区[12]における「投票意図の変化」を用いる。具体的に言えば，回答者が第1波事前調査で答えた投票予定先と第2波事後調査で答えた実際の投票先が一致していたかを見る。投票予定先と実際の投票先が一致していた場合が0「投票意図が変化しなかった」，投票予定先と実際の投票先が一致していない場合が1「投票意図が変化した」にリコードする。なお，事後調査で「棄権した」「白票を入れた」と回答する回答者は欠損として扱った[13]。最終的には25.6%の回答者が2波の回答で投票意図を変化させている。

独立変数は，内容分析の結果[14]を基に作成する「（事前の投票予定政党に関する）相対的にネガティブな言及があった報道への接触量」である（以降は便宜的に『n報道 − p報道』接触量』と呼ぶ）。具体的には，分析対象となった15番組のうち回答者が接触した番組[15]において，回答者の投票予定政党に関してネガティブとコーディングされたニュース項目数から，ポジティブとコーディングされたニュース項目数を引いた値で作業する。ネガティブな言及があった報道への接触が相対的に多いほど，投票予定政党への投票が変化しやすいと考えられることから，「n報道 − p報道」接触量は従属変数の「投票意図の変化」に対して正の効果を与えることが予想される。

上記の変数の他，態度の変更と負の関係があると言われてきた政治知識量も検証モデルに入れる。政治知識量は政治的な事柄に関するテスト設問の得点を用いる。具体的には，日本の司法，行政や参院選の制度に関する質問と菅内閣の閣僚が就いている公職に関する6つの質問に対する正解数（0〜6）をカウントして測る。また，投票予定先の政党を普段から支持する有権者は投票意図が変化しにくいと予想されるため，投票予定政党に対する普段の支持強度（0＝支持態度を持たない，1＝支持するが熱心な支持者ではない，2＝熱心な支持者）をモデルに加える。その他，参院選についての新聞への接触[16]と，性別，年齢，教育水準，仕事状況，居住年数及び都市規模といった個人属性も統制する。従属変数が0／1のダミー変数であるため，分析手法としてはロジスティック回帰分析を採用する。

4.2.2 検証結果

ロジスティック回帰分析の結果は表1のとおりである。まず独立変数のほうを見ていくと，10%水準であるものの，「n報道 − p報道」接触量が投票意図の変化に統計的に有意な影響を及ぼすことが明らかになった[17]。また，係数とオッズ比が示すように，この効果が正であることもわかる。すなわち，仮説で予測された通り，有権者は事前投票予定の政党に関して相対的にネガティブな言及があった報道に多く接触すると，実際の投票で当該政党に投票しなくなることが示唆されている。従って，仮説を検証したと言える。

図4は，ネガティブな言及があった報道への接触によって投票意図が変化する確率がどの程度上がるかをシミュレートした結果である。Hanmer & Kalkan（2013）により推奨された「観測値によるアプローチ」（Observed Value Approach）[18]を用いて投票意図が変化する予測確率を算出した結果，「n報道 − p報道」接触量が一番多い場合，つまり相対的に投票予定政党に関するネガティブな報道に最も多く接触した場合は，最も少なく接触した場合より投票意図が変更する確率が平均的に16.3%高いことが示されている。また，「n報道 − p報道」接触量が平均値から標準偏差1つ分（1SD）増えると実際の投票で当該政党から他の政党に投票が変更する確率が3.0%上がることもわかる。

一方，独立変数以外の変数では，政治知識量と投票予定政党への普段の支持強度が投票意図の変化に有意な影響を及ぼしていることが表1で示されている。予想通り，政治知識が豊富で，

表1　ロジスティック回帰分析結果

投票意図の変化 (0 = 変化しなかった，1 = 変化した)	Coef.	Z − Value	Odds Ratio
(事前の投票予定政党に関する)「n報道 − p報道」接触量	0.011 †	1.690	1.011
政治知識量	− 0.138 *	− 2.134	0.871
(事前の投票予定政党に対する) 普段の支持強度	− 0.999 ***	− 6.188	0.368
(参院選について) 新聞を読んだか否か (0 = 読んでなかった，1 = 読んだ)	0.032	0.121	1.032
性別 (0 = 女性，1 = 男性)	− 0.257	− 1.250	0.773
年齢	− 0.006	− 0.746	0.994
教育水準	− 0.096	− 0.879	0.908
仕事状況 (0 = 仕事をしていない，1 = 仕事をしている)	− 0.264	− 1.225	0.768
居住年数	0.057	0.560	1.059
都市規模	0.040	0.516	1.040
(定数項)	0.588	0.800	1.800
Number of obs		644	
LR χ^2		(10) = 58.61	
Pseudo R^2		0.080	

備考：† $p<0.1$ * $p<0.05$ ** $p<0.01$ *** $p<0.001$

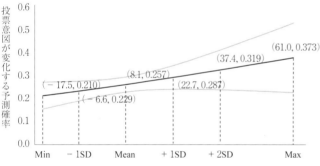

図4　「n報道 − p報道」接触量と投票意図が変化する予測確率(95%信頼区間付き)

備考：(　)内の左の数値はx軸に対応する値で，右の数値はy軸に対応する値である。

政党支持態度を持つ有権者のほうが，投票先に関する態度がより安定する傾向が見られる[19]。一方，選挙に関する新聞への接触や他の統制された個人属性は投票意図の変化に統計的に有意な影響を及ぼしていない。

なお，「n報道 − p報道」接触量と政治知識量との交差項，そして「n報道 − p報道」接触量と投票予定政党への普段の支持強度との交差項をそれぞれ表1のモデルに加えて追加分析を行ったところ，両方とも統計的に有意ではないことがわかる(p「n報道 − p報道」接触量 * 政治知識量 = .625; p「n報道 − p報道」接触量 * 普段の支持強度 = .725)。つまり，Dilliplane (2014) の知見と一貫して，有権者の投票選好に対するテレビ報道への接触効果は政治知識の多寡や支持態度の強弱によって条件付けられているわけではない。また，本稿の内容分析でのポジティブ／ネガティブ／中立報道の判断基準に「有利・不利な選挙情勢が明確に述べられたか」という項目があるため，ポジティブ・ネガティブな言及があった報道に政党情勢報道 (31.6%) も含まれているが，情勢報道を除いて分析した結果は前述の結果と概ね一貫しており，今回検証された接触効果は情勢報道によるアナウンスメント効果であるとは考え難い[20]。以上の分析結果が持つ含意と今後の発展性については次節で検討する。

5．考察

メディア報道への接触は，投票の意思決定に影響を及ぼすか。本稿は，この問いに対して，テレビ番組の選挙報道の内容分析と全国パネル調査で尋ねた番組接触データを結びつける研究デザインを用いて，投票意図の変化に対するテレビへの接触効果を検証した。これまでの実証

研究における方法論上の課題点を可能な限り改善しつつ検証した結果，有権者の投票意図の変化がテレビの報道への接触に影響されていることが明らかになった。

ここでは，分析結果が持つ更なる含意について論じたい。まず前述したように，態度・行動レベルにおけるメディア効果に関する研究では，限定効果論のパラダイムに大きな影響を受けて，メディアが人の態度や行動に与える効果は限定的であるという見方が半世紀たった現在でも「金科玉条」（竹下，2008：13）のごとく受け入れられている。一方，近年，アメリカ，イギリス及びメキシコなどの文脈で，より精緻な研究デザインを用いて，メディアへの接触が政治態度や投票行動に影響を及ぼすことを検出した研究も見られるようになった。このような研究背景の下で，有権者の投票意図の変化がテレビ報道の視聴に影響されたことが日本の文脈で確認されたことは，一定の意義があろう。

また，テレビ番組のポジティブ・ネガティブな言及に注目して内容分析をした結果，2010年のテレビ選挙報道では当時の主要な3政党に対するポジティブ・ネガティブな言及に政党間，番組間で違いが見られた。メディア報道の同質性・異質性という問題に関して，先行研究ではトピックや注目された焦点といったレベルでは番組間にあまり違いがないと言われてきた（張，2000）。しかし，評価・コメントなどの側面から見ると必ずしもそうではないことが今回の分析から浮かび上がる。今回の知見を踏まえて，今後テレビの接触効果を検討する際に，テレビ報道全体，もしくは同じテレビ局にある報道を一様に捉えず各番組の報道内容を丁寧に分析することが大切であることも示唆されている。

留意すべき点として，態度・行動レベルにおけるテレビ報道への接触効果を確認したからといって，「メディアが説得の意図を持っている→特定の内容を報道する→その内容に応じた影響が現れる」（池田，1997:129）といったストレートなプロパガンダ流の見方が正しいことを意味するわけではない。テレビ報道が有権者の投票意図を改変する効果があるという本稿の検証結果は，「有権者が無力な受け手だ」という論をもとに得られたわけではなく，むしろ有権者の情報処理の特性に注目した上で明らかにされたものである。Petty, Briñol & Priester（2009）で指摘されているように，人の態度変化には，メッセージそれ自体より人々がどのようにそのメッセージを受け取るのかの方が決め手であるため，人が情報を受け取る過程を無視してメディアへの接触効果を検討することが不適切であることをここで強調したい。なお，本稿は理論の部分において有権者の情報処理の特性に注目して論じてきたが，実証の部分では回答者の情報処理の側面をブラックボックスのままとしているのが一つの限界であり，今後発展させたい課題である。

一方，本稿はこれまで指摘されている方法論的な課題を克服し従来の研究より精緻にメディアへの接触効果を検証したと言えるが，メディア効果の検証精度をさらに上げる余地はまだまだ大きい。例えば，今回の分析で用いられた番組への接触データは選挙について視聴したかどうかを尋ねる質問からのリコールデータであり，当該番組をどの程度見たか，あるいは具体的に何日の放送を視聴したかなどの情報は反映されていない。そうすると，番組報道の内容分析の結果と結合する際に，「番組へ接触した＝当該番組の選挙公示期間におけるすべての放送を視聴した」という仮定を置く必要がある。前述したように，テレビ視聴には習慣的視聴の傾向があって視聴パターンが安定的であると言われており，実際に毎回の放送を視聴した回答者も多いだろうと考えられるものの，それでもやや強い仮定を置いていると言わざるをえない。より精緻な分析を行うために日単位のメディア接触データを使用した方が望ましいと言えよう。なお，日単位のメディア接触データを収集するハードルはかなり高いと思われるが，最近では政治情報接触を聞くアンケートを毎日

スマートフォンのアプリや携帯電話のテキストメッセージを通して配信し，参加者にその日に接触したメディアを報告してもらうというような携帯電話向けの日記式測定法（Mobile Diary Measurement）も開発されている（Ohme, Albaek & de Vreese, 2016）。このような携帯電話とアプリを活用する日記式測定法を選挙向けの世論調査と結合すれば，有権者の選挙期間中の毎日のメディア接触状況も把握できるようになる。

もう一つ改善の余地があるのは分析モデルである。本稿で用いられた回帰モデルは個人間（Between‐subjects）の差異を比較することによってテレビへの接触効果を検証したが，近年「固定効果回帰モデル」（Fixed Effects Regression Models）といった個人内（Within‐subjects）の変動のみを使用し推定を行う回帰モデルもよく採用されている。固定効果モデルでは，個人属性などの時間とともに変動しない変数がそもそも推定に使用されず，従属変数と独立変数の両方ともに影響を及ぼす観察されていない個人差の変数があったとしてもモデルの推定に影響を与えないため，一般の回帰モデルよりロバストな分析モデルとして推奨されている（Allison, 2009）。本研究では第1波と第2波の間の変化を従属変数とする形で対応しているが，今後3波以上のパネルデータを使用することによってよりロバストな分析モデルを立ててメディア効果を検証することもできよう。

もちろん，日記式測定法でメディア接触を測ることにしても3波以上のパネル調査を実施することにしてもかなりの調査コストがかかる。しかし，精緻にメディア効果を検証しなければ，有権者の投票行動にメディア報道がどのような役割を果たすのかを正確に理解することはできない。本稿は，有権者の投票行動がメディア報道に影響されていることを日本の文脈で示したが，今後の課題も多く残されている。今後より精緻な手法を用いた研究が必要となることは言うまでもない。

〔謝辞〕　本稿は，著者が2014年度に早稲田大学政治学研究科へ提出した修士論文に大幅な加筆・修正をしたもので，ご指導をいただきました日野愛郎先生に深く感謝申し上げます。また，研究の計画・草稿段階において有益なアドバイスをくださいました谷藤悦史先生，荒井紀一郎先生，細貝亮先生，千葉涼氏と工藤文氏，信頼性検定のコーダーとしてご協力をいただきました待鳥航志氏，および査読の過程で多くの有益なご指摘をいただきました3名の匿名の査読者の方々に感謝致します。本稿で使用したWaseda‐CASI2010の個票データは，東京大学社会科学研究所附属社会調査・データアーカイブ研究センター（SSJDA）より提供を受けました。本研究で使用したテレビの映像資料は，TBSテレビ情報制作局兼報道局解説・専門記者室解説委員（当時）の桶田敦氏より，一部は鎌田直人氏より録画データの提供をいただきました。ここに記して感謝申し上げます。勿論，本稿における分析は全て著者の責任によって行われたものであり，これらの方々，もしくはデータを配布・提供した方々に責任はありません。

（1）　なお，本稿の分析対象となる2010年の第22回参院選選挙に関する明るい選挙推進協会の意識調査では同一の質問は聞かれなかったが，別の質問で参院選について見たり聞いたりした報道（Q15，複数選択）及びその中で役に立ったもの（Q15‐SQ，複数選択）を尋ねたところ，「テレビの選挙関係報道」を選んだ回答者がそれぞれ8割と6割を超えて，いずれも最も多かった（明るい選挙推進協会，2011）。
（2）　第1波調査は投票日の前（2010年6月19日〜7月10日）に行われ，第2波調査は参院選が終わった後（2010年7月18日〜8月16日）に実施されたものである。サンプリングの方式は，層化二段無作為抽出法であり，全国の有権者から対象者が抽出された。2度の調査の両方で回答を行った回答者数はN＝1160である。
（3）　CASIという調査方式は，基本的には面接調査と同じように，調査員が対象者を直接訪問し回答してもらう。ただし，紙の調査票を用いるのではなく，調査システムをインストールしたコンピュータを提示し，対象者に直接PCに回答を入力してもらう調査方式である（田中，2013）。
（4）　接触率は，Waseda‐CASI2010の標本全体（N＝1160）の中で何割の人がその番組に接

触したかを示している。具体的に以下の式で表れる。

$$A番組の接触率 = \frac{\text{Waseda - CASI2010調査において}}{\text{Waseda - CASI2010調査において}} \times 100$$
$$\frac{A番組を見た人の総数}{\text{有効な回答者の総数}}$$

本研究は、接触率が10%以上の平日に放送された番組、①報道ステーション、②ニュース7、③おはよう日本、④みのもんたの朝ズバッ！、⑤ニュースウォッチ9、⑥NHK正午のニュース(NHK12:00 - 12:20)、⑦NEWS ZERO、⑧ミヤネ屋、⑨めざましテレビ、⑩ズームインSUPER、⑪スーパーニュース、⑫とくダネ！、⑬スーパーモーニング、⑭Jチャンネル、⑮ニュースJAPAN、計15番組を分析対象とした。

（5） ニュース項目の切り分け方について、本研究は、①明確なトピックの変化を伴う新たなヘッドラインやタイトルが出現する際、もしくは②キャスターやアナウンサーが「さて」「続いて」「次に」などの表現をする際に、新たなニュース項目が始まると判断する。

（6） 本研究で扱った番組データは一部が欠損している。欠損分に関して詳細は補遺を参照されたい。また、政見放送や広告などの分析に適さない放送も分析対象から除外された。

（7） 各コーディング項目のα係数は、α政党の言及(民主党) = .943、αポジティブ／ネガティブ／中立報道(民主党) = .717；α政党の言及(自民党) = .933、αポジティブ／ネガティブ／中立報道(自民党) = .901；α政党の言及(みんなの党) = 1.000、αポジティブ／ネガティブ／中立報道(みんなの党) = 1.000である。なお、信頼性検定でコーダーの間に不一致が生じる場合は、最終的に著者によるコーディングの結果を採用する。

（8） 2010年の参院選は、2009年政権交代によって誕生した民主党中心の連立政権の発足以来初の国政選挙である。選挙の結果は、民主党と国民新党の与党が、過半数の56議席に届かず、ねじれ国会が生まれた。野党第一党の自民党は目標を上回り、比例区と選挙区を合わせて51議席を獲得した。2009年8月に結党したみんなの党は改選議席を0から10議席に増加させ、第三極として注目を集めた。

（9） 各政党に対する日ごとのトーンは、15番組のその日における当該政党に対するポジティブとコーディングされたニュース項目数から、ネガティブとコーディングされたニュース項目数を引き、その日に当該政党に言及したニュース項目総数で割ることで計算した。

（10） 各政党に対するポジティブ、ネガティブと中立の報道量で番組間に差異があるかどうかを明らかにするために検定を行った。期待度数が5未満のセルが存在することとセルの中に0が多いことを考慮するため、フィッシャーの正確確率検定法を使用した。結果はそれぞれp民主党 = 0.032、p自民党 = 0.054、pみんなの党 = 0.012であり、番組間での報道の差異が三つの政党ともに10%の有意水準で統計的に認められると言える。

（11） 今回の内容分析で対象とした15番組のうちいずれかの番組に接触したことがあると答えた回答者は、Waseda - CASI2010の標本全体(N = 1160)の中で92.8%を占めている。

なお、このような条件で得られたサンプルでの回答者の属性はWaseda - CASI2010の標本全体と特に違いがない。両標本での回答者の属性に特に違いがないことはWelchのt検定を通して確認した。詳しい検定結果は以下となる。性別（$t(1660.42) = 0.567$, n.s.）、年齢（$t(1695.77) = 1.438$, n.s.）、教育（$t(1648.17) = 0.736$, n.s.）、仕事状況（$t(1659.11) = 0.000$, n.s.）、居住年数（$t(1674.71) = 0.577$, n.s.）、都市規模（$t(1675.32) = -0.723$, n.s.）。

一方、このような条件を加えることによって、事前調査で投票意図について「未定」と答えた回答者が分析から除外される。投票意図が未定の有権者はよりメディア報道に影響されやすいことがよく報告されているが（e.g., Hopmann, Vliegenthart, de Vreese & Albaek, 2010; Fournier, Nadeau, Blais, Gidengil & Nevitte, 2004）、Lazarsfeldらの古典的な定義によると未定である態度が明確になる場合、態度の「改変」と違って態度の「結晶化」に相当するので、検証する効果を混同させないよう今回の分析に含めていない。

（12） 参院選は比例区選挙と選挙区選挙がある。今回の分析を比例区選挙に限定する理由は、選挙区選挙が政党により候補者擁立の判断が異なって競争条件が同一ではなく、分析には適さないためである。従って、本研究は比例区選挙のデータのみを扱っている。

(13) Lazarsfeld et al. (1948)では「改変効果」について，"started out with a vote intention and later changed to the other party, finally voting for it"(Lazarsfeld et al., 1948:66)と述べられているため，棄権した回答者は投票意図の「改変」に当たらないことになる。Lazarsfeldらの研究を再検証するDilliplane (2014)でも，事後調査で投票先を明確に答えていないサンプルが分析から除外された。それらの研究と整合させるため，本研究も事後調査で「棄権した」「白票を入れた」と回答する回答者は分析に含めないことにする。その他，棄権という行為を引き起こす要因が本稿の研究関心となる変数以外にも多く存在していると考えられるため（三宅，2003），テレビへの接触効果をより明確に測定するという点からも棄権・白票をした回答者を分析から除外するのは妥当であろう。

(14) 注6で述べたように，今回扱った番組データには欠損分がある。そこで内容分析の結果を基に独立変数を作成する際に，欠損分のデータを補填処理した。具体的には，欠損した番組データと同じ日の同じ局における他の番組のネガティブ，ポジティブと中立とコーディングされたニュース項目数の平均で補填した。

(15) 回答者のテレビ接触データは，Waseda - CASI2010事後調査の問13「今回の参院選挙についてご覧になったテレビ番組をすべてお選びください」によるものである。留意点として，有権者が参院選についてどの番組に接触したかはこのデータから把握できるものの，接触した番組をどの程度見たかなどの情報はこのデータからは読み取れない。そのため，番組報道の内容分析の結果と結合する際に，「番組へ接触した＝当該番組の選挙公示期間におけるすべての放送を視聴した」という仮定を置いている。この点に関する限界と今後の発展性については考察で述べる。

(16) 参院選についての新聞への接触という変数は，Waseda - CASI2010事後調査の問12「今回の参議院選挙について，見たり，読んだりしたものをお選びください」で「新聞（朝刊）」を選んだ人を1「接触した」，それ以外は0「接触しなかった」にリコードすることによって作業した。

(17) メディア接触効果を検証するには適切なサンプルサイズが重要であることが指摘されてきた一方（Zaller, 2002），最近では，より大きいサンプルを有する調査データを用いてメディア効果を実証する傾向も見られる。例えば，Dilliplane (2014)で用いられたデータはN = 9008であり，Brandenburg & Van Egmond (2012)の分析で使ったデータもN = 3000前後である。一方，本稿の分析における最終有効数はN = 644であり，この点を考慮すると，検定力に一定の限界があったと言えよう。

(18) 観測値によるアプローチでは，独立変数以外の変数は実際の観測値に固定し，回答者・ケースごとの予測確率を計算した上で平均を取るという手法である。なお，図4の結果はStata 14.0ソフトのmarginsコマンド（デフォルト）によって算出した。

(19) 同じ観測値によるアプローチより算出した結果，政治知識量及び投票予定政党への普段の支持強度が平均値から標準偏差1つ分（1SD）増えると投票意図が変化する確率がそれぞれ3.8%と9.8%下がることがわかる。

(20) 情勢報道を除いて検証した結果，モデルの適合度はLR $\chi^2(10) = 58.34$, Pseudo $R^2 = 0.080$で，独立変数（情勢報道以外の「n報道－p報道」接触量）のOdds Ratio = 1.014, $p = .107$である。一方，有権者が接触した情勢報道量のみを独立変数にした場合，モデルの適合度はLR $\chi^2(10) = 58.48$, Pseudo $R^2 = 0.080$で，独立変数（情勢報道接触量）のOdds Ratio = 1.041, $p = .102$である。情勢報道接触量は投票意図の変更に与える影響が統計的に有意ではないため，今回検証された接触効果はアナウンスメント効果とは異なるものとわかる。一方，有利・不利な情勢への言及は有権者の情報処理の手掛かりになりうるメディアのポジティブ・ネガティブな言及の一種として考えられるし，上に提示した結果で示されるように「n報道－p報道」は情勢報道と情勢報道以外の両方で投票意図の変化に与える影響がかなり近似しているため，本稿では情勢報道とそれ以外のポジティブ・ネガティブな報道の切り分けをしない。

参考文献（アルファベット順）

Adams, W. J. 2000. "How people watch television as investigated using focus group techniques." *Journal of Broadcasting & Electronic Media*, 44, 78-93.

相田真彦・池田謙一．2007．「マスメディアのパワーはいずこに：微力な効果としての強力効果論」池田謙一（編）『政治のリアリティと社会心理：平成小泉政治のダイナミックス』木鐸社．265-289頁．

明るい選挙推進協会．2011．「第22回　参議院議員通常選挙の実態：調査結果の概要」Retrieved January 3, 2018, from http://www.akaruisenkyo.or.jp/wp/wp-content/uploads/2011/07/22sangaiyo.pdf

明るい選挙推進協会．2014．「第23回参議院議員通常選挙全国意識調査：調査結果の概要」Retrieved January 3, 2018, from http://www.akaruisenkyo.or.jp/wp/wp-content/uploads/2011/07/23sanin1111.pdf

明るい選挙推進協会．2015．「第47回衆議院議員総選挙全国意識調査：調査結果の概要」Retrieved January 3, 2018, from http://www.akaruisenkyo.or.jp/wp/wp-content/uploads/2011/10/47syuishikicyosa-1.pdf

明るい選挙推進協会．2017．「第24回参議院議員通常選挙全国意識調査：調査結果の概要」Retrieved January 3, 2018, from http://www.akaruisenkyo.or.jp/wp/wp-content/uploads/2011/07/24san-643.pdf

Allison, P. D. 2009. *Fixed effects regression models*. Los Angeles, CA: Sage.

Bartels, L. M. 1993. "Messages received: The political impact of media exposure." *American Political Science Review*, 87, 267-285.

Bos, L., Kruikemeier, S., & de Vreese, C. 2016. "Nation binding: How public service broadcasting mitigates political selective exposure." *PLoS ONE*, 11, e0155112.

Brandenburg, H., & Van Egmond, M. 2012. "Pressed into party support? Media influence on partisan attitudes during the 2005 UK general election campaign." *British Journal of Political Science*, 42, 441-463.

Dalton, R. J., Beck, P. A., & Huckfeldt, R. 1998. "Partisan cues and the media: Information flows in the 1992 presidential election." *American Political Science Review*, 92, 111-126.

Dilliplane, S. 2014. "Activation, conversion, or reinforcement? The impact of partisan news exposure on vote choice." *American Journal of Political Science*, 58, 79-94.

Dilliplane, S., Goldman, S. K., & Mutz, D. C. 2013. "Televised exposure to politics: New measures for a fragmented media environment." *American Journal of Political Science*, 57, 236-248.

Feldman, L. 2011. "The opinion factor: The effects of opinionated news on information processing and attitude change." *Political Communication*, 28, 163-181.

Fournier, P., Nadeau, R., Blais, A., Gidengil, E., & Nevitte, N. 2004. "Time-of-voting decision and susceptibility to campaign effects." *Electoral Studies*, 23, 661-681.

Hanmer, M. J., & Kalkan, K. O. 2013. "Behind the curve: Clarifying the best approach to calculating predicted probabilities and marginal effects from limited dependent variable models." *American Journal of Political Science*, 57, 263-277.

Hayes, A. F., & Krippendorff, K. 2007. "Answering the call for a standard reliability measure for coding data." *Communication Methods and Measures*, 1, 77-89.

平野浩．2010．「メディア接触・政治意識・投票行動　2009年衆院選における実証分析」『選挙研究』26．60-72頁．

Hopmann, D. N., Vliegenthart, R., de Vreese, C., & Albaek, E. 2010. "Effects of election news coverage: How visibility and tone influence party choice." *Political Communication*, 27, 389-405.

細貝亮．2013．「調査票のカスタマイズ」日野愛郎・田中愛治（編）『世論調査の新しい地平：CASI方式世論調査』勁草書房．267-281頁．

池田謙一．1997．『転変する政治のリアリティ：投票行動の認知社会心理学』木鐸社．

稲増一憲・池田謙一．2007．「マスメディアと小泉の選挙：メディアはコトバを与えたか，関心を高めたか」池田謙一（編）『政治のリアリティと社会心理：平成小泉政治のダイナミックス』木鐸社．107-128頁．

稲増一憲・池田謙一．2009．「多様化するテレビ報道と，有権者の選挙への関心および政治への関与との関連：選挙報道の内容分析と大規模社会調査の融合を通して」『社会心理学研究』25．42-52頁．

International IDEA (Institute for Democracy and Electoral Assistance). 2016. "Voter turnout trends around the world." Retrieved January 10, 2018, from https://www.idea.int/sites/default/files/publications/voter-turnout-trends-around-the-world.pdf

Klapper, J. T. 1960. *The effects of mass communications*. Glencoe, IL: Free Press.

Knobloch - Westerwick, S., & Kleinman, S. 2012. "Preelection selective exposure: Confirmation bias versus informational utility." *Communication Research*, 39, 170-193.

Knobloch - Westerwick, S., Mothes, C., Johnson, B. K., Westerwick, A., & Donsbach, W. 2015. "Political online information searching in Germany and the U.S.: Confirmation bias, source credibility, and attitude impacts." *Journal of Communication*, 65, 489-511.

Krippendorff, K. 2004. *Content analysis: An introduction to its methodology*(2nd ed.). Thousand Oaks, CA: Sage.

Ladd, J. M., & Lenz, G. S. 2009. "Exploiting a rare communication shift to document the persuasive power of the news media." *American Journal of Political Science*, 53, 394-410.

Lawson, C., & McCann, J. A. 2005. "Television news, Mexico's 2000 elections and media effects in emerging democracies." *British Journal of Political Science*, 35, 1-30.

Lazarsfeld, P. F., Berelson, B. R., & Gaudet, H. 1948. *The people's choice: How the voter makes up his mind in a presidential campaign*. New York: Columbia University Press.

三宅一郎．2003．「投票参加の理論と実証：最近の政治学的研究から」『日本学士院記要』59，67-86頁．

Norris, P. 2000. *A virtuous circle: Political communications in postindustrial societies*. Cambridge: Cambridge University Press.

Ohme, J., Albaek, E., & de Vreese, C. 2016. "Exposure research going mobile: A smartphone - based measurement of media exposure to political information in a convergent media environment." *Communication Methods and Measures*, 10, 135-148.

Petty, R. E., & Cacioppo, J. T. 1986. "The Elaboration Likelihood Model of persuasion." *Advances in Experimental Social Psychology*, 19, 123-205.

Petty, R. E., Briñol, P., & Priester, J. R. 2009. "Mass media attitude change: Implications of the Elaboration Likelihood Model of persuasion." In Bryant, J., & Oliver, M. B.(Eds.), *Media effects: Advances in theory and research*(3rd ed., pp. 125-164). New York: Routledge.

Prior, M. 2013. "The challenge of measuring media exposure: Reply to Dilliplane, Goldman, and Mutz." *Political Communication*, 30, 620-634.

Putnam, R. D. 2000. *Bowling alone: The collapse and revival of American community*. New York: Simon & Schuster.

白崎護．2009．「投票行動におよぼす対人接触とマスメディアの影響」『選挙研究』24，5-22頁．

Skovsgaard, M., Shehata, A., & Strömbäck, J. 2016. "Opportunity structures for selective exposure: Investigating selective exposure and learning in Swedish election campaigns using panel survey data." *The International Journal of Press/Politics*, 21, 527-546.

Smith, S. M., Fabrigar, L. R., & Norris, M. E. 2008. "Reflecting on six decades of selective exposure research: Progress, challenges, and opportunities." *Social and Personality Psychology Compass*, 2, 464-493.

Taber, C. S., & Lodge, M. 2006. "Motivated skepticism in the evaluation of political beliefs." *American Journal of Political Science*, 50, 755-769.

竹下俊郎．2008．『増補版メディアの議題設定機能：マスコミ効果研究における理論と実証』学文社．

田中愛治．2013．「CASI方式世論調査開発のねらいとその背景」日野愛郎・田中愛治（編）『世論調査の新しい地平：CASI方式世論調査』勁草書房，1-20頁．

谷藤悦史．2005．『現代メディアと政治』一藝社．

登藤直弥・小林哲郎・稲増一憲．2016．「ソフトニュースへの接触は政治的関心を高めるか：一般化傾向スコアを用いた因果推論」『行動計量学』43，129-141頁．

山田真裕．2012．「2009年衆院選におけるスウィング・ヴォーターの政治的認知と政治的情報環境」『政策科学』19，163-178頁．

山田真裕．2016．『政治参加と民主政治』東京大学出版会．

Zaller, J. R. 2002. "The statistical power of election studies to detect media exposure effects in political campaigns." *Electoral Studies*, 21, 297-329.

張寧．2000．「ニュース報道におけるメディア間の共振性の検証」『マス・コミュニケーション研究』56，130-144頁．

付録

番組データの欠損及び補充

番組データの欠損分は以下となる。①「おはよう日本」：7.1（6:49 - 8:00），②「ミヤネ屋」：6.28（14:48 - 15:50），6.29（14:54 - 15:50），7.1（14:55 - 15:50），7.2（14:50 - 15:50），7.5（14:50 - 15:50），7.6

(14:56 - 15:50)，③「スーパーニュース」：6.28 (16:53 - 19:00)，6.30 (16:53 - 19:00)，7.5 (16:53 - 19:00)，④「Jチャンネル」：6.28(16:53 - 19:00)，6.29 (16:53 - 19:00)，7.6 (16:53 - 19:00) である。欠損分に対する補充方法は注14で説明した通りである。なお，「おはよう日本」の欠損データは少ないため，補充していない。

内容分析のコーディングの基準
政党の言及

政党の言及では，民主党，自民党，みんなの党に言及したか，それぞれコーディングする。判断の基準は，1つのニュース項目の全体で，政党の名前，政党の党首，当該政党に所属する人物に関していずれか1回以上言及した場合は，その政党に言及したと判断し，1とコードする。それ以外は0とコードする。留意点として，次の2点がある。1つ目は，音声で言及されたことだけではなく，映像で映された場合も言及したとみなす。特に，音声で対象の政党に関して述べていないものの，映像で政党の党首や所属する人物が映された場合は，言及したとみなす。2つ目は，対象の政党に明確に言及していない場合は，1をコードしない。例えば，具体的な政党の名前を挙げずに「与党」，「野党」，「政府」などの表現を使って述べた場合，対象の政党を特定できないため，言及したとは判断しない。

ポジティブ／ネガティブ／中立の判断

言及した政党に対してどのように報道したかを，ポジティブ／ネガティブ／中立でコーディングする。判断の基準は，言及した政党に対して，報道では①高い評価があった，②当該政党に属する関係者の行為や発言によって起こった／起こりうる利点・期待できる点が明言された，③有利な選挙情勢が明確に述べられた，といずれかに該当する場合は，ポジティブとコードする。それに対して，報道では言及政党に対して①低い評価があった，②当該政党に属する関係者の行為や発言によって起こった／起こりうる問題点・不足点が明言された，③不利な選挙情勢が明確に述べられた，といずれかに該当する場合は，ネガティブとコードする。また，言及した政党に対して，ポジティブの基準を満たす点とネガティブの基準を満たす点といずれも明確に言及されていなかった，もしくはポジティブな面とネガティブな面の両方を同じようなウェイトで述べられていた場合は，中立と判断した。なお，ポジティブ／ネガティブ／中立はシングルカウントである。

留意点として，本研究はメディアメッセージへの接触効果に注目するため，報道における政治家による直接的なメッセージをポジティブ／ネガティブ／中立判断の対象から除外した。

〈投稿論文〉

独裁国家における中下級エリートの「ゲーミング」としての選挙不正

豊田　紳

> 要旨：非民主主義体制(＝独裁体制)の政治過程は，秘密のベールに覆われている。そのため，その選挙，殊に選挙不正については，不明な部分が多い。本稿の目的は，独裁体制の選挙不正に新たな光を当てることを通じて，その政治過程の理解に貢献することである。具体的には次の2つを主張する。第1に，独裁体制における選挙不正には，独裁体制内の中下級エリートが独裁者に対して，自らの得票率を誇示するための「ゲーミング」として行うものが存在する。第2に，野党が競争選挙に参加し，監視するようになると，ゲーミングとしての選挙不正は起きづらくなる。2000年の民主化以降，様々なアーカイブ資料やデータが利用可能となったかつての独裁国家メキシコを分析し，これらの仮説の妥当性を検証した。

1. 独裁国家の選挙と選挙不正

本稿は，非民主主義体制(以下，独裁体制)における選挙不正には，独裁体制の下位者が上位者に向けて自身の動員力を誇示・水増しするために行うものがあり，そうした種類の選挙不正を解消するにあたり，野党の選挙参加が重要だと論じる。独裁体制時代の1970年から2000年までのメキシコ市町村選挙結果データを用いて，この議論の妥当性を示す。

本稿の理論的な背景には，独裁国家における選挙は，「独裁者」による情報収集に用いられるとする諸研究がある。先行研究によれば，独裁者は集計された選挙結果データを通じて，統治の実務を担う「中下級エリート」の仕事ぶり，大衆に対する動員力，能力等を判断し，それに応じて資源を配分し，人材を選抜する(e.g., Magaloni 2006; 鷲田2014; Miller 2015)。

これらの研究は，独裁体制下の選挙結果が中下級エリートの仕事ぶりをある程度まで正確に反映していると暗黙のうちに前提している。だが，この前提は必ず満たされるわけではない。選挙結果が自らの業績評価に用いられると知っている中下級エリートには，選挙結果を改ざん・水増しする強いインセンティブが発生するからである。ここで，中下級エリートが独裁者の評価を歪めるために行う選挙不正を，「ゲーミング(gaming)としての選挙不正」と呼ぶこととしたい。ゲーミングとは，本人＝代理人問題の存在する組織において，「本人」が用いる業績評価指標を「代理人」が歪曲する行為を指す経済学や行政学の用語である(大湾 2011; Bevan and Hood 2006)。

ゲーミングとしての選挙不正によって歪められていない選挙結果データを独裁者が入手するには，「野党」が重要となる。得票と勢力を最大化するために選挙に参加し，選挙プロセスを監視する野党が存在することで，中下級エリートによるゲーミングとしての選挙不正は困難になる筈だからである。つまり，逆説的なことに，野党が選挙を通じて体制に挑戦するが故に，体制最上者たる独裁者は，集計された選挙結果データという形で，中下級エリートの仕事ぶりや大衆に蓄積された不満の程度に関する信憑性

ある情報を獲得できるのである。

この議論の妥当性を，メキシコの事例から検証する。メキシコを分析対象とする理由は3つある。第1に，メキシコは，1929年から2000年まで事実上の一党支配体制が続く「政党独裁」体制であった。しかし，繰り返された選挙制度改革によって野党による政治参加が進み，2000年には政権交代と民主化がもたらされた。このため，事実上の一党独裁体制から民主化までの長期間に渡る変化を追跡できる。第2に，民主化後のメキシコでは様々な資料・データが公開され，独裁体制時代の政治過程をより詳しく知ることができるようになった。第3に，メキシコは独裁国家の選挙＝情報仮説が広く受け入れられた事例であり（Ames 1970; Magaloni 2006），他の独裁国家の分析にも大きな影響を与えている。従って，メキシコでゲーミングによる選挙不正が起きていたならば，他の独裁国家の選挙でも同じことが起きていたのではないかと主張しうる。実際，メキシコで見られた100％近い異常な得票率と投票率による与党の圧勝は，現代ロシアやウガンダの選挙の一部でも観察される（Klimek et al. 2012）。

ゲーミングとしての選挙不正を分析するために，本稿は，選挙における「異常な投票率」に着目する。中下級エリートが得票を大幅に水増ししている場合，見かけ上は投票率も押し上げられる。従って，ゲーミングとしての選挙不正に従事する独裁体制の中下級エリートが存在する場合，極端に高い得票率と同時に圧倒的な投票率が観察される筈であり，これは選挙不正が存在しない選挙では見られない関係の筈である。なぜなら，ゲーミングとしての選挙不正が存在しない相対的に公正な選挙では，むしろ接戦であればあるほど投票率が高くなると予想できるからである。従って，得票率と投票率の関係に着目することで，ゲーミングとしての選挙不正が起きているか否かを検証できる。

本稿の議論は，「選挙の清廉性(electoral integrity)」の決定要因に関する先行研究にも貢献するだろう。近年，独裁体制と民主主義体制とを問わず，選挙不正や選挙管理機構に関する研究が現れてきている（Birch 2011; 大西2013）。他方，これらの先行研究は，明らかな不正を伴いつつ圧倒的な得票率と投票率で選挙に勝利し続ける独裁者が，より公正な選挙結果をもたらす選挙管理機構を整備するインセンティブをもつとは見ていない。本稿の議論はこの点を再考するよう促すものである。

本稿は以下のように構成される。第2節は，独裁国家の政治過程にはゲーミングとしての選挙不正を生む構造が内在していること，その解決のためには野党を通じた分権的監視が必要であること，ゲーミングとしての選挙不正をいかに利用可能なデータから経験的に確認するかを論じる。第3節はメキシコの事例分析を通じて本稿の理論に確からしさが存在することを確認した上で，第4節は以上の議論を数量的に検証する。第5節は結論である。

2．理論的考察

本節は，1．独裁体制の政治の前提を明らかにした上で，2．そこではゲーミングが横行し，3．選挙もゲーミングの対象になる筈だが，4．野党が選挙に参加すればゲーミングとしての選挙不正は発生しづらくなるという命題を導く。5．そして最後に，本稿の仮説を提示する。

2.1 前提：独裁者＝中下級エリート間の情報の非対称性

独裁国家の政治過程について，理論的な前提を3点確認する。第1に，いかなる独裁者（集団）も個人では統治できない。必ず，統治の実務を担う中下級エリートを必要とする。第2に，独裁者と中下級エリートの間には情報の非対称性が存在する。中下級エリートは，独裁者の命じた政策を実施する段階で裁量権を有し，独裁者は中下級エリートが自らの望むよう行動しているかを知るのは難しい。第3に，独裁者は中

下級エリートの仕事ぶりを監視する必要がある。独裁者と中下級エリート間の本人＝代理人問題が極度に悪化すれば，統治効率の低下および怒れる大衆の蜂起を招きかねないからである。

2.2　ゲーミング

　これらの前提から，独裁者は様々な方法を用いて，中下級エリートの仕事ぶりを監視し，優秀な者を選抜しようとする筈である。実際，フセイン支配下のイラクでは，支配政党のバース党の支部同士を相互に競争させて，その仕事ぶりを評価していたことが，政権崩壊後に利用可能となったアーカイブ資料から明らかになっている（Sassoon 2012, Chap 3）。中国共産党でも，経済成長率，資本導入額，安全事故指標，社会治安指標，陳情人数指標などの数量的指標を用いて党ヒエラルキー下位者の仕事ぶりを監視・評価している（毛里 2012）。

　だが，数量的指標を用いて下位者の仕事ぶりを監視・評価する場合，一般に「ゲーミング（Gaming）」現象が発生する。政治学ではゲーミングは未だに広く論じられていないと思われるので，この現象に着目した経済学者や行政学者の議論を参照しつつ，ゲーミングとは何かをまず確認しておこう。

　まず，経済学者である大湾はゲーミングを「報酬最大化を目指す作業員によって引き起こされる評価指標のズレをもたらす操作（manipulation）」と定義する（大湾2011, 19）。行政学の分野では，ベヴァンとフッドがゲーミングを「目標は達成するが，ポイントを外す（hitting the target and missing the points）」あるいは「評価（target）が適用されない部分でパフォーマンスを低下させるような対応的反逆的行為（reactive subversion）」と定義する（Bevan and Hood 2006, 521, 引用者訳）。

　ゲーミングは，様々な組織で発生する。例えば，民間営利企業においてボーナスが支払われるか否かが，特定の目標を達成しているか否かで決まる場合，労働者は目標達成が見込めない時期から，達成が見込まれる時期に売上や取引を集中させるような操作を行う（大湾2011, 19）。イギリスのブレア政権下，「結果志向の政府」の信奉者たちは公共医療サービス提供者を様々な指標で評価する制度を導入したところ，医療サービス提供者によるゲーミングを招いた。例えば，救急車の現場到達に8分以上を要したか否かを指標としたところ，どのみち8分では現場に到着できない田舎から，都市部へと救急車の配置換えがおこなわれたと言われることがある（Bevan and Hood 2006, 530）。ゲーミングは営利組織だけでの問題ではない。むしろ組織の目的が曖昧，あるいは複数の本人あるいは複数の目標が設定される傾向がある政府組織の方がゲーミングのリスクは高い。実際，アメリカのジョブ・トレーニングセンター，日本の旧社会保険庁などでもゲーミングは起きたとされる（大湾 2011, 20）。

　独裁者と中下級エリートの間に深刻な本人＝代理人問題が存在する独裁国家でも，ゲーミングは発生するだろう。もとより，独裁体制には独立したマスメディアや司法機関が不在であり，権力に対する監視機構が弱体である。これに加えて，独裁体制では高い地位を得れば物質的利益と名声が与えられる。ならば，昇進を望む中下級エリートたちは自らの業績評価に用いられる指標をゲーミングの対象とするだろう。

　独裁国家でゲーミングが起きているとする傍証は，それこそ枚挙に暇がない。例えば，全経済活動が，指令＝行政的に行われていたソ連では，生産の計画がトン数で表示されたことから，「薄板銅板は重すぎるように作られた」。「顧客の薄板の注文に応じると，計画の達成が脅かされた」からである（ノーヴ 1982, 428-429）。1980年代後半，鄧小平時代以降の中国では，幹部に対する客観的で科学的な評価を可能にするため，考査基準の定量化ないし「数値化」が推進されたが，「任期経済循環」の存在が指摘されるようになった 。すなわち地方共産党幹部たちは，自身の業績をよく見せようと，任期切れ直前に

経済を過熱させ，地方GDPを人為的に押し上げている疑いがある（Wallace 2016）。中国語で言うところの「上有政策，下有対策」すなわち「上に政策あれば，下に対策あり」の事例であろう。

本来は「身内」である中下級エリートを独裁者が公の場で猛烈に批判しはじめるのは，こうした文脈の下ではじめて理解できる。キューバのカストロは，ゲバラ没後20周年演説で次のように語っている。すなわちキューバは「官僚主義の泥沼にはまって」いる。「一年に8000ペソ相当を生産したように見せかけながら」「すべてが終わってみると，年に4000ペソ相当かそれ以下しか生産して」いなかったりする。「生産計画を詐欺まがいのしかたで実現し，過剰実現するために，1月に行う仕事を12月にやったと記載するような会社がある」。キューバは，「額面を上げることばかりや」ろうとする「お役所の，時代遅れのノルマの，罠の，うその泥沼」に陥っていたと言うのである（チェ＝ゲバラ 2007，235-236）。カストロがここで批判するものこそ，中下級エリートによるゲーミングだろう。

2.3 選挙とゲーミング

先行研究は，中下級エリートに関する情報や大衆の不満の程度を知るために，独裁者は選挙結果を用いると前提している（Ames 1970; Magaloni 2006; 鷲田2014; Miller 2015）。しかし，前述の議論が妥当ならば，中下級エリートによるゲーミングは選挙にも及んでいるだろう。中下級エリートは，選挙不正に従事することで自らの選挙区の投票率・得票率を操作し，評価を改善しようとするであろう[1]。

特に，複数候補者が擁立されず，体制が擁立した単一の候補者のみが選挙に出馬する無風選挙では，ゲーミング目的の選挙不正は極めて容易である。選挙不正を発見するインセンティブをもつ政治主体が当の独裁者以外に存在せず，正確な選挙結果を独裁者に伝達する制度が整備，運営される筈もないからである。

ゲーミングによる選挙不正を容易にするのが，経済発展途上にある独裁国家でしばしば見られる急速な人口の移動である。選挙区毎の人口は，国内移民や出稼ぎといった要因から常に変動している。選挙結果が信憑性あるものとなるには，そうした流動する人々の所在を把握しておかねばならない。特定地域内の有権者の正確な頭数を把握できなければ，得票率や投票率といった数値は情報としての価値を持たないからである。しかし，頭数の正確な数え上げには大きな費用がかかる。

そもそも，選挙を行うにあたって必要となる有権者の管理は，中央政府による地方政府に対する統制，すなわち独裁者による中下級エリートの統制を必要とする。だが，選挙人名簿の作成にあたるのが地方の政府機構である限り，地方政府機構を占める中下級エリートに正確な選挙人名簿を作成するインセンティブは存在しない。だからこそであろうが，独裁者は選挙人名簿の作成に大きなコストを費やすことがある。例えば，インドネシアのスハルト政権は，1971年，独裁体制であるにもかかわらず有権者登録に巨大な資源を投入している（Slater 2008, 264-265）。また広く知られているように，ソ連では，99%の得票率と投票率によってソ連共産党と各社会団体の統一候補が選挙に「勝利」していたが，そこでもやはり選挙人名簿作成にあたっては膨大な人的，金銭的リソースが割かれていた。ソ連の選挙委員や地方ソヴィエト執行委員会は，選挙人名簿を作成し，更新するよう，非常に強い圧力がかけられていた（Friedgut 1979, 80）。しかし「遅参または出頭しない選挙人に代わって当の選挙委員が用紙を投票箱に投ずる場合もまれではな」く，選挙条例違反がますます頻繁になった（メドヴェーデフ1974, 173）。ソ連でもゲーミングとしての選挙不正が行われていたと言えるだろう。実際，1967年には3，1969年には6の選挙が選挙条例違反のために無効になっている（Jacobs 1970, 70）。

2.4 ゲーミング対策としての野党との競争選挙

ここで，野党の参加する競争選挙が，ゲーミングとしての選挙不正を抑制する上で重要になってくる。何故なら，競争選挙に参加して公職ポストを獲得しようとする野党は，中下級エリートの選挙不正を監視するだろうからである。具体的には，独裁者が擁立した中下級エリートが選挙人名簿の水増しをしていないか，投票所が正しく運営されているか，投票の秘密がしっかりと守られているかといった諸点について，野党は目を光らせるだろう。公職ポストを獲得するために選挙に参加する野党は，分権化された選挙不正監視メカニズムとして働くのである。野党がこのように行動する限りで，中下級エリートがゲーミングとしての選挙不正を行う機会は減少する。独裁者は正確な選挙結果データを入手できる。

独裁者にとって，ここにトレード・オフがある。野党を禁止するなど，野党を弱体化させる独裁者は，中下級エリートによるゲーミングとしての選挙不正の助けもあって，選挙に圧勝できるが，本人＝代理人問題の悪化から統治効率は低下する。他方，野党との競争選挙を導入すれば，独裁者は選挙に敗北する可能性というデメリットを被るが，引き換えに，選挙結果を通じて中下級エリートに関する有意義な情報を入手できる。

以上の議論より，野党の選挙参加の有無，ゲーミングとしての選挙不正，中下級エリートが達成する得票率と投票率の間には，次のような関係が成り立つと予想できる。まず，野党の選挙参加がない場合，ゲーミングとしての選挙不正は容易である。中下級エリートは自由に投票をねつ造・水増しできるため，中下級エリートは圧倒的な得票率と投票率で選挙に圧勝する[2]。

しかし，野党候補が選挙に参加し，その勢力が拡大するにつれて，ゲーミングとしての選挙不正は困難になっていく。ゲーミングとしての選挙不正が存在しない選挙では，特定の候補者が選挙で圧勝する場合，投票率はむしろ低下するだろう[3]。得票率および投票率の間に予想されるこの関係を利用して，野党の選挙参加によって選挙がより公平になったかどうかを判断できる。

2.5 対抗仮説との比較

最後に，本稿の枠組みと，他の理論枠組みを比較しておこう。本稿の議論のメリットの1つは，独裁体制の候補者がしばしば圧倒的な得票率および投票率で選挙に勝利するという経験的パターンをうまく説明できる点にある。しかし，この経験的パターンを説明する別の枠組みが少なくとも2つは存在するのも事実である。第1の枠組みは，独裁者が圧倒的な得票率・投票率で勝利しようとするのは，そうして中下級エリートが独裁者に反逆するのを防止するためと考える「抑止シグナル」論である（e.g., Magaloni 2006; Simpser 2013）。

第2の説明は，自らが受け持つ地域で過半数の得票を獲得しないと独裁者に処罰される中下級エリートが，それぞれ僅かに過半数以上の得票を獲得しようと選挙不正を行い，これら個々の中下級エリートの行為が集計，蓄積され，意図せざる結果として選挙での圧勝が導かれるとする（Rundlett and Svolik 2016）。独裁国家における圧倒的な得票率と投票率を説明するこれら2つの枠組みと，本稿のゲーミングとしての選挙不正論のいずれが妥当であるかを選挙結果の数量分析から判断するのは確かに難しい。

だが，ゲーミングとしての選挙不正論は，選挙をより競争的なものとするインセンティブを独裁者が持つことを理論内部に取り込んでいる。他方，先行研究の2つの枠組みは，独裁者自らが選挙の競争性を高める制度改革に従事することを説明できない。そして，続くメキシコに関する議論が明らかにするように，長期的に見れば独裁者は選挙の競争性を上昇させる制度改革

に従事することがある。この事実を説明しうるのは，現時点ではゲーミングとしての選挙不正アプローチのみと言える。次節ではメキシコを対象に経験的な分析を行う。

3．メキシコにおける選挙不正のコンテクスト

数量データを分析するに先立って，本節はメキシコ政治のコンテクストを紹介する。メキシコ政治の最大の特色は，1929年から2000年までの71年に渡って，制度的革命党（およびその前駆政党）が支配したことである。この間，形式上は複数政党間の競争選挙が常に行われていたとはいえ，制度的革命党は連邦議会選挙・州知事選挙・州議会選挙・市町村選挙まで，ほぼ全ての選挙に圧勝しており，実質的な一党制であった。真の政治闘争は，政党間ではなく，制度的革命党内部で展開していた。

そのため野党は選挙に候補者を立てないことも多く，選挙結果は中下級エリートのゲーミングによって信憑性が全くなかった。制度的革命党の幹事長ヘスス・レジェス＝エロレスは，1974年，確かに過去，政府の命令で選挙不正が行われたことを認めた上で，しかし，今現在の不正は現場レベルでの抵抗に遭っているために起きていると発言している（Reyes Heroles 1996, 432-433; Raymond 1973, 41）。このレジェス＝エロレスは1975年には，有権者登録名簿の作成に問題があること，有権者数が現実と合わずに水増しされていること，国内移民や出稼ぎのために，人口の移動を追跡するのが困難であるとも述べている（Reyes Heroles 1996, 173）。制度的革命党の大物政治家であったファリアスは，当時の泡沫野党・国民行動党[(4)]の幹事長クリストリーブと選挙管理を管掌する内務大臣オルダスの間で次のようなやり取りがあったと回想する。「連邦選挙委員会の委員で野党・国民行動党の幹事長であったクリストリーブは，当時の内務大臣オルダスを，微笑させた。ユカタン州の議員が，得票率103％で選挙に勝

利したからだ。（……）クリストリーブは，言った。『その選挙については，争うようなことは何もないが，ただその同志にお祝いを言わせてほしい。有権者登録数を超えるほどの数の有権者を目覚めさせ，投票させたのだから』」（Farías 1992, 304）。

もちろん，これらはいずれも制度的革命党の政治家の発言であり，額面通りに受け取るわけにはいかない。しかし，こちらも当時はまだまだ弱小であった左派の野党・メキシコ統一社会主義者党の党首コルデラは，間違いなく選挙に勝っている際にも制度的革命党は選挙不正を行っているが，その理由の一つは，制度的革命党内部での政治闘争を有利に進めるためと分析している（Cornelius 1987, 30）。また，近年になって公開されたメキシコ国家文書館所蔵のアーカイブ資料もまた，制度的革命党の幹事長であったレジェス＝エロレスの発言の妥当性を裏付けている。例えば，連邦選挙委員会の報告書は，「死亡および出稼ぎによる移動にともなう選挙人名簿の更新」「連邦選挙区，地方レベル双方での選挙区割の引きなおしによる選挙人名簿の再作成」「数万人の能動市民化による選挙人名簿への登録」といった点が，選挙人名簿作成にあたっての課題であり「カンペチェ，チワワ，ドゥランゴ，ミチョアカン州，サカテカス州の選挙人名簿に50％から80％の水増し（inflación）をもたらす構造および構成上の深刻な欠陥を有する」としている（Archivo General de la Nación, Sala 2, IPS, Caja1646, Exp4, fs1-2）。メキシコ内務省の情報機関である政治社会調査局のエージェントもまた，1965年のチワワ州の選挙について同様の報告を行っている。すなわち，投票率が95％以上になった市町村選挙の結果は，「馬鹿げており，この選挙結果は水増しされている」（Archivo General de la Nación, Sala 2, IPS Caja 1284, fs 245-6, 291）。内務省の情報機関さえ正確な選挙結果を把握しておらず，高すぎる投票率を達成する市町村を不信の目で見ていたわけである。

1960〜70年代に連邦選挙管理委員会のアーカイブを調査したある研究者は、データは未整備で、地方から送られてきた選挙結果を単に集計する以上のことはしておらず、選挙結果のバイアスや脱落は地方レベルに由来するとしている(Walton and Sween 1971, 727-728)。高い得票率を獲得すれば、州の党組織から有利な扱いを受けることができるという市町村の役人が、有権者に代わって投票していたという人類学者による報告もある(Alonso 1985, 354)。恐らくはこうした事情から、当時のメキシコでは詳細な選挙結果データがほとんど公開されなかった。例えば南部オアハカ州で、候補者が政府役職者に強い印象をあたえるために投票率140%を記録したため、データを事後的に調整しなければならなかった(Raymond 1973, 41)。南部の貧困州チアパス州オコシンゴ選挙区では投票率105%、コミタン選挙区では投票率124%が記録されている(Fox 1996, 191)。

このような背景の下でメキシコ大統領および政府上層部は、自らのイニシアティブの下、選挙の競争性を上昇させるような選挙制度改革を行った。1960年代から1970年代にかけて行われた選挙制度改革は、以前は全くの泡沫勢力でしばしば選挙をボイコットしていた野党や非合法の左派政治グループが選挙に参加するよう促した。例えば、1977年制度改革によって左派の政治犯が釈放されると同時に、選挙に参加するための必須条件となる公認政党になる上での条件が緩和された。また連邦選挙レベルでは小選挙区比例代表並立制となったため、比例区の議席を通じて野党が議会に議席を獲得するのが容易となった。市町村選挙についても、市議会ポストの配分をより比例的に配分するなどの変化があった(豊田2013, 2015)。

これらの改革によって選挙の競争性が徐々に上昇しはじめ、野党は連邦選挙・地方選挙において、各投票所に政党の代理人を派遣し、開票作業を監視するようになった(Middlebrook 1986, 135-6)。特に1980年代以降には野党は連邦議会および市町村レベルで実際に選挙に勝利し、公職ポストを獲得するようになった。その結果として、1988年にはついに制度的革命党そのものが分裂し、政治的競争性が大きく上昇する(図1 96頁参照)。

1980年の時点ですでに、あるメキシコ人研究者が選挙の競争性が上昇するにつれて、野党による選挙監視が厳格になるために、投票率の低下傾向が見られたと論じている(Segovia 1980)。

4．数量的検証：メキシコ1970〜2000年

以上より、数量的に検証可能な仮説を2つ導くことができる。まず、野党が選挙に参加しない無風選挙では、中下級エリートの選挙不正を監視する主体が存在しないため、中下級エリートは投票率を容易に水増しできる。ここから、仮説1が導かれる。すなわち、

仮説1：無風選挙の場合、投票率が100%を超える明らかな不正選挙が起きやすい。

また、野党勢力と投票率の関係については、次のように定式化できる。全般的な選挙競争性が低いために野党による監視が行き届かない場合には、選挙結果の水増しが容易であり、従って選挙の競争性が高い選挙区では低い投票率が記録される。他方、全般的な選挙競争性が上昇すると、野党による監視が行われるが故に、選挙結果の水増しが難しくなる結果、選挙区の競争性が高くなるにつれて投票率が上昇するという一般に民主主義国家でも見られるパターンが観察されると予測する。

仮説2：全般的に野党が弱体である場合、市町村首長選挙の競争性が低い市町村で投票率が高くなる。全般的に野党が強化された場合、市町村選挙の競争性が低い市町村で投票率が低くなる。

体系的なデータセットが利用可能となる1970年から民主化する2000年までをカバーするメキシコ市町村選挙の結果データを用いて，これらの仮説を検証する。ここで市町村首長選挙の結果を分析に用いるのは，時期的にも空間的にも最も精度が高いからである。例えば，連邦下院議員選挙の場合，選挙区ごとの選挙結果データを入手できるのは1979年以降であり，1979年以降についても，300ある連邦下院議員選挙区という集計単位でしかデータを入手できない。これに対して，市町村首長選挙の場合，1970年ごろから一部の州についてはデータが利用可能となる。また，市町村は全国に2000以上が存在する。従って市町村首長選挙の場合には，制度的革命党候補者の得票率と投票率の関係をより高い精度で分析できる。市町村首長選挙は3年ごとに実施されるが，州ごとに選挙サイクルは異なっている。

なお，メキシコは形式的には義務投票制であるが，罰則はなく強制力はない。また，野党勢力としては1939年の結党以来，長らく唯一の政権から独立していた中道右派政党・国民行動党があった。左派の野党勢力は，1977年の選挙制度改革後に徐々に勢力を拡張し，1988年大統領選挙における制度的革命党・左派が左派野党と合併して成立したのが中道左派の民主革命党である。

記述統計

まず，1970年から2000年までの市町村首長選挙結果に関し，与党・制度的革命党以外の全ての野党が獲得した得票率の和を箱ひげ図にして図1に示す。

1988年を契機に，市町村選挙の競争性が大きく上昇していくのが分かる。これは，1988年の大統領選挙で与党・制度的革命党が真っ二つに分裂し，2000年の政権交代までメキシコは民主化移行期に突入するからである。なおはずれ値として野党候補が得票率100%で勝利している。

以下では，1970年から1987年までを仮説2の言う「全般的に選挙競争性の低い時期」，1988年から2000年までを「全般的に選挙競争性の高い時期」として分析を進める。1988年を画期とするこの分類は，ラテンアメリカ諸国を対象にした比較研究においても採用されているもので，1987年以前を権威主義体制，1988年から1999年までをより「競争的」な準民主主義体制とする先行研究の時期区分とも一致している（Mainwaring and Pérez-Liñán 2013, 67-68, Table 3.1）。

図2に，投票率100%を超える明らかな選挙不正が起きた市町村数の推移を示した。投票率は，「総投票数／選挙人名簿総数（lista nominal）」によって計算している（Banamex 2001）。1970年から2000年までの間に，211件の明らかな選挙不正が起きている。多くの州の市町村選挙の結果は未だに利用できないため，投票率が100%を超えた市町村の数は，間違いなく過小に推定されているだろう。

また，投票率100%超市町村の推移には，一定の波があることが見て取れる。特に1974年から1976年，その後1980年ごろに多くが集中している。それ以前には選挙結果が利用できなかった州で初めて選挙データが公開された場合に，多くの100%超投票率が記録されるとも考えられるが，このような結果がみられる原因については残念ながら不明である。全ての州の選挙結果が欠損値なく利用可能になるのは1980年以降のことである。選挙結果データが利用できる1980年以降には，投票率100%超の市町村数は10前後である。制度改革が進展した1990年代半ばからは，投票率100%超市町村はほぼゼロになっている。同時に野党候補が選挙に出馬した場合，投票率100%超になり難いように見える。

仮説1の検証

そこで，得票率100%を超えるような明白な不正選挙は，野党の存在によって実際に抑止さ

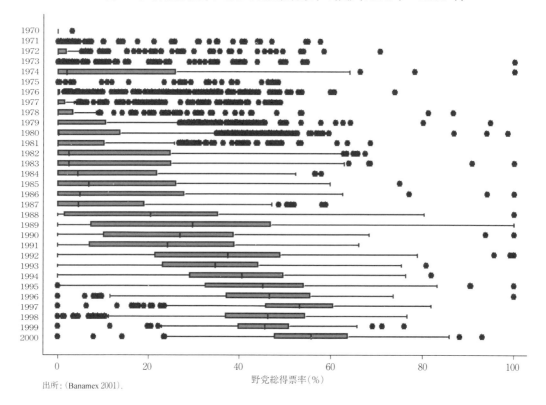

図1 市町村首長選挙における野党総得票率の推移(1970年〜2000年)

出所:(Banamex 2001).

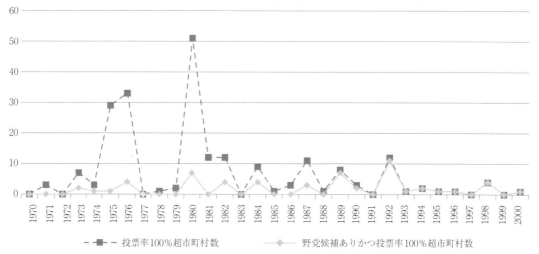

図2 投票率100%超市町村数の推移(1970年〜2000年)

れるかを確認する。野党の出馬の有無と，投票率100%を超える明らかな選挙不正の有無についてクロス集計表を作成し，カイ2乗検定を行ったのが表1である。野党競争がない場合に，有意に選挙不正が起きやすいことが示されており，仮説1と整合的である。

表1　1970～2000年の市町村選挙における選挙不正と野党競争の有無（クロス集計表）

	競争の有無		計
	野党競争なし	野党競争あり	
選挙不正なし	4301	9147	13448
行(%)	31.98	68.02	100
列(%)	96.52	99.39	98.46
選挙不正あり	155	56	211
行(%)	73.46	26.54	100
列(%)	3.48	0.61	1.54
計	4456	9203	13659
行(%)	32.62	67.38	100
列(%)	100	100	100

ピアソンのカイ二乗値 = 162.5941　Pr = 0.000

ここで，野党が選挙に参加したが故に選挙不正が減少したのではなく，選挙がそもそも清廉であったために野党が選挙に参加したのであれば，内生性の問題が発生するが，理論的にはこの可能性は深刻なものではないと予想できる。第1に，野党が選挙に参加しないのであれば，中下級エリートには公平な選挙を行うインセンティブは全く存在しない。第2に，独裁者は選挙結果によって業績を評価するのであるから，選挙監視がないにもかかわらず公平な選挙を実施する誠実なタイプの中下級エリートは，ゲーミングとしての選挙不正に従事する不誠実なタイプの中下級エリートに組織内の出世競争で敗北し，淘汰されるだろう。「悪貨が良貨を駆逐する」のである[6]。従って，野党の監視なしに公正な選挙が行われることは，極めて稀な出来事の筈である[7]。

以上から，野党との競争選挙が投票率100％を超える明らかな選挙不正を防止するという仮説1はデータから支持されたと言える。

仮説2の検証

仮説2の主要な独立変数「市町村首長選挙の競争性」は，二通りの方法で測定した。第1に，選挙に参加した全野党(非制度的革命党候補者)の得票率の総和(％)を「野党総得票」変数とした。値が大きいほど，競争性が高いことを示す

と解釈できる。第2に，「当選候補」と「次点候補」の得票率の差を取って「接戦率」変数を作成した。こちらは値が小さいほど競争性が高いことになる。各変数の記述統計は表2に示した。ここで記述統計の計算にあたっては，得票率100％超自治体は観察から落としてある。

パネル形式のデータであるため，時間ダミーと市町村ダミーを投入した固定効果モデル(クラスターロバスト標準誤差)を用いた回帰分析の結果は，表3にまとめてある。モデル1およびモデル2の独立変数は「野党総得票率」であり，モデル3およびモデル4は「接戦率」である。モデル1および3は1970～1987年の「全般的に選挙競争性の低い時期」であり，モデル2および4は「全般的に選挙競争性の高い時期」である。

表3より，1970～1987年の「全般的に選挙競争性の低い時期」には「野党総得票率」「接戦率」のいずれで測定した場合にも，競争性の上昇が投票率を押し下げること，1988～2000年の「全般的に選挙競争性の高い時期」には投票率を押し上げたことがわかる。この係数は，そのまま解釈することができる。モデル1であれば，野党総得票率1％の上昇は，投票率を約0.39％押し下げる。統計分析の結果は，「野党総得票率」「接戦率」変数のいずれも，1970～1987年の時期と1988～2000年の時期で係数が統計的に有意($p<0.001$)に逆転していることを示している。

このような結果となるのは，1970～1987年には投票の水増しが一般に行われていたために投票率が過大に報告されている一方で，野党の勢力伸長がそうした慣行を阻害していたと考

表2　変数の記述統計

期間	変数	観察数	平均値	標準偏差	最小値	最大値
1970～1987	投票率(%)	7356	54.9	21.8	0.23	100
	野党総得票率(%)	7356	9.8	15.7	0	100
	接戦率	7356	0.81	0.2	0	1
1988～2000	投票率(%)	6037	55.6	17.2	0.4	100
	野党総得票率(%)	6037	36.2	20.2	0	100
	接戦率	6037	0.37	0.32	0	1

表3 市町村選挙競争性と投票率の回帰分析

時期	1970〜1987	1988〜2000	1970〜1987	1988〜2000
モデル	(1)	(2)	(3)	(4)
従属変数	投票率			
野党総得票率	−0.379***	0.345***		
	(0.0252)	(0.0203)		
接戦率			20.84***	−20.87***
			(1.306)	(1.172)
定数	58.59***	43.11***	38.01***	63.42***
	(0.247)	(0.734)	(1.061)	(0.440)
N	7363	6045	7356	6046
adj. R-sq	0.071	0.136	0.070	0.140

括弧内は標準誤差
="* p<0.05 ** p<0.01 *** p<0.001"

えられる。1988〜2000年に係数の符号が逆転している事実は，この時期にはすでに選挙管理機構の質が向上しており，公平な選挙が行われていた証拠となる。この結果は仮説2を支持する[8]。

5. 結論と今後の課題

本稿は，1970年から2000年までのメキシコ市町村選挙の結果を用いて，独裁国家における選挙不正には，選挙に勝つことではなく，独裁者に対するゲーミングとして行われる場合があり，野党の選挙参加はゲーミングとしての選挙不正を抑制することを明らかにした。選挙結果さえゲーミングの対象となるなら，独裁体制のゲーミング問題は相当に深刻だといえる。

今後の課題を3点挙げたい。第1に，本稿はデータ制約から市町村レベルの選挙結果を用いる他なかったが，投票所レベルの選挙結果データが現存することは国家文書館の資料から明らかである。将来的にはこうしたデータをより精緻な方法で分析すべきであろう。第2に，本稿の経験的分析はあくまでメキシコ一国を対象としているため，その一般的妥当性を他国の経験からも検証する必要があるだろう。

第3の課題は，トレード・オフに関するものである。先に見たように，独裁者は，野党に敗北する危険を冒して情報を収集するか，選挙を非競争的にして本人＝代理人問題の悪化を甘受するかを選択せねばならない。ここでは独裁者の選択に影響を与える要因として2つを指摘したい。まず，選挙に参加する当の野党が選挙不正を行わないこと。次に，野党が独裁者（および現体制）のイデオロギーとかけ離れた目標を掲げる「反システム政党」ではなく，権力掌握の暁には独裁者と中下級エリートの死活的な利益を保全すると信ぴょう性ある形で保証できること。換言すれば，野党が「忠誠野党」であること。これらの条件が満たされるなら，独裁者は競争選挙を選択する可能性が高くなるだろう[9]。これらの問題を検討するのは今後の課題としたい。

〔謝辞〕 本稿は2017年度の選挙学会での報告を改定したものである。選挙学会でコメンテーターを務めてくださった桐谷仁先生とコメントを下さった会場の皆様に感謝する。また『選挙研究』の3人の匿名のコメンテーターの方々には，多くの示唆を頂いたおかげで，草稿を大きく改善することができた。ここに記して感謝いたします。

(1) 一点留保しておきたいのは，本稿は選挙不正の問題をあくまで選挙＝情報仮説にかかわるゲーミング問題と関連する限りで扱うものであり，選挙不正一般を論じるものではない。近年になって急速に蓄積が進んでいる選挙不正研究についての包括的なレビューを行っていない。

(2) なお，2011年のロシア選挙を対象に，投票のねつ造や水増しといった選挙不正は，野党勢力の比較的弱体な選挙区で発生すると論じる研究もあるが（Harvey 2016），野党が弱体であり与党が選挙に勝利するのが確実であるのに選挙不正が行われる理由は説明されていない。本稿の議論はこの点を補完するものと言える。

(3) 民主主義体制を対象にした国家間ラージN統計分析の結果は，議会選挙について実際，接戦率の上昇が投票率の上昇に繋がっている。大統領選挙については，有意な相関は見られない（Ferran 2016）。

(4) この国民行動党は2000年の大統領選挙に勝利し，初の政権交代をなしとげている。

(5) 紙幅の関係から示していないが，従属

変数を選挙不正の発生の有無にした固定効果ロジスティクス回帰分析の結果は，野党の選挙参加が有意に（p<0.001）選挙不正の発生確率を引き下げることを示している。
（6）この淘汰メカニズムの存在こそ，一般に組織内でゲーミングが蔓延する理由である（Bevan and Hood 2006）。
（7）他に農村部に比べて都市部では有権者の監視の目が厳しいなどの要因があった場合にも内生性は発生しうるが，この点については本稿で考慮することができなかった。
（8）なお，紙幅の関係から示すことができないが，1970～2000年まで「年ダミー変数」を作成し，「市町村首長選挙の競争性」との交差項を投入した場合にも分析結果は保たれる。市町村首長選挙の競争性が上昇すると，1970年段階では投票率を押し下げるが，時間の経過につれてその押し下げ効果は有意に弱くなる。また1970～2000年をサンプル分割せず，年変数との交差項も投入しなかった場合，野党総得票率・接戦率変数は統計的に有意とならなかった。効果が打ち消しあったものと見られる。一連の結果は，独裁体制（非民主主義体制）の接戦率と投票率に関する統計分析の結果を解釈するのは，ゲーミングとしての選挙不正が存在する場合にはより難しくなることを示している。
（9）野党が忠誠野党となる条件については，例えば豊田（2015）参照。

参考文献（Alphabet順）

Alonso, Jorge. 1985. "Micropolítica Electoral." In Pablo González Casanoza (ed.), *Las Elecciones en México: Evolución y Perspectivas*, D. F., México: Siglo Veintiuno Editores, 349-374.

Ames, Barry. 1970. "Bases of Support for Mexico's Dominant Party." *American Political Science Review* 64 (1), 153-167.

Banamex. 2001. *México Electoral*, D.F., México: Banamex.

Bevan, Gwyn and Christopher Hood. 2006. "What's Measured Is What Matters: Targets and Gaming in the English Public Health Care System." *Public Administration* 84 (3), 517-538.

Birch, Sarah. 2011. *Electoral Malpractice*, Oxford: Oxford University Press.

チェ・ゲバラ，エルネスト（著）・カサウス，ビクトル（編）2007.『ヒューマン・フォトドキュメント：チェ・ゲバラ わが生涯』（角敦子訳）原書房．

Cornelius, Wayne A. 1987. "Political Liberalization in an Authoritarian Regime: Mexico, 1976－1985." In J. Gentleman (ed.), *Mexican Politics in Transition*, Boulder: Westview Press, 15-39.

Farías, Luis M. 1992. *Así Lo Recuerdo. Testimonio Político*, D.F.: México, Fondo de Cultura Económica.

Ferran, Martinezi Coma. 2016. "Turnout Determinants in Democracies and in Non-democracies." *Electoral Studies* 41, 50-59.

Fox, Jonathan. 1996. "National Electoral Choices in Rural Mexico." in Laura Randall (de.), *Reforming Mexico's Agrarian Reform*, M.E.Sharpe, 185-209.

Friedgut, Theodore H. 1979. *Political Participation in the USSR*, Princeton: Princeton University Press.

Gómez Tagle, Silvia. 1993. "Electoral Reform and Party System." In Neil Harvey (ed.), *Mexico: The Dilemmas of Transition*, British Academic Press, 64-90.

Harvey, Cole J. 2016. "Changes in the Menu of Manipulation: Electoral Fraud, Ballot Stuffing, and Voter Pressure in the 2011 Russian Election." *Electoral Studies* 41, 105-117.

Jacobs, Everett M. 1970. "Soviet Local Elections: What They Are, and What They Are Not." *Soviet Studies* 22 (1), 61-76.

Klimek, Peter, Yuri Yegorov, Rudolf Hanel and Stefan Thurner. 2012. "Statistical Detection of Systematic Election Irregularities." *Proceedings of the National Academy of Sciences* 109 (41), 16469-16473.

Magaloni, Beatriz. 2006. *Voting for Autocracy: Hegemonic Party Survival and Its Demise in Mexico*, New York: Cambridge University Press.

Mainwaring, Scott and Aníbal Pérez-Liñán. 2013. *Democracies and Dictatorships in Latin America: Emergence, Survival, and Fall*, New York: Cambridge University Press.

メドヴェーデフ，ロイ．1974.『社会主義的民主主義』（石堂清倫訳）三一書房．

Middlebrook, Kevin J. 1986. "Political Liberalization in an Authoritarian Regime: The Case of Mexico." In G. O'Donnell, P. C. Schmitter and L. Whitehead (eds.), *Transitions from Authoritarian Rule*, Baltimore: The Johns Hopkins University Press, 123-147.

Miller, Michael K. 2015. "Elections, Information, and Policy Responsiveness in Autocratic Regimes."

Comparative Political Studies 48 (6), 691-727.

毛里和子. 2012.「序章 陳情政治——圧力型政治体系論から」毛里和子・松戸庸子編『陳情－中国社会の底辺から』東方書店: 1-22.

ノーヴ, アレク. 1982.『ソ連経済史』(石井規衛・奥田央・村上範明ほか訳)岩波書店.

大西裕編著. 2013.『選挙管理の政治学－日本の選挙管理と「韓国モデル」の比較研究』.

大湾秀雄. 2011.「評価制度の経済学－設計上の問題を理解する」『日本労働研究雑誌』617: 6-21頁.

Raymond, Bezdek Robert. 1973. *Electoral Oppositions in Mexico: Emergence, Suppression, and Impact on Political Processes*, Ph.D. Dissertation, Ohio State University.

Reyes Heroles, Jesús. 1996. *Obras Completas. Política III*. D.F., México: Asociación de Estudios Históricos y Políticos Jesús Reyes Heroles, A.C./Secretaría de Educación Pública/Fondo de Cultura y Económica.

Rundlett, Ashlea and Milan A. Svolik. 2016. "Deliver the Vote! Micromotives and Macrobehavior in Electoral Fraud." *American Political Science Review* 110 (1), 180-197.

Sassoon, Joseph. 2012. *Saddam Hussein's Ba'th Party: Inside an Authoritarian Regime*, New York: Cambridge University Press.

Segovia, Rafael. 1980. "Las Elecciones Federales de 1979." *Foro Internacional* 20 (3), 389-494.

Simpser, Alberto. 2013. *Why Governments and Parties Manipulate Elections: Theory, Practice, and Implications*, New York: Cambridge University Press.

Slater, Dan. 2008. "Can Leviathan be Democratic? Competitive Elections, Robust Mass Politics, and State Infrastructural Power." *Studies in Comparative International Development* 43, 252-27.

豊田紳. 2013.「独裁国家における『上からの改革』－メキシコ・制度的革命党による党組織／選挙制度改革とその帰結(1960－1980)」『アジア経済』54-4, 117-145頁.

豊田紳. 2015.「覇権政党支配下メキシコにおける忠誠野党・国民行動党の誕生, 1965－1988」『ラテンアメリカ論集』49, 1-19.

Wallace, Jeremy L. 2016. "Juking the Stats? Authoritarian Information Problems in China." *British Journal of Political Science* 46 (1), 11-29.

Walton, John and Joyce A. Sween. 1971. "Urbanization, Industrialization and Voting in Mexico: A Longitudinal Analysis of Official and Opposition Party Support." *Social Science Quarterly* 52 (3), 721-745.

鷲田任邦. 2014.「集票インセンティブ契約としての資源配分政治－マレーシアの開発予算・閣僚ポスト配分」『レヴァイアサン』55, 1 18-144頁.

〔書評目次〕（掲載順）

曽我謙悟『現代日本の官僚制』東京大学出版会，2016年 ……石上泰州
笠京子『官僚制改革の条件：新制度論による日英比較』勁草書房，2017年

今井貴子著『政権交代の政治力学：イギリス労働党の軌跡 1994－2010』
　　　　東京大学出版会，2018年 ……富崎　隆
高安健将著『議院内閣制——変貌する英国モデル』中央公論新社，2018年

大西裕編『選挙ガバナンスの実態　世界編』ミネルヴァ書房，2017年 ……湯淺墾道
大西裕編『選挙ガバナンスの実態　日本編』ミネルヴァ書房，2018年

小林良彰編著『代議制民主主義の計量分析』木鐸社，2016年 ……松本正生

笹部真理子『「自民党型政治」の形成・確立・展開』木鐸社，2017年 ……中北浩爾

池田謙一編著『「日本人」は変化しているのか——価値観・ソーシャルネット
ワーク・民主主義』勁草書房，2018年 ……木村高宏

曽我謙悟『現代日本の官僚制』
東京大学出版会，2016年
笠京子『官僚制改革の条件：新制度論による日英比較』勁草書房，2017年

書評者：石上泰州

　選挙制度を独立変数としたとき，その従属変数は何か。答えは，政党システムや政党内部組織，あるいは政策アウトプットということになろうが，曽我謙悟『現代日本の官僚制』は，そこに「官僚制」を付け加えることに成功した，画期的な著作である。

　本書は，①現代日本の官僚制の特徴を，他国との比較，及び，過去との比較を通じて明らかにすることを目的としている。あわせて，そうした特徴が，②どのような要因によってもたらされ，③どのような帰結を生んでいるのかについて，ゲーム理論により仮説を導出し，これを計量的に検証していく。このとき，官僚制のあり方を規定する要因として重視されるのが，執政制度（議院内閣制か大統領制か）と選挙制度（多数代表制か比例代表制か）である。

　①ではまず，官僚制の組織編成に関して，水平的な「分立」と垂直的な「統合」の程度が問われる。分立の程度は省庁数や大臣数によって，統合の程度は行政中枢（日本では内閣官房）の規模や機能の大きさ等によって計測される。日本の時系列分析では，首相の面会者や内閣官房が主管する法案数や成立率も指標に加わる。国際比較を通じて，日本の官僚制は分立の程度が低く，統合の程度も弱いこと，そして，時系列での比較を通じて，以前より分立はさらに低下し，統合は強まっていることが明らかにされる。

　次に，官僚制の権限の広さと技能・能力の高さを合成して「官僚制の質」と名付ける指標を作成し，政治任用の程度とあわせて，官僚制が政策形成において果たす役割を描き出す。国際比較の結果，日本は「官僚制の質」が極めて高く，政治任用の程度は低いことが示される。

　②では，多くの分析結果が示されるが，例えば，議院内閣制の場合は比例代表制の方が分立と統合の程度は低く，大統領制の場合は比例代表制の方が分立の程度が高くなることに加えて，「官僚制の質」は議院内閣制・比例代表制の組合せが最も高くなる傾向があることなど，興味深い知見が明らかにされる。さらに，政治制度に加えて，政治環境（政権党議席率，政権の一体性，議会の立法能力，個別利益志向，執政長官の交代頻度，官僚流動性の程度など）が官僚制に及ぼす影響も分析されている。

　なお，ここで検証される仮説のロジックを一例紹介すると，なぜ議院内閣制・比例代表制だと統合の程度が弱くなるかといえば，比例代表制だと基本的には連立政権になり，各政党が連立政権に入る（大臣ポストを得られる）期待確率は2分の1を超えるのに対して，首相ポストを得られる確率は政党数の増加にともなって低下する。したがって，たまにしか獲得できない首相の座よりも，安定的な獲得が予想できる大臣職を重視するので，強い大臣・弱い首相を求める結果，行政中枢による統合の程度が弱くなる，というものである。

　③では，官僚制がもたらす帰結には政治的効果（官僚制そのものの政治アクターとしての性質，実効性，不偏性，透明性，代表性）と政策的効果（政策の安定性，適応性，調整の程度，執行の貫徹度，効率性，公衆利益の程度）があるとして，そこから「統治の質」と「代表性」の二つの因子を抽出する。結果，日本の官僚制は，統治の質は極めて高いが，代表性には欠けるという，他国にはみられないユニークな特徴を持つと指摘するにいたる。

　さて，本書の魅力は多義にわたるが，ここでは，仮説の検証作業において極めて多彩なデータが適切に活用されていることをあげておこう。OECDのGovernment at a Glance，ヨーテボリ大学「政府の質」研究所の専門家サーベイ調査データ，世界経済フォーラムの世界競争力報告，コロンビア大学国家能力調査，世界各国リスクガイド（ICRG）の官僚制指標，世界銀行の政治制度データベース，そして東大・朝日の政治家調査等々，利用可能なデータを駆使して政治や行政の実態を表す指標を作成しながら，ゲーム理論により導出された仮説を次々に検証していく手際は，鮮やかというほかない。データは，誰でも入手可能なものがほとんどであり，分析手法は分散分析，通常最小二乗法，

因子分析といった，すぐれてオーソドックスなものである。また，頑健性の確認として，随所で異なる指標や方法による分析を補完的に行っており，これが分析結果の説得力を高めている。ゲーム理論による仮説の導出手続きも誠に手堅く，読者への説明も丁寧である。本書は，仮説検証型の研究の「お手本」を示してくれるという意味においても，極めて優れた著作となっている。

笠京子『官僚制改革の条件：新制度論による日英比較』も，行政に対する政治の影響を強く意識した著作である。本書は，日英比較を通じて，官僚制改革を意図した通りに達成する条件を探ろうとする。両国における官僚制改革の達成度は総じて英国で高く，また，改革の内容も異なる部分が多いが，こうした両国の違いが生じた要因を，新制度論の分析枠組みを用いて説明していく。合理的選択制度論，歴史的制度論，社会学的制度論，構成主義制度論に立脚する5つの仮説（取引費用仮説，PSBs仮説，政治行政制度仮説，正統化仮説，アイデア競合仮説）を提示し，両国の官僚制改革の過程を丹念にたどることで，各仮説の妥当性が検証されていく。

まず，英国の官僚制改革の特徴として指摘されるのは，①NPM改革の典型であった，②組織改革・管理改革・人事改革がほぼ同時期に互いの改革を視野に収めながら進められた，③官僚制が大きく変化した，④立法府による行政統制の強化が官僚制改革の効果を高めたという点である。対して日本では，①内閣の総合調整機能の強化に力点がおかれた，②NPM改革の影響が限定的であった，③人事改革の遅れが目立っている，④政官関係は変化したが官僚制自体はあまり変化していないのが特徴であるとする。

さらに，事例として英国のエージェンシー制度の創設過程と日本の国家公務員制度改革基本法の制定過程を詳細にたどりつつ，（英国ですら）官僚制改革には時間がかかるなどの共通性がみられるものの，法制度，改革推進の仕組み，首相のリーダーシップ，改革を検証するシステム，官僚制改革をしかける政治の側の安定性において，両国には大きな違いがあったと指摘する。

そして5つの仮説について，いずれも一定の説明力を持つものの，十分に説得力のある議論ができるのは，取引費用仮説とPSBs仮説と政治行政制度仮説であると結論づけている。

取引費用仮説は，PA理論に基づき，政治家と官僚のエージェンシー・スラックが拡大して取引費用が増大するとき，これを縮小するために政治家が官僚制を改革するというものであるが，両国ともにこうした経緯が確認できるという。ただし，経済危機という外因性ショックが改革に与えたタイミングが両国で異なる。

PSBs仮説は，改革前のPSBs（Public Service Bargains：政治家と幹部官僚との間の暗黙ないし明示的な合意をめぐる定型化された取引で，官僚に自律的地位を認める「被信託者型」と官僚を単なる代理人とみる「代理人型」に大別される）と改革が目指すPSBsとの適合性が改革の達成度を左右するという仮説である。代理人型が代理人型を目指した英国では改革が実現し，被信託者型が代理人型を目指した日本では改革が困難であったと理解できるので，この仮説も妥当するという。

政治行政制度仮説では，日本は大陸法系（官僚制改革が政令事項ではなく法律事項）で，執政部の安定度が低く（首相のリーダーシップが弱く），政官関係が緊密で（官僚出身の議員が一定数いる），中央政府の財政規模や国家公務員の数が小さく（改革の必要性が小さい），中央政府の執行機能が小さい（改革の必要性が小さい）という制度を備えており，これらはいずれも官僚制改革を困難にする条件なので，日本の達成度の低さと符合する。対して，英国は日本とは逆の制度であるがゆえに改革が円滑に進んだという。

本書は，日英両国の官僚制，官僚制改革，そして政官関係について，有益な情報と示唆を豊富に与えてくれる，手堅い研究書である。特に，サッチャー以降の英国の官僚制改革の内容と意味するところが，説得的に記述，説明されている。また，新制度論の枠組みを用いて，政官関係等が官僚制改革に及ぼす影響をクリアに整理したところは，本書の大きな貢献と思われる。

ともあれ，両書は分析の対象や検証のアプローチは異なるものの，いずれも「政治の従属変数としての行政」を強く意識した行政研究とみることができる。政治と行政とが密接に融合している現実のなかで，政治研究と行政研究の融合の必要性と有用性をあらためて，強く感じさせてくれる著作である。

今井貴子著『政権交代の政治力学：
イギリス労働党の軌跡 1994-2010』
東京大学出版会，2018年

高安健将著『議院内閣制：変貌する
英国モデル』中央公論新社，2018年

書評者：富崎　隆

日本における94年の「政治改革」は，英国型の民主政治の創出を意図していたとしばしば評される。しかし，その後の日本政治は，09年に本格的政権交代を実現したものの，周知の通り民主党政権は広い意味で挫折，その展望は不透明といってよい。衆院選挙制度改革を中心とした政治改革が，日本の政党政治を大きく変化させ，さらに（それが望ましいかは別として）二大政党的政党政治の実現確率を（衆院の中選挙区制を中心とする旧制度と比較し）高めたことは様々な研究から概ね間違いない。しかし，同時にそれが「自動的に」実現するものでないことも元より明らかである。そして，今日それが実現されていないとすれば，そのメカニズムへの知的好奇心が刺激される。衆院における比例区部分や参院の権限・選挙制度，検察を含む官僚機構の政治性といった要素の他に，例えば英国で実施されている様々な政治慣行の中にある種の条件を見出すことができるかもしれない。その意味で，通常のアカデミックな意義に加え，日本において現代の英国民主政治が改めて注目を集める素地があるのかもしれない。本書評で採りあげる2つの著作は，一方は研究書，一方は一般向けの新書という違いがあるものの，現代英国の民主政治を新たな形で議論している。そして，今日の日本政治への示唆を含むという点で問題意識を幾分共有する好著である。以下，順にみていく。

今井貴子著『政権交代の政治力学』

本書は，英国労働党，特にブレア指導下における同党の軌跡を主要な分析の対象としている。本書冒頭でも明快に述べられるように，その中心的問いは，「80年代には党史上もっとも深刻な低迷期を経験した英国労働党が，ブレアとブラウンの指導下，どのように97年の政権交代を実現し，政権交代時に掲げられた政策革新の試みはいかなる意義があったのか，そして労働党政権はそれをどこまで実現できたのかを明らかにする（5頁末一部引用）」ことにあるとする。重要な問いである。内容を簡単に振り返り，論評を加えよう。

序章で，問題の所在と分析アプローチについて整理する。「制約の中の裁量」という分析視角を準備する。第1章「ネオ・リベラル時代のイギリス政治」では，特に79年のサッチャー政権誕生以降，労働党の党勢低迷期についてまとめ，ブレアの党改革の背景を整理している。第2章「ブレア党首の誕生」でブレアの党首就任の経緯と労働党のおかれた状況についてまとめている。

そして，続く第3・4・5章が，本書の論述における中心部分とみてよいだろう。第3章「ブレア労働党の党内革命と右旋回」では，ブレア労働党の党内改革と路線転換について論じている。そして，第4章「総選挙マニフェストの形成過程」では，マニフェストが作成されていく過程が詳述される。本章は，本書においても最も興味深い部分といってよいだろう。数多くの政策アイディアの検討，官僚との接触，税財源の試算等入念な準備がなされると共に，党内での支持調達と総選挙での勝利確率上昇のバランスを図り，慎重に策定された中道的改革路線がブレアの指導下に選択されていったことが示される。第5章「労働党政権の制約と裁量」では，ブレア政権の政権・政策運営の中身について論じている。

第6章「労働党政権の功罪」では，ブレア政権の功罪とブレア後について，ブラウン後継労働党政権とキャメロン保守・自民党連立政権を中心にブレア後の展開と影響を整理している。終章「政権交代の光と影」で，英国労働党におけるポスト・ニュー・レイバーと政党政治における政権交代について，日本の事例を視野にいれつつ論じる。

本書では，英国政治研究において，明快で重要な研究目標が設定されている。そして，「制約の中の裁量」という広い分析枠組みの中で，ブレア労働党誕生の背景・実現から政権交代，ブレア・ブラウン政権終焉までの政治過程が広く，かつ的確に記述されていく。未公開資料を含めた資料とインタビューに裏打ちされているとする記述は，全体として厚く説得的といって良い。読者は，広い視野から英国における90年代の政権交代と2010年

までの労働党政権の苦闘を，一定の分析視角を背景に新たに見直すことができる。

尚，評者としては問題点も指摘しなければならない。大きく2点挙げておく。第1に，労働党政権の成果への著者の評価には曖昧さが残っている。先行研究において論争が未解決であると著者自ら整理した重要な問い（3頁），いったいブレア・ブラウン労働党政権の政策運営は，「第1の道」（ソフトなサッチャリズム），「第2の道」（中道の仮面をかぶったオールド・レイバー），「第3の道」（それらとは異なる新路線）のいずれと評価するべきなのか，もしくはそういった問題設定自体に批判的な立場で臨むのか。本書の内容から解釈し予測することは可能だが，やはり論述を展開した著者としての明快な結論と解釈を提示して欲しかった。そして，そうすることで新たな議論を提起し，本書の価値をより高めることができたのではないか。

第2に，分析における方法的課題である。論述全体の目的は明快であるものの，本書の全体を貫く基本仮説は残念ながらあいまいである。もし「制約の中の裁量」をそれに近いものとして設定しているとするならば，率直にいってそれは「記述の枠組み」に近い概念であり，因果的理論が明快でないことはもちろん，どのような場合にそうした基本仮説に反するのかが不明確であり，本主題を扱うアカデミックな研究書としてはやや物足りない面がある。

また，インタビューや未公開資料を含む資料を使用したとし，いわば政治史的アプローチを分析手法の中核とする一方，サッチャーからブレア・ブラウン政権に対する現代の数理・計量的分析アプローチによる重要な先行研究への目配りは充分とはいえない。膨大な研究蓄積のすべてをここで挙げることは当然できないが，例えばMaclean (2001)は，第3章に関する議論に関し，より一般的な数理モデル（ダウンズモデル）との連関で現象の説明を試みている。またClerk, Sanders, Stewart & Whiteley (2009)は，Valence Modelとして知られる，特に近年の英国投票行動モデルにおける最も有力な議論を提起し，英国の投票行動が以前とは異なるものとなっている点を体系的な形で提示しようとしている。彼らの知見抜きでブレア・ブラウン指導部の選挙戦略と政策運営をアカデミックな形で本格的に議論することは元来難しい。

同時に，例えばここに挙げた先行研究は，実は概ね本書の議論とむしろ相互補完的である可能性が高い点を強調しておきたい。数理・計量的アプローチによる研究は，しばしば一般モデルとしての「固い」基本仮説・構図や「固い」実証を提供できる。政治史的アプローチは，ディテールを含む厚い記述論証に強みをもつ。少なくとも本主題において，その意味での先行研究との相互補完性はおそらく高く，そういった研究への目配りは，議論全体をアカデミックな意味でより説得的にすると評者は考えたい。

高安健将著『議院内閣制』

本書では，英国の議院内閣制の実際的機能について，全体として批判的な考察を加えている。第1章「議院内閣制とは何か」では，英国における制度の歴史と在り様を概観し，第2章「政府と政策運営」で，その実際の運用，特にサッチャー・ブレア政権での集権化を中心にまとめている。第3章「政権党と首相の権力」では，著者が従来から行ってきた政権党と首相の関係について議論を展開する。第4章「二大政党制の空洞化と信頼の喪失」で，その英国型議院内閣制が機能不全に陥っていることを批判的に論じ，第5章「国家構造改革とは何か」で，政治不信への英国の回答という位置づけで，一般読者には必ずしも知られていない近年の統治機構改革，具体的には地方分権・貴族院・司法制度改革について紹介している。終章「政治不信時代の議院内閣制」で，英国モデルからみた日本政治への含意について改めて論じられている。

本書は，一般読者向けの新書である。『選挙研究』読者には，論述の中身について，例えば第3章のように著者オリジナルの研究成果を発展的に論じている部分も興味深いだろうが，むしろ全体としては，（一般読者を意識し，研究書よりむしろ踏み込んでいる）英国政党政治全体を「評価」する本書の規範的・政策提言的部分こそユニークかつ興味深いのではないか。そこで，ここでは特に著者が論説において中核的に提起している内の2点に関し，あえて他の視点を提供する形で評したい。

第1に，第4章5節で，DunleavyやKing & Creweの議論を引用する形で，「英国政治（英国の議院内閣制）は，決定を効率的にすることには成功してき

たが，効果的な政策パフォーマンスを出すことに成功していない」としている。この点は，重要である。政治は結果責任であるとしばしば指摘される。本当に英国民主制は，「結果を出してこなかった」のか。

　多数決型民主制はその集権性のゆえに，時に「行き過ぎる」政策結果をもたらすことが以前より指摘されてきた。評者がよく例として挙げてきたのは，戦後の「福祉国家」「混合経済」建設である。45年に労働党は意欲的な理念と政策提示によって単独政権を獲得した。そして，今日では驚くことに，当時のまさしく主要産業である鉄鋼や石炭産業，鉄道までの広範な「国有化」を実現した。それは社民主義の（当時としては）忠実な実現であったが，恐らく後年の「英国病」の重大な原因ともなった。サッチャー政権下の地方自治体への人頭税導入も，結果的に撤回に追い込まれたとはいえ，そうした例かもしれない。

　では，反対に例えばスイスのような分権的民主制の場合，「失敗」は少ないのであろうか。そうかもしれない。そこでは，多くの拒否権プレイヤー（政治的権力主体）が，政策提案をブロックできる権力を分有する。多くの場合，「現状」が勝利する。恐らく，他国での先行事例を慎重に見極め，かつ様々な権力主体の既得権を脅かさない限りにおいて政策が取捨選択されていくことになろう。しかし，それは，全体として，目に見える「失敗」も少ないが，イノベイティヴな「刷新」も少ない民主制だろう。

　確かに，英国の民主制はそうではなかった。英国政治は，民主制の成立と産業革命以来，ほぼ常に先行事例のほとんどない，いわば最先端の環境の中で，自らの政策刷新を実現してきたといってもよい。そうした中で，政治的自由主義，保守主義，福祉国家，サッチャリズム，第3の道，今日の「資産ベースの福祉」論など，驚くほど多くの政治理念やコンセプトを政治市場で結晶化・実現させてきた。それは，首相や主要政党が，集権的民主制の下トータルな統治における在り様を追求してきた，追求せざるを得なかったことと強く関係すると評者はみている。そうした意味で，英国の民主制は，全体としては，むしろ「失敗」を含む「試行錯誤」を多くもたらしてきたというべきではないだろうか。そして，言うまでもなくその「果実」も，決して小さくはなかったのである。

　英国の民主制の政策的帰結に関しては，少なくとも「功罪半ばする」との評価が評者には妥当に思える。

　第2に，著者は英国政治における「政治不信」を重大な問題ととらえる。そして，それが集権的な現代英国の「二大政党」型議院内閣制の空洞化と機能不全のためであるとする。英国における政治不信が重大な問題であることに疑いの余地はない。一方で，大統領制をとる米国や，多党制型の議院内閣制をとる欧州大陸諸国においても，政治不信や代議制の機能不全と著者がいう現象はやはり観察できる。集権的民主制と政治不信に明確な因果関係は観察できるのだろうか。評者には，やや強引な論説にもみえる。

　より権力分散的な（筆者の表現によればマディソン主義的な要素がより強い，さらには本書第2章でも紹介されているレイプハルトの基準でいえば合意型に近い）統治機構の下民主制を実施し，国の規模や文化環境が比較的近い例えばドイツやイタリアの民主制が英国と比較し，全体としてより「優れた」「効果的」政治帰結をもたらし，「政治不信」から自由であるとはいえないだろう。この両国が現在深刻な「政治不信」に苦しんでいることはいうまでもない。ドイツでは，主要政党，時に二大政党の一翼とも評されたSPD（社民党）は，2018年9月現在，支持率で急進右翼のAfD（ドイツのための選択肢）の後塵を拝している。イタリアでは，急進右派の地域政党である（北部）同盟といわゆるポピュリスト政党の五つ星運動が連立政権を担うこととなっている。

　分権化が政治不信を払拭する切り札となるかには，疑義がある。分権的な民主制下，効果的な政策結果を提出できず，離合集散と駆け引きに終始しているとみられるならば，政治信頼が低下するであろうことも明らかである。民主制下において，政治的リーダーシップの問題は，常に悩ましい。サッチャーやブレア政権で顕著であった集権的リーダーシップをどのように評価するかは，その規範的評価の重点をどこに置くかによって異なってくる。それは，首相が帝王的になり，「歯止め」が利かなくなった，民主制にとって危険となりかねないとみるか，効果的で「変革を導く」リーダーとしての側面を積極的にみるかによると

いえる。

また，第5章の国家構造改革において，まず，スコットランド他への権限移譲改革は，（良かれ悪しかれ）英国民主制のあり方に重大な影響を与えたことは間違いない。一方，貴族院改革や司法制度改革は，世襲貴族の残存や，司法トップの大法官が閣僚と貴族院議長を兼ねるという，あまりにも時代錯誤的な制度・慣習の「現代化」の側面が強調されるべきで，かつ本書でも述べられる通り，議会改革・司法改革については，本格的「分権」は慎重に回避されている。比較の観点からみれば，これらの議会改革・司法改革は民主制の基幹的権限分配とは明らかに異なる小規模のものであることには注意が必要であろう。

英国民主制の集権化の程度は，どのレベルが「望ましい」のか。英国統治機構の集権度は「いきすぎ」なのか，ブレア・ブラウン政権で試みられた統治機構の「分権化」は，英国民にとって「より良い」結果をもたらすのか。是非，著者のさらなる深い考察を期待したい。

以上，本書評では，本書の規範的・政策的含意に対して，あえて異なる立場からの視点を提起したが，それは，本書の価値をいささかも減じるものではない。引用されている多くの著作のまとめを含め，本書の論述は丁寧・正確で，かつ政策的な議論を強く刺激する視点を含むという点でも，新書として価値が高い。政策提言的論説には，異なる理念的スタンス（例えば，集権的民主制と分権的民主制のどちらを元来評価すると考えるか）がある以上，むしろ論争的でなければならない。そして，評者が書評を行なう上で，異なる規範的・政策的視点を提起したこと自体，ある意味著者の（隠れた）狙いが成功しているといえるかもしれない。

英国政党政治・日本の民主政治

両著作が日本の民主制に与える示唆に様々な点があることも確認できる。マニフェスト作成における入念な準備の重要性，選挙前における主要野党の官僚機構との接触容認慣行・政権移行の準備のあり方，野党に重点配分する公的助成，また，日本における選挙運動期間の短さ，政権による恣意的な選挙時期の制限等は，すべてではないが，政権交代をビルトインした「英国型」二大政党政治を支える重要な要素であることが示唆されている。

一方，こうした（重要ではあるが）周辺的問題に加えて，日本政治や民主制の基本的方向性への示唆や提言まで踏み込んだ議論は（当然だが）なされていない。この気鋭のお二人の著者に見解を問いたい所である。

参考文献

Clarke, H. D., D.Sanders, M. C. Stewart and P. Whiteley 2009. *Performance Politics and the British Voter* Cambridge University Press

McLean,I. 2001. *Rational Choice and British Politics: An Analysis of Rhetoric and Manipulation from Peel to Blair.* Oxford University Press

富崎隆 2008.「イギリス議院内閣制とコア・エグゼクティヴ」堀江湛・加藤秀治郎編『日本の統治システム』慈学社

大西裕編『選挙ガバナンスの実態 世界編』ミネルヴァ書房，2017年
大西裕編『選挙ガバナンスの実態 日本編』ミネルヴァ書房，2018年

書評者：湯淺墾道

　選挙制度に関する研究のうち，一票の格差や小選挙区制か比例代表制かという問題をめぐる論考は汗牛充棟の様相を呈するが，選挙管理上の実務的な問題については，わが国ではあまり論じられる機会がないのが実情である。一般の有権者が選挙管理委員会の存在を認識することが少ないのと同様に，研究者の関心も高いとは言い難く，日本国憲法の施行後の早い時期に行政法の観点から選挙管理委員会が一定の関心を集めていたのを除くと，選挙管理委員会に関する研究も決して多いとは言えない。

　しかし，ピッパ・ノリスらのElectoral Integrity Projectでも選挙管理機関の独立性や運営の公正性は大きなポイントになっており，選挙管理委員会とその選挙管理は，決して看過されてよい問題ではないはずである。本書では，選挙管理委員会とその選挙管理の実態について，国際的な比較研究と国内の実態分析とを同じ研究者がリーダーとして行った貴重な研究の成果が公開されている。

　『世界編』では，序章で，そもそも選挙のガバナンスをどのように研究の対象とするかという選挙ガバナンスの概念についての検討が試みられている。上記Electoral Integrity Project等も参照しつつ，分析の視座が明らかにされる。

　第2章では，選挙管理と積極的投票権保障の問題が取り上げられており，各国の政治体制における多様な選挙管理機関の位置づけと，その機能と実態が分析されている。また，近年重視されるようになってきた積極的投票権保障の観点から，有権者が投票しやすい制度や環境の整備について，その普及要因と政治性が明らかにされている。

　第3章では，東南アジア諸国の選挙管理に焦点が当てられる。多くの発展途上国及び権威主義体制下の国家において，選挙には不正がつきものである。それはなぜなのか。経済発展や民主化によって，これらの国々では不正は根絶されたのかが本章のテーマとなっている。

　第4章では，中東欧諸国の選挙管理がテーマとなっている。旧社会主義体制下の国々では，有権者は情報機関や警察に監視され，かつ選択肢がない中で実態として強制的に投票することを迫られ，その結果は「賛成率100％」というように体制維持の正統化に利用された。それでは，中東欧諸国の社会主義政権が崩壊した後，このような状況は変わったのか。本章では主としてチェコとポーランドの実情を分析している。

　第5章では，英連邦諸国の選挙管理を取り上げ，イギリス，オーストラリア，ニュージーランドにおける独立型の選挙管理機関の創設経緯について分析を加えている。

　第6章は，アメリカ連邦レベルの選挙管理を取り上げる。選挙制度についての権限は原則として州が有するというアメリカ連邦憲法の制約の下で，連邦政府は投票権法，モーターヴォーター法などさまざまな法を制定して介入しようとしてきたが，本章では特にHelp America Vote Act制定による介入とその限界についての分析が行われている。

　第7章から第10章では，フランス，北欧，南部アフリカ，ラテンアメリカにおける選挙管理機関の運営が比較検討の対象となる。これらの国々では，選挙管理の公正性をどのように選挙管理機関が確保しようとしてきたのか，選挙管理機関の自立性や中立性を維持する方策，不正とその要因，選挙と暴力などが分析されている。

　第11章は，在外投票制度が取り上げられる。グローバルな人の移動が活発になる中で，積極的投票権保障という観点から在外投票の重要性を指摘すると共に，裁判所における判決を機会に在外投票制度が導入された日本や韓国の例から司法の関与の意義も指摘している。

　一方，『日本編』では，これまであまり焦点が当てられることがなかった各地方公共団体の選挙管理委員会とその事務局を研究対象としているが，その際の分析の視座とされているのは，やはり『世界編』と同様の選挙ガバナンスの実態の解明と，積極的投票権保障である。

　『日本編』の問題意識は，日本の選挙管理委員会は「特定の党派に偏った立場を選挙管理委員会がと

ることも日本ではあり得」ず，「選挙管理は非政治化され，純粋に行政実務の世界に属し，他の分野のように行政裁量もほとんどない」という世界にも希な特色を有するがゆえに，選挙結果の公正性保障が可能なのだと信じられてきたが，それは「神話」にすぎないという編者の冒頭の言であろう(1)。実際に，近時は選挙人名簿の漏えい，開票ミスとその隠蔽など，信じがたいような事案が増えている。選挙ではないものの，住民投票の扱いをめぐって選挙管理委員会が特定の勢力の意向を否定するような裁量権を行使する例もある。

このような選挙管理委員会を研究対象とするに当たり，本書では全国の市区町村選挙管理委員会・事務局に対するアンケート調査と，有権者に対するアンケートを実施した。その上で，選挙管理委員，事務局，首長，職員というアクターの観点からの分析を行うと共に，選挙ミス，選挙公報とインターネット，緊急時対応，総務省と選挙管理委員会との関係，選挙管理への信頼性という個別の観点からの分析も試みている。

第1章では，選挙管理委員の実態と，選挙管理委員から構成される選挙管理委員会の型の分析が試みられている。

第2章では，選挙管理委員会事務局の能力・専門性・自律性について，選管へのアンケート調査結果に基づく分析が行われている。

第3章は，首長が選挙管理に影響を与えるかという観点から，市長の選挙戦略と選挙管理委員会事務局の意識についての分析が行われ，首長と選挙管理委員会事務局の関係について考察している。

第4章は，選挙管理委員会の職員に焦点を当てる。選挙管理委員会の職員が積極的投票権保障に果たす役割は大きいが，その困難性と要因が明らかにされる。

第5章は，選挙ミスが生じる背景とその防止策について，仙台市における再発防止委員会の経験をふまえながら，ミスの背景，防止策，ミスを減少させるための取組等について述べている。

第6章は選挙公報とインターネットの関係について，地方選挙における選挙公報のネット掲載の経緯とその結果について分析している。

第7章は緊急時対応と選挙管理を取り上げており，緊急事態発生時における選挙の管理についての問題点を明らかにする。

第8章は，総務省と選挙管理委員会との関係について議論する。地方自治の本旨に基づく地方自治の保障という憲法上の原則と，総務省による公権的解釈を通じた地方選挙管理委員会の統制との微妙な関係が明らかにされている。

第9章　近年の有権者の選挙管理への信頼低下について，有権者を対象とする意識調査の結果に基づき，原因や信頼を取り戻すための方策等について検討している。

このように，本書は『世界編』『日本編』の両方で多様な観点からの選挙管理委員会とその実態についての分析を行っている。惜しまれるのは，『世界編』では各国・各地域について同一の基準や観点による比較が行われているわけではないこと，『日本編』では選挙管理委員会の選挙管理の公正性と裁量の少なさが研究の前提に置かれているために逆に「津軽選挙」を典型例とする日本にも存在した選挙管理委員会ぐるみの不正・腐敗へ言及が少ないこと，選挙管理についての歴史的変遷・経緯への論及が少ないことというような研究の限界が看取される点であろう。

選挙に関する諸制度の研究をめぐっては，憲法学者の芦部信喜がかつて述べたように「選挙区や代表方法の得失の問題は，すでに明治憲法時代に，吉野作造・森口繁治・美濃部達吉・河村又介・宮沢俊義等の諸先覚によって，理論的にはほぼ論じつくされている」(2)といえるかもしれない。しかし，そこで挙げられている森口繁治は「選挙が重要であると云ふことは漸く一般に理解せらるゝに至つたやうであるが，選挙の方法が重要であると云ふことは，未だ殆ど理解されて居ないやうである」（原文は旧漢字)(3)と述べている。本書は，まさにどのように選挙が実際に行われているのかという選挙の方法についての実態分析と比較を，国際的比較・国内の各地方公共団体比較を並行的に試みている点で，貴重な研究となっていることが特筆されよう。

（1）　大西裕編『選挙ガバナンスの実態　日本編』（ミネルヴァ書房，2018年）1頁。
（2）　芦部信喜「憲法と小選挙区制」『憲法叢説2　人権と統治』（信山社，1995年）224頁。
（3）　森口繁治『比例代表法の研究』（有斐閣，1924年）2-3頁。

小林良彰編著『代議制民主主義の計量分析』木鐸社，2016年

書評者：松本正生

　本書は，＜シリーズ＞政権交代期における政治意識の全国的時系列的調査研究の一環として刊行されたものである。同シリーズは，2012〜16年度文部科学省科学研究費補助金特別推進研究(代表者：小林良彰)の成果に相当する。いわゆるJES調査(1983年)以来続けられてきた投票行動や政治意識の実証的研究に，新たな成果を加えている。

　本書には，5名の著者による都合10本の論文が掲載されている。第1部の全国レベルにおける代議制民主主義は，「第1章日本の代議制民主主義の継続と変化」，「第2章マルチメソッドによる調査データ比較」，「第3章世代と政治的有効性感覚」，「第4章選挙と政治的有効性感覚」，「第5章有権者の投票行動－回顧投票と展望投票」，「第6章政党と選挙制度－惜敗率制度」の6篇から，第2部の自治体レベルにおける代議制民主主義は，「第7章自治体改革と首長の意義」，「第8章地域州構想－新潟州構想の事例」，「第9章大都市制度と地方自治－ソウル特別市の事例」，「第10章地方交付税改革の効果」の4篇から構成される。論文集の体裁を採り，個々の論文の扱うテーマも非常に多岐にわたる。すべてを論評するに足る見識と能力を評者は持ち合わせない。当書評では，本書のために書き下ろされた2つの論文，「世代と政治的有効性感覚」と「選挙と政治的有効性感覚」とを中心に取り上げたい。

　両論文は，金兌希(キム・テヒ)氏によって著わされたものであり，日本人の政治的有効性感覚(Political efficacy)に焦点を当てる。先ず，第3章の「世代と政治的有効性感覚」を紹介しよう。本論文の主題は，社会運動による政治的社会化が政治的有効性感覚にどのような影響を与えるのかを検討することにある。社会運動とは，すなわち，学生運動を指し，1960年代を中心に行われた学生運動がその世代の政治的有効性感覚に与えた影響力の検証を試みる。

　データ解析のための準備作業は，先行研究の概観，概念の整理，方法論的問題への配慮など，いずれも手堅い。説明されるべき対象である政治的有効性感覚に関しては，内的有効性感覚(市民が政治を理解し，参加することが可能であると考える個人的な自信に関する感覚)と外的有効性感覚(市民の要求に対する政治的アクターや政治システムの応答性に関する信念)の2つの従属変数を設定する。次に，政治的社会化の時期および効果については，「青年後期(およそ17歳から25歳くらいまで)が重要な時期である」とする多数派説を採用する。そして，「学生運動世代」には，学生運動が隆盛を極めた1968年から69年の時期に大学生だった(18歳から21歳)世代＝1942年から1946年生まれ(出生コーホート1942)と1947年から1951年生まれ(出生コーホート1947)を充当させる。

　出生コーホートを対象とするロングスパンの実証研究においては，比較検証に耐えうる同質性を備えたデータを確保できるかどうかという難題が付随する。本論では，1976年のJABISS調査から2010年のJES Ⅳ調査まで，16種類の調査で使用された質問群のうち，3つの質問(政治左右・政治複雑・国会議員)を採用する。すなわち，内的有効性感覚を検出するクエッショネアとして，「政府左右」＝「自分には政府のすることに対して，それを左右する力はない」に対する回答結果，および，「政治複雑」＝「政治とか政府とかは，あまりに複雑なので，自分には何をやっているのかよく理解できないことがある」に対する回答結果の2つを，外的有効性感覚を検出するクエッショネアとして，「国会議員についてはどうお考えですか。大ざっぱにいって当選したらすぐ国民のことをかんがえなくなると思いますか，それともそうは思いませんか」に対する回答を使用する(政府左右質問および政治複雑質問は16調査中12の調査で，国会議員質問は16調査中11の調査で採用されている)。

　解析の結果はどうであったか。1)「学生運動世代(出生コーホート1942および1947)の内的有効性感覚(の変量効果)が他の出生コーホートに比べ最も高く，かつ，平均よりも有意に高いこと」，一方，2) 外的有効性感覚については，「ほとんどの出生コーホートで大きな変化はなく，出生コーホート

の影響力はほとんどないこと」が確認されたという(なお,本論における外的有効性感覚の時期効果の分析結果をみると,1996年までと2003年以降との間に顕著な相違が存在している。この相違については,国会議員質問の回答選択肢が,96年調査までの5調査では「1.考えなくなる,2.そうは思わない,3.場合による」の3択であったのに対して,2003年以降の6調査では「1.そう思う,2.どちらかといえばそう思う,3.どちらともいえない,4.どちらかといえばそうは思わない,5.そうは思わない」の5択に変更されており,尺度設定の影響が大きいと推察される。ただ,当該時期効果の解析結果について筆者の金氏は一切言及していない。結果の解釈およびデータの取り扱いに関する説明が不可欠であろう)。

これらの結果をもとに金氏は,「政治意識が構成される青年後期における政治経験はその後の人生における政治参加形態に大きな影響を与える可能性がある」と結論付けている。本論で使用された3質問は,政治意識研究の大先達である三宅一郎氏らが1976年に実施したJABISS調査において,政治シニシズムの次元析出のために設定した質問群に含まれる。ロッキード事件後の,政治に対する有権者のシニカルな態度を前提とする当時の状況を反映して,質問文も非常にネガティブなトーンになっている。40年後に政治的有効性感覚の検証素材として使用される脈絡との間には,隔世の感が存在しよう。同時代体験として学生運動を目にした世代(出生コーホート1942および1947)が,他の世代に比べ政治的有効性感覚が高いという本論文の知見は,彼ら学生運動世代が,政治的社会化過程において,学生運動を反面教師として内面化させていたことを示唆しているようにも思われる。

第4章の「選挙と政治的有効性感覚」に移ろう。本論の課題は,選挙における市民の参加とその帰結が政治的有効性感覚にどのような影響を与えるのかを検証することにある。その帰結とは,選挙の「勝敗」を意味する。議院内閣制における国政選挙,わけても日本の並立制の場合,勝敗の定義は多義的かつあいまいである。本論では,仮説検証の対象として,「選挙情勢が複雑ではなく,勝敗が比較的明白なケース」に相当する2009年の衆議院議員総選挙を素材にする。

分析の手順は,先ず,1976年から2010年までの16調査の結果により,政治的有効性感覚の推移をトレースし,2009年政権交代にともなう有権者の政治的有効性感覚の変化の有無を確認する。次に,2007年参院選後と09年衆院選後に実施された2つのパネル調査結果に基づき,09年選挙への参加や勝敗が政治的有効性感覚にどのような影響を与えたのかを検証する。政治的有効性感覚を確認する質問項目としては,第3章と同様,内的有効性感覚には「政府左右」質問と「政治複雑」質問を,外的有効性感覚には「国会議員」質問を採用している(経年変化についてはともかく,07〜09間の比較に関しては,使用する質問の数をもう少し増やすことはできなかったのだろうか)。

経年変化に関しては,内的有効性感覚に対応する「政府左右」と「政治複雑」が,政権交代後の2009年調査を境に高まっており,とりわけ,「政府左右」の変化が著しいことが明らかとなる。

2007年〜09年間のパネルデータによる勝敗効果の解析においては,09総選挙で勝利した民主党に投票した人たちに,外的有効性感覚(「国会議員」)に有意な影響がみられること,さらに,2005年から一貫して民主党(2009年の勝利政党)を支持してきた有権者は,09年の政権交代を通じて,自分は「政府左右することができる」という感覚を高めたことが確認できる。これらの傾向は,民主党支持者のみならず,有権者一般における09年の政権交代に対する期待の高さ,言い換えれば,その反動としての,政権政党=民主党のパフォーマンスに対する失望の大きさを示唆するものであろう。

一方,投票参加の効果については,内的,外的双方とも有意な影響は示されず,政治的有効性感覚を高める効果があるとは言えないことが判明したという。18歳選挙権実現後,初の国政選挙となった2016年の参院選において,高校3年生を含む18歳の新有権者は,当初の懸念を払拭し存外高い投票率を示した。ところが,1年後の17年衆院選で19歳に長じた彼らの投票率は大きくダウンする。とりわけ,いわゆる住民票問題に関わりのない都市部の19歳の落ち込み度が顕著であった。本論の指摘するように「1回の投票参加それ自体は,政治的有効性感覚に影響を与えない」のだとすれば,「18歳選挙権世代=1998年出生コーホート」の投票率が,今後,彼らの初回(2016年)値を上回ることはあるのだろうか。

笹部真理子『「自民党型政治」の形成・確立・展開』木鐸社, 2017年

書評者：中北浩爾

　本書は，自民党の党組織を分析することで，日本政治を解明しようという意欲的な研究書である。

　本書によると，自民党の党組織は，三つの時期に分けて理解することができる。1955年の結党から1970年代初頭の佐藤内閣の時期までが第1期，田中内閣から1993年に細川内閣が成立して下野するまでが第2期，それ以降が第3期である。全体の構成に示されるように，第2期に成立した「自民党型政治」の歴史的な分析（形成・確立・展開）こそが，本書の主たる関心に据えられる。その意味で，本書は自民党史に関する研究書として読むことができる。

　その一方で，本書は党組織に関する分析としても，特筆できる内容を持っている。一つは党本部と地方組織の両者にわたる分析を行っている点である。現在においても（とりわけ第2期の）自民党に関する最も優れた研究書である佐藤誠三郎・松崎哲久『自民党政権』（中央公論社，1986年）が，党本部レベルの分析にとどまっていることを考えても，包括的であるといい得る。

　もう一つは，自民党の地方組織の多様性について，類型化を行った上で検討を加えていることである。本書の白眉は，この点に存在するといえよう。近年，地方組織などマルチレベルの政党組織の研究が活発になっており，著者も執筆に参加した建林正彦編『政党組織の比較政治学』（東洋経済新報社，2013年）などが刊行されている。そのなかで著者が示している「代議士系列型県連」と「組織積み上げ型県連」に加え，「県議ネットワーク型県連」という類型を提示した点が注目される。

　本書は10の章から構成される。以下，各章を要約することで，本書の内容を簡単に紹介していきたい。

　第1章「理論の検討」では，オストロゴルスキー，シャットシュナイダー，ミヘルス，デュベルジェ，キルヒハイマー，パーネビアンコ，カッツ＆メア，スキャロウなど政党組織に関する研究の系譜を概観する。その上で，自民党中央が地方組織の自律性を尊重しつつ，それと緊密な関係を築いている点にこそ，欧米諸国の主要政党にみられない組織的な特徴があると主張する。

　第2章「自民党における組織化の方針の展開」では，第1期から第2期にかけての組織化の方針の変化を分析する。すなわち，第1期にはヨーロッパの社会民主主義政党に典型的にみられる近代的な大衆組織政党の構築が目指され，中央での派閥の解消，地方での個人後援会の党組織への編入が図られた。しかし，第2期に入ると，地域社会の多様な要望を吸収する分権的な党組織が肯定的に評価されるようになる。

　第3章「自民党の党中央組織における『変容』」は，このような組織化方針の変化が，実際に自民党組織をどう変えたのかが論じられる。第1期には全国組織委員会や人事局など地方組織の統制強化と派閥解消に関係する部局が重視されていたが，第2期には政務調査会の調査会や特別委員会が急増する。これはきめ細かい民意の吸収が重視されるようになったことの反映だが，派閥間の調整を行うため「副」ポストの増設もなされた。年功序列型人事や派閥均衡型人事が確立したのも，この第2期であり，社会からの要望の吸収に貢献したとされる。

　第4章「1970年代初頭における国会議員役職人事の変容」では，自民党が第2期に派閥均衡・年功序列型人事を定着させる一方で，環境の変化に応じて柔軟に人事慣行の変更を行ったことが論じられる。社会の要望に対応するため，政調会では部会長の人事が重視されるようになるとともに，財政赤字の拡大や与野党伯仲状況などを背景に国会対策委員会のポストの経験者が優遇されるようになった。

　第5章「県連の組織構造の類型化」は，第2期に社会の要望を積極的に吸収するために地域の実情に応じた柔軟な地方組織の構築が目指され，その結果として，いくつかの自民党の地方組織の類型が生まれることになったと主張する。そのような分岐をもたらしたのは，都道府県連（以下，県連）の内部の対立がいかなるものであり，それをどう

調整したかであった。

　すなわち，第一の類型は，有力県議を中心に県議団の結束が保たれてきた「県議ネットワーク型県連」である。また，第二の類型は，代議士系列が強く，その間の調整によって県連運営がなされてきた「代議士系列型県連」である。そして，第三の類型は，代議士系列とは異なる政治的な対立が強いがゆえに，支部を基盤として市町村議員まで組み込んだボトムアップ型の意思決定を実施し，県連の内部の秩序を安定化させようとしてきた「組織積み上げ型県連」である。

　第6章「県議ネットワーク型県連」では，その代表例として熊本県連が分析され，第7章「代議士系列型県連」では群馬県連と高知県連が，第8章「組織積み上げ型県連」では静岡県連と愛媛県連が扱われる。これまで自民党の都道府県連の実態は，よく知られていなかった。ここでの分析は貴重であろう。

　第9章「知事選にみる県連」では，以上の各類型の組織構造の特徴をまとめた上で，県知事選の候補者選定過程を通じて，組織構造の違いが実際の政治過程にどういった影響を及ぼしているかが論じられる。すなわち，県議主導で決定がなされた熊本県連，福田・中曽根両派の調整によって決まった群馬県連，県議団の統制が困難なまま推移した静岡県連という特徴が抽出された。

　全体として，年功序列・派閥均衡型人事の定着，国会対策委員会の比重の増大，政務調査会の部会の比重の増大，地方組織の自律性の尊重，地方組織における要望吸収の進展という五つの特徴から，「自民党型政治」が捉えられる。それは主として1970年代初頭の社会・経済状況を受けて「変容」と「適応」がなされた結果であった。

　第10章「第3期以降の自民党組織」は，1993年の細川政権の成立による下野，その翌年の政治改革などを受けて，どのように自民党組織が変化したのかが検討される。国政候補者の選定過程について，党中央の県連に対する介入が強まり，それとも関係して党中央と県連との対立が表面化するようになったが，2009年の野党への転落によって，党中央も安定した支持基盤として地方組織や党員への関心を高めた。このことが県連の統制強化につながるのか，自律性を尊重するのか，必ずしも一様ではなく，模索が続けられているが，全体として県連の組織的特徴は第2期のものを色濃く継承しているという。

　本書は，関係者へのインタビューや様々なデータを用いながら，自民党の党組織を中央と地方にわたって包括的に分析している。なかでも，地方組織の実態について，「県議ネットワーク型県連」「代議士系列型県連」「組織積み上げ型県連」の三つの類型を示しながら詳細に検討した点は，本書の最も優れた点であるといえる。自民党の地方組織は，「県連自治」によって運営され，それゆえ地域に根差した活動が行われている。しかし，それが同時に多様性を生み出している点，その多様性をもたらしたのが地方組織内の対立とその調整のあり方にあるという指摘は，正鵠を得ており，今後も長く参照されるのではないかと思われる。

　ただし，いくつかの点で課題も残されている。第一は，政党理論と自民党分析とのつながりが見えにくいことである。カッツ＆メアを引きながら，自民党の党中央が他党と「カルテル」を組んでいると主張するが，その理由は必ずしも明らかでない。また，地方組織との間にも，その自律性を尊重しつつ緊密な関係を築いている点が，欧米の主要政党にみられない組織的特徴と主張するが，この根拠についても説得的に示されているとは言い難い。

　第二は，第3期についての分析が，必ずしも十分ではないことである。例えば，衆議院の選挙制度が中選挙区制から小選挙区比例代表並立制に改革されたことに伴い，代議士系列が衰退し，県議の自律性の高まりがみられるように思われる。そうだとすれば，「代議士系列型県連」が減少し，「県議ネットワーク型県連」が増加してもおかしくない。また，一口に第3期といっても，小泉政権までと，その後とでは，自民党組織のあり方にかなりの変化がみられる。

　以上，若干の課題を指摘したが，いずれも些末な点にすぎない。今後，自民党の党組織について研究する際，本書が必読書になることは間違いない。自民党を論じることは，戦後日本政治を論じることである。大きな学問的な問いに果敢に挑戦し，研究のフロンティアを前に進めた本書の登場を喜びたい。

池田謙一（編著）『「日本人」は変化しているのか——価値観・ソーシャルネットワーク・民主主義』
勁草書房, 2018年

書評者：木村高宏

「書評の存在意義は，最新の研究動向を知ると同時に，いくらかのコストを払ってその文献を入手すべきほど有益かどうか，あるいは誰に対して有益なのかを簡便に知ることにあるだろう」と書いたことがある。その方針に沿っていえば，本書とその「姉妹書」（本書p.6）である同編著者の『日本人の考え方 世界の人の考え方——世界価値観調査から見えるもの』（2016年，勁草書房）は，狭い範囲の読者である研究者にとっては言うまでもなく，幅広い一般の読者にとっても有益な仕事である（あるいは，そのように位置づけられてほしい）と評者は考える。

第6波の世界価値観調査（2010年）を用いて各国比較を行った姉妹書を「横」の比較というならば，同・日本調査と第3波のアジアンバロメータ日本調査（2011年），ソーシャルネットワーク調査（2012年），第4波の「選挙制度の効果の国際比較日本調査」（2013年）を用いて日本人の変化を追う本書は「縦」の比較であるといえよう。執筆陣は本書で用いる四つの調査を，その頭文字をとって「WASC調査」と呼称している。

本書は大きく二部構成を採る。出版社の紹介には各章の執筆者が明示されていないため目次とともにここに示す。

池田謙一による「序章 3つの大規模国際比較調査データを柱とした現代日本社会の分析」に続く〈第Ⅰ部 価値観とソーシャルネットワーク〉は，「自己表現を求める日本人の脱物質主義的価値観や東アジア的価値観が何をもたらすかを見」るとして，谷口尚子・栃原修「第1章 経済環境と市民的価値観の変容」，池田謙一・竹本圭佑「第2章 『東アジア的』な価値観とソーシャルネットワークは民主主義と両立するか」，繁桝江里「第3章 文化的自己観との関連に見る日本人の価値観」，竹本圭佑「第4章 『つながりやすい』職業は存在するか？ 職業ネットワークとジェンダーの関係から」の計4章で構成され，〈第Ⅱ部 2010年代初頭のメディア・制度信頼・民主主義〉は「日本人を取り巻く国内的，対外的，メディア的状況による人々の政治心理や行動の変動や，その変動を規定する要因を探」るとして，稲増一憲「第5章 2010年代初頭の日本におけるマスメディアとオルタナティブメディアの補完関係」，前田幸男「第6章 政治状況と内閣支持」，山田真裕「第7章 投票外参加と価値観」，安野智子「第8章 民主主義観と信頼の現在」，小林哲郎「第9章 ナショナリズムの浮上」の計5章で締められる。終章は設けられていない。

本来ならばすべての章について論評を加えるべきであるが，紙幅の都合から章を絞り，冒頭の「幅広い一般の読者にとっても有益な仕事である（あるいは，そのように位置づけられてほしい）」とする所以を述べることを本評の中心としたい。

結論からいえば，本書について評者がそのように考えるのは，本書が人びとの有り様についてサーベイ調査の計量分析という極めて明瞭な実証の手法を用いて，多様な視点から分析し論じているからである。

行政において近年ようやく，EBPM（Evidence Based Policy Making）の重要性の認識が広がりつつあるものの，未だ不正確な根拠に基づく立案や明確な根拠を欠いた「思いつき」の域を出ない立案であるかのような政策が散見される。政策過程の出力である政策は必ずしも純粋な科学の子ではないが，過程に非科学的な入力が行われることと，過程に呈される資料が科学的であることは両立しうる。一般に，説明責任と不可分の公共の政策決定は客観的な根拠を欠くべきではなかろう。

立案者にとっては政策の対象たる社会の実態は政策の基礎資料として適切に把握することが必要であり，それは政治システムへの入力やフィードバックを行う構成員にとっても同様である。社会を適切に把握する資料となり得る点に万人に対する本書の意義があり，また，そのように本書が位置づけられるような，現状の適切な把握の必要性が理解されそれが政策に活かされる社会であってほしいと評者は考える。

具体例を挙げれば，谷口尚子・栃原修による第

1章では「今日先進国において，このような『反民主的』ともいえる現象（評者注：英国のEU離脱，米国での孤立主義的大統領誕生，欧州での極右勢力台頭）が広がっている背景には，何があるのだろうか」との問題意識のもと，「経済環境の悪化は，民主的社会を支える市民にとって望ましい自己表現価値のような価値観を阻害する可能性」が示されている。民主的社会においていわば「貧すれば鈍する」ような状況が呈されており，これは，経済は成長したほうがよいのだというナイーヴな思い込みを超えた，経済成長の必要性の理論的根拠となろう。日本における「リベラル」は時として経済成長重視に批判的な立場を取るが，経済成長は彼らの求める価値観の達成にも資することがわかる。またこれは同時に，従来の経済成長の軸での成長を希求しながらも十分に達成されない現状を「国民総幸福量」という評価軸の安易な導入によって韜晦するかのような，一部の論調への注意喚起ともなっている。

このように明瞭な根拠が示される点は，研究者の学問的関心を満たすのみならず，社会にとって有益であろう。他の各章も同様に示唆に富み，それぞれの結論から読者が思考を広げられるものでもある。

ところで，章ではなく完成品としての本書全体を一読する限りでは，本書は独立した章の集合であり各章の連携については編集上はさほど意図されていない印象を受ける。各章の独立性の高さのおかげで，読者にとっては気軽に手に取れ，興味のある章を「拾い読み」することができ，その結果幅広い読者にとって社会の理解を深める助けとなるのは本書の特長の一つである。他方，そのような独立性は同時に，通読した読者に疑問を生じさせることもある。

たとえば小林哲郎による第9章では（「他国より自国が優れているという意見や態度」と整合的な）ナショナリズム尺度について，楽観的な感情や経済状況の良化認識がナショナリズムを高めるような傾向が示されている。ここで先述の第1章で示された状況を換言すれば「経済環境の良化は民主的社会を支える市民にとって望ましい価値観を助長する可能性」があることになるが，経済状況の良化がもたらすであろう「ナショナリズム：他国より自国が優れているという意見」が民主的社会にとって望ましいかどうかは意見が分かれるところかもしれない。というのも，近年散見されるような，自国の位置を相対的に上げる意図で発される特定の国々を蔑視する言説と「他国より自国が優れているという意見」との異同を考える時，第1章と第9章の整合性，より狭くは自己表現価値とナショナリズム，また，それらと民主的社会の発展との関連についての疑問を招くからである。

本書は前掲の目次の通り，序章で始まり終章がないというやや変則的な構成であるが，通読したい読者の疑問に答えるような総括的な終章が欲しいところではある。

さて，本書では各章でそれぞれ必要な分析に応じて調査データが用いられており，設問の不統一などの理由から必ずしも冒頭で挙げた4調査すべてが各章で用いられているわけではない。つまり，本書のタイトル『日本人は変化しているのか』から直感的に想起するような，パネル調査を用いて特定の質問への回答の変化を追う構成を全章で採っているわけではない。筆者の問題関心と設問との整合性によって一つの調査の分析にとどまる章もあり，各章の筆者の過去の論考を読むことが必要な章もある。本書を読みさえすれば「日本人は変化しているのか」に関する答えを完全に得られるような内容になっているわけではない。

また，本書で用いられる4年間・四つの調査に渡る変化を追うことが可能な設問についても，本書序章で筆者も述べるとおり，2010年度から2011年度（東日本大震災後の調査）にかけてサンプル落ちが大きく，全4回に回答したサンプルは，本書で対象とする4調査の初回（世界価値観調査第6波日本調査）の有効回収中の14パーセント程度であり，偏りの可能性は否めない。

こういったパネル調査計画・実施上のデータの制約は残念であるものの，有効な代案を評者は示すことができない。

解決可能な要望を挙げるならば，公開データを用いた二次分析可能な箇所については，その分析の具体的・実務的方法（たとえばSPSSのシンタックスやRのスクリプト）が公開されていれば，本書はその研究的価値としての検証可能性とともに教育的価値をも同時に高めたように思われる。

このようにいくつかの物足りなさを感じるものの，これらはすべて評者の強欲であり，適宜挙げ

られた参考文献にあたり，自身の手で分析し，考察すればよいという真っ当な叱咤を受けるだけのことである。多彩な執筆陣による各章は，本稿で評を加えることのできなかった章を含めいずれも優れた論考であり，通読すれば各章で得られるものの総和を超える示唆を得ることができるだろう。

[資料] 最近の選挙結果（2017年）

三船　毅　編

1月29日	ハイチ共和国	上院選挙（第2回投票）	二院制
2月5日	リヒテンシュタイン公国	議会選挙	一院制
2月12日	スイス連邦	国民投票（法人税改正，国籍取得など）	一院制
2月12日	トルクメニスタン	大統領選挙	
2月19日	エクアドル共和国	国民投票（税制），大統領選挙（第1回投票），議会選挙	一院制
2月20日	ナゴルノ・カラバフ共和国（現 アルツァフ共和国）	国民投票（憲法改正）	（国際的には国家として未承認）
2月21日	マーシャル諸島共和国	憲法制定会議選挙	
3月7日	ミクロネシア連邦	議会選挙・国民投票（憲法改正）	一院制
3月12日	アブハジア共和国	議会選挙（第1回投票）	一院制（国際的には国家として未承認）
3月15日	オランダ王国	下院選挙	二院制
3月20日	東ティモール民主共和国	大統領選挙	
3月26日	アブハジア共和国	議会選挙（第2回投票）	一院制（国際的には国家として未承認）
3月26日	ブルガリア共和国	議会選挙	一院制
4月2日	アルメニア共和国	議会選挙	一院制
4月2日	エクアドル共和国	大統領選挙（第2回投票）	
4月2日	セルビア共和国	大統領選挙	
4月6日	ガンビア共和国	国民議会選挙	一院制
4月9日	南オセチア共和国	国民投票（国名変更）・大統領選挙	（国際的には国家として未承認）
4月16日	トルコ共和国	国民投票（憲法改正）	
4月23日	フランス共和国	大統領選挙（第1回投票）	
5月4日	アルジェリア民主人民共和国	国民議会（下院）選挙	二院制
5月6日	ニウエ	議会選挙	一院制
5月7日	フランス共和国	大統領選挙（第2回投票）	
5月9日	大韓民国	大統領選挙	
5月10日	バハマ国	下院選挙	二院制
5月19日	イラン・イスラム共和国	大統領選挙	
5月21日	スイス連邦	国民投票（原発廃止）	
5月24日	英領ケイマン諸島	議会選挙	一院制
6月3日	レソト王国	下院選挙	二院制
6月3日	マルタ共和国	議会選挙	一院制
6月8日	英国	下院選挙	二院制
6月11日	フランス共和国	下院選挙（第1回投票）	二院制
6月11日	コソボ共和国	議会選挙	一院制
6月11日	プエルトリコ自治連邦区	国民投票（州への昇格）	二院制
6月18日	フランス共和国	下院選挙（第2回投票）	二院制
6月24日～7月8日	パプアニューギニア独立国	議会選挙	一院制
6月25日	アルバニア共和国	議会選挙	一院制

6月26日	モンゴル国	大統領選挙(第1回投票)	
7月7日	モンゴル国	大統領選挙(第2回投票)	
7月16日	コンゴ共和国	国民議会(下院)選挙(第1回投票)	
7月18日	英領バミューダ諸島	下院選挙	二院制
7月22日	東ティモール民主共和国	議会選挙	一院制
7月30日	コンゴ共和国	国民議会(下院)選挙(第2回投票)	二院制
7月30日	セネガル共和国	議会選挙	一院制
7月30日	ベネズエラ・ボリバル共和国	憲法制定会議選挙	
8月4日	ルワンダ共和国	大統領選挙	
8月5日	モーリタニア・イスラム共和国	国民投票(憲法改正)	
8月8日	ケニア共和国	大統領選挙,上・下院選挙	二院制 (大統領選挙は無効、10月26日 再投票)
8月23日	アンゴラ共和国	人民会議選挙	一院制
9月11日	ノルウェー王国	議会選挙	一院制
9月12日～11月7日	オーストラリア連邦	国民投票(同性婚の是非)	(郵便投票)
9月23日	ニュージーランド	議会選挙	一院制
9月23日	シンガポール共和国	大統領選挙	(候補者1人で無投票)
9月24日	ドイツ連邦共和国	連邦議会選挙	二院制
9月24日	スイス連邦	国民投票(食品安全性,年金)	
10月10日	リベリア共和国	大統領選挙(第1回投票),下院選挙	二院制
10月15日	オーストリア共和国	国民議会(下院)選挙	二院制
10月15日	キルギス共和国	大統領選挙	
10月20・21日	チェコ共和国	下院選挙	二院制
10月22日	アルゼンチン共和国	上・下院選挙	二院制
10月22日	日本国	衆議院選挙	二院制
10月22日	スロベニア共和国	大統領選挙(第1回投票)	
10月26日	ケニア共和国	大統領選挙	(再選挙)
10月28日	アイスランド共和国	議会選挙	一院制
11月9日	英領フォークランド(マルビーナス)諸島	立法議会選挙	一院制
11月12日	赤道ギニア共和国	上・下院選挙	二院制
11月12日	スロベニア共和国	大統領選挙(第2回投票)	
11月13日	ソマリランド共和国	大統領選挙	(国際的には国家として未承認)
11月16日	トンガ王国	議会選挙	一院制
11月19日	チリ共和国	大統領選挙(第1回投票),上・下院選挙	二院制
11月26日	ホンジュラス共和国	大統領選挙,議会選挙	一院制
11月26日	ネパール連邦民主共和国	連邦議会選挙(第1期)	一院制
12月7日	ネパール連邦民主共和国	連邦議会選挙(第2期)	一院制
12月17日	チリ共和国	大統領選挙(第2回投票)	
12月26日	リベリア共和国	大統領選挙(第2回投票)	

最近の選挙結果 (2017年)

フランス共和国 大統領選挙　　4月23日(第1回投票)　5月7日(第2回投票)

投票率　第1回投票 77.77%　第2回投票 74.56%

候補者(政党)	第1回投票 得票数	第1回投票 得票率(%)	第2回投票 得票数	第2回投票 得票率(%)
Emmanuel Macron (La République En Marche!)	8,656,346	23.39	20,743,128	58.49
Marine Le Pen (Rassemblement National)	7,678,491	20.75	10,638,475	30.00
François Fillon (Les Républicains)	7,212,995	19.49	−	−
Jean-Luc Mélenchon (La France Insoumise)	7,059,951	19.08	−	−
Benoît Hamon (Parti Socialiste)	2,291,288	6.19	−	−
Nicolas Dupont-Aignan (Debout la France)	1,695,000	4.58	−	−
Jean Lassalle (Résistons!)	435,301	1.18	−	−
Philippe Poutou (Nouveau parti anticapitaliste,)	394,505	1.07	−	−
François Asselineau (Union Populaire Républicaine)	332,547	0.90	−	−
Nathalie Arthaud (Lutte ouvrière)	232,384	0.63	−	−
Jacques Cheminade (Solidarité et progrès)	65,586	0.18	−	−
無効票, 白票	949,334	2.57	4,085,724	11.52
合計	37,003,728	100.00	35,467,327	100.00

Source: https://www.conseil-constitutionnel.fr/decision/2017/2017169PDR.htm, 2018年8月28日閲覧

大韓民国 大統領選挙　5月9日

投票率　77.23%

候補者(政党)	得票数	得票率(%)
文在寅(共に民主党)	13,423,800	31.60
洪準杓(自由韓国党)	7,852,849	18.49
安哲秀(国民の党)	6,998,342	16.47
劉承旼(正しい政党)	2,208,771	5.20
沈相奵(正義党)	2,017,458	4.75
その他	170,955	0.40
無効票など	135,733	0.32
棄権	9,671,802	22.77
合計	42,479,710	100

Source: 韓国中央選挙管理委員会, http://japanese.yonhapnews.co.kr/election/index.html, 2018年8月28日閲覧

英国　下院選挙　6月8日

投票率　68.7%

政党	得票数	(得票率%)	議席数
保守党	13,667,213	42.4	318
労働党	12,874,985	40.0	262
スコットランド国民党	977,569	3.0	35
自由民主党	2,371,772	7.4	2
民主統一党	292,316	0.9	10
シン・フェイン	238,915	0.7	7
プライド・カムリ	164,466	0.5	4
緑の党	525,371	1.6	1
その他	73,592,317	3.0	1
合計	104,704,924	100	

Source: https://www.bbc.com/news/election/2017/results, 2018年8月28日閲覧

最近の選挙結果 （2017年）

モンゴル国　大統領選挙　6月27(第1回投票)　7月7日(第2回投票)

投票率　第1回投票 68.27%　第2回投票 60.67%

候補者(政党)	第1回投票		第2回投票	
	得票数	得票率(%)	得票数	得票率(%)
Khaltmaagiin Battulga（民主党）	517,478	38.64	611,226	55.15
Miyeegombyn Enkhbold（人民党）	411,748	30.75	497,067	44.85
Sainkhüügiin Ganbaatar（人民革命党）	409,899	30.61		
白票・無効票	18,663	−	99,494	−
合計	1,357,788		1,207,787	

Source: https://www.nikkei.com/article/DGXLASGN26H24_26062017000000/, 2018年8月28日閲覧

ドイツ連邦共和国　連邦議会選挙　9月24日

投票率　68.7%

政党	選挙区投票			政党名簿投票			総議席数
	得票数	得票率(%)	議席数	得票数	得票率(%)	議席数	
Christlich-Demokratische Union Deutschlands（ドイツキリスト教民主同盟）	14,030,751	30.2	185	12,447,656	26.8	15	200
Sozialdemokratische Partei Deutschlands（ドイツ社会民主党）	11,429,231	24.6	59	9,539,381	20.5	94	153
Alternative für Deutschland（ドイツのための選択肢）	5,317,499	11.5	3	5,878,115	12.6	91	94
Freie Demokratische Partei（自由民主党）	3,249,238	7.0	0	4,999,449	10.7	80	80
Die Linke（左翼党）	3,966,637	8.6	5	4,297,270	9.2	64	69
Bündnis 90/Die Grünen（同盟90/緑の党）	3,717,922	8.0	1	4,158,400	8.9	66	67
Christlich-Soziale Union in Bayern（キリスト教社会同盟）	3,255,487	7.0	46	2,869,688	6.2	0	46
その他	2,009,576	3.1	0	2,325,533	5.1	0	0
白票・無効票	586,726	−	−	460,849	−	−	−
合計	44,966,765	100.0	299	46,976,341	100.0	410	709

Source: http://www.election.de/cgi-bin/tabres.pl?datafile=btw17.txt, 2018年8月28日閲覧

日本国　衆議院総選挙　10月22日

投票率　53.68%

政党	小選挙区			比例区			総議席数
	得票数	得票率(%)	議席数	得票数	得票率(%)	議席数	
自由民主党	26,719,032	48.21007913	218	18,555,717	33.28	66	284
立憲民主党	4,852,097	8.754807447	18	11,084,890	19.88	37	55
希望の党	11,437,601	20.63726146	18	9,677,524	17.36	32	50
公明党	832,453	1.502023913	8	6,977,712	12.51	21	29
共産党	4,998,932	9.019746947	1	4,404,081	7.90	11	12
日本維新の会	1,765,053	3.184746543	3	3,387,097	6.07	8	11
社会民主党	634,719	1.145245577	1	941,324	1.69	1	2
諸派	211,254	0.381172943	0	729,207	1.31	0	0
無所属	3,970,946	7.164916038	22	−	−	−	22
合計	44,966,765	100.0	289	46,976,341	100.0	176	465

Source: http://www.soumu.go.jp/senkyo/48sansokuhou/index.html, 2018年8月28日閲覧
http://www.soumu.go.jp/senkyo/senkyo_s/data/index.html,, 2018年8月29日閲覧

日本選挙学会賞

　日本選挙学会賞は，会員相互の研究交流の促進と広い意味の選挙研究の発展を目的として2009年度創設されました。学会賞には，研究会のポスターセッションにおける会員の優れた研究発表を対象とする「優秀ポスター」，研究会における会員の優れた論文報告を対象とする「優秀報告」，『選挙研究』に掲載された会員の優れた投稿論文を対象とする「優秀論文」，の3つの賞が設けられています。

2017年度日本選挙学会賞要綱

日本選挙学会事務局

（目的）
1．日本選挙学会は，会員の優れた研究業績を顕彰するために，本学会に学会賞を設ける。

（学会賞の種類）
2．学会賞として，以下を設ける。
1）優秀ポスター
　2017年度研究会のポスターセッションにおける会員の優れた研究発表を対象とする。
2）優秀報告
　2017年度研究会における会員の優れた論文報告を対象とする。
3）優秀論文
　2017年度に発行された，日本選挙学会年報『選挙研究』（第33巻第1号・第2号）に掲載された会員の優れた投稿論文を対象とする。

（選考委員会）
3．学会賞の選考のため，選考委員会を組織する。選考委員会の構成は，以下の通りとする。
1）選考委員会は，理事長の推薦，理事会の承認を得た選考委員長および選考副委員長，当該年度の企画委員長，編集委員長，査読委員長によって構成される。
2）選考委員会は，ポスター小委員会，報告小委員会，論文小委員会を組織し，それぞれ小委員会委員を会員に委嘱する。ただし，小委員会委員は公表しない。
3の2．選考委員会および各小委員会の任期は，各委員会の組織された日から学会賞の表彰される当該年次総会までとする。ただし，再任を妨げない。

（選考手続き）
4．学会賞は以下の手続きによって選考する。
1）各小委員会は，対象となる研究業績について第一次選考を行い，第二次選考に残る研究業績を選考委員会に提案する。
2）選考委員会は，各小委員会の提案に基づき，第二次選考を最終選考とし，受賞候補を決定する。
3）選考委員会は，定められた期日までに選考の経過および結果を理事会に報告する。

（表彰）
5．受賞者それぞれに，賞状および副賞として賞金を授与する。

2017年度　日本選挙学会賞

2017年度の受賞者は次の通りです(所属は論文発表時・学会報告時のものです)。

学会賞名	受賞者・所属	受賞論文・報告タイトル
優秀論文	三輪洋文(学習院大学)	「Twitterデータによる日本の政治家・言論人・政党・メディアのイデオロギー位置の推定」
	上條諒貴(京都大学大学院)	「多数状況における内閣総辞職－政策決定の集権性と党内支持－」
優秀報告	三輪洋文(学習院大学)	「混合分布潜在変数モデルによる信念体系の不均質性の析出」
優秀ポスター	清水直樹(高知県立大学)	「政治的貨幣循環を用いた中央銀行の独立性の測定：日本の選挙と金融政策の分析」
	岸下大樹(東京大学大学院)	「Emergence of Populism under Ambiguity」
	金子智樹(東京大学大学院)	「日本の各地域における新聞普及率と選挙結果の関係の分析」

2017年度学会賞　講評

2017年度学会賞選考委員長　小林良彰

　今年度の優秀論文賞について『選挙研究』33巻第1号に掲載及び同第2号に掲載予定の会員による査読付き投稿論文5本が選考対象となり，執筆者名を伏して学会賞選考委員会委員に送付して選考した。その結果，三輪洋文論文と上條諒貴論文に多くの票数が集中したため，両論文を優秀論文賞とした。三輪論文は日本の政治家のイデオロギー位置に関する先駆的研究であり，方法論的に新しいスケールを提示するだけでなく，スケール同士を照合して精度を高めている。また，分析マニュアルを明示し，後続研究を誘発する点でも高く評価できる。上條論文は内閣総辞職が生じる要因に関する数理モデルを構築した上で，データを用いて検証したものであり，仮説，理論モデル，データ検証のいずれも比較的完成度が高く，かつ仮説が独創性に富んでいる点でも高く評価できる。

　次に，優秀報告賞及び優秀ポスター賞については，2017年度研究会(於，香川大学)で行われた共通論題及び分科会における32報告，ならびにポスターセッションにおける20報告の内，日本選挙学会賞要綱に基づき，学会員により行われた報告及びポスター報告が，各々の選考の対象となった。選考対象については、学会賞選考委員会委員と各セッションの司会者及び討論者(利益相反に該当する場合を除く)による評価に基づいて選考した。

　まず，優秀報告賞については，分科会Jの有限混合分布モデルを用いて複数の異なる下位集団を特定することに成功した三輪洋文報告に対する評価が抜きんでており，分析・理論共に高い水準にあり，当該領域のパラダイム変更を迫る可能性がある。さらに，優秀ポスター賞については，政治的貨幣循環モデルを明らかにした清水直樹報告の説得力及び完成度が高い点が評価された。また，ポピュリズムに関する数理モデルを構築した岸下大樹報告の研究の独創性及び発展性が高い評価を受けた。そして，新聞購読と選挙結果に関する「自然実験」を利用した金子智樹報告の研究の新規性と萌芽性が高く評価された。

　なお，結果として2017年度の学会賞はいずれも中堅及び若手会員が受賞することになったが，選考に当たっては年齢などを考慮せず，客観的に公平公正な立場から選考した結果であることを付け加えたい。

　最後に，多忙な中を学会賞選考に携わって頂いた方々に厚く御礼申し上げたい。

2018年度日本選挙学会　総会・研究会日程

　2018年度日本選挙学会総会および研究会は，5月12日(土)，5月13日(日)に拓殖大学において開催されました．

【第1日】5月12日(土)

◆分科会A・B・C（10:00〜12:00）

分科会A（社会心理部会1）：安倍政権長期継続の要因
　　司会者： 境家史郎(首都大学東京)
　　報告者： 前田幸男(東京大学)　　　「内閣支持と投票選択　1976－2009」
　　　　　　 梅田道生(愛媛大学)　　　「Dyadic Representation in Japanese Parliament: Policy Positioning by Candidates and Selection by Constituents」

　　　　　　 大川千寿(神奈川大学)　　「安倍政権と政策」
　　討論者： 山本健太郎(北海学園大学)・三輪洋文(学習院大学)

分科会B（比較部会1）：Politics and Elections in Taiwan
　　司会者： 西川賢(津田塾大学)
　　報告者： Cheng, Su-Feng（National Chengchi University）
　　　　　　 Lin Chiung Chu（Soochow University ）
　　　　　　 Lin Pei Ting（National Chengchi University）
　　　　　　　　　　「Young Generation's Political Attitudes and Participation in Taiwan」

　　　　　　 Yu, Ching-Hsin（National Chengchi University）
　　　　　　 Tsung-han TSAI（National Chengchi University）
　　　　　　 Hung-chung WANG（Taiwan Foundation for Democracy）
　　　　　　　　　　「Powerful or Limited Presidency? Partisan Impact on Public Opinion toward Presidential Power in Taiwan」

　　　　　　 Lin, Chao-Chi（National Chengchi University）
　　　　　　 Yang, Wan-Ying（National Chengchi University）
　　　　　　 Sheng, Shing-Yuan（National Chengchi University）
　　　　　　　　　　「Comparing women representation in Taiwan and Japan after the electoral reforms」

　　　　　　 Tsai, Chia-hung（National Chengchi University）
　　　　　　 Chou, Ying-lung（Tamkang University）
　　　　　　 Pao, Cheng-hao（Tamkang University）
　　　　　　　　　　「Second Generation Politicians in Taiwan:

Comparison between KMT and DPP」
　　討論者：藤村直史(神戸大学)・矢内勇生(高知工科大学)

　分科会C（議会・政治過程部会）：政党と立法過程：事前審査制を中心に
　　司会者：岩井奉信(日本大学)
　　報告者：奥健太郎(東海大学)　　　　　「事前審査制の導入と政調会の拡大―『衆議院公報』の分析を通じて―」
　　　　　　石間英雄(京都大学大学院)　　「政党内政策組織と強い二院制：日豪比較から」
　　　　　　朴志善(駐日韓国大使館)　　　「韓国の事前審査：「高位党政協議会」を中心に」
　　討論者：大山礼子(駒沢大学)・武蔵勝宏(同志社大学)

◆理事会（12:05～12:55）

◆分科会D・E・F（13:00～15:00）

　分科会D（地方部会）：地方における代議制
　　司会者：久保慶明(琉球大学)
　　報告者：河村和徳(東北大学)　　　　　「東京都議会議員選挙はその後の地方選挙に影響をもたらしたのか」
　　　　　　平野淳一(甲南大学)　　　　　「制度改革が政治家のキャリアパス・集票戦略に与える影響：市長選挙における候補者の前職・党派性の変容を事例として」
　　　　　　山田恭平(立教大学)・尾野嘉邦(東北大学)
　　　　　　　　　　　　　　　　　　　　「Size and Local Democracy: How Population Size Shapes the Behavior of Local Politicians in Japan」
　　討論者：辻陽(近畿大学)・Hijino Ken Victor Leonard（京都大学）

　分科会E（社会心理部会2）：候補者の情報発信とその受容をめぐって
　　司会者：稲葉哲郎(一橋大学)
　　報告者：Eric Chen-Hua Yu（國立政治大學）・庄司香(学習院大学)
　　　　　　　　　　　　　　　　　　　　「Do Photogenic Candidates Have Better Election Chances?: An Experiment」
　　　　　　岸下大樹(東京大学大学院)・笠松怜史(東京大学大学院)
　　　　　　　　　　　　　　　　　　　　「Informative Campaigning in Multidimensional Politics: A Role of Naive Voters」
　　　　　　金子智樹(東京大学大学院)　　「政策選好からみた有権者の候補者選択の「正しさ」：衆院選小選挙区の分析」
　　　　　　横山智哉(立教大学)　　　　　「ソーシャルメディアを通じた候補者のビジュアル・フレーミング戦略」
　　討論者：三村憲弘(武蔵野大学)

分科会F（比較部会2）：変容する欧州：2017年欧州各国選挙の分析と展望
司会者：池谷知明（早稲田大学）
報告者：近藤康史（筑波大学）　「イギリスの選挙における政党間対立の構図と変容：二大政党制の分解かレジリエンスか」
　　　　吉田徹（北海道大学）　「2017年フランス大統領選・下院選の変動はなぜ生じたのか」
　　　　網谷龍介（津田塾大学）　「国民政党デモクラシーの遅い終焉――政権交代・大連合・断片化――」
討論者：岡山裕（慶應義塾大学）・池本大輔（明治学院大学）

◆共通論題「小選挙区比例代表並立制・再考」
司会者：河野武司（慶應義塾大学）
報告者：森裕城（同志社大学）　「日本の小選挙区比例代表並立制と政党競合の展開」
　　　　名取良太（関西大学）　「並立制下の自民党優位期における投票行動 ～JES5データの分析から」
　　　　品田裕（神戸大学）　「1994年以降の総選挙における選挙公約」
討論者：境家史郎（首都大学東京）・高安健将（成蹊大学）

◆総会（17:15～18:30）

◆懇親会（19:00～）

【第2日】5月13日（日）

◆分科会G・H・I（9:30～11:30）
分科会G（制度部会）：制度と選挙
司会者：濱本真輔（大阪大学）
報告者：小川寛貴（高知大学）　「選挙制度と投票率 ―投票方式，選挙制度不均一，制度変化―」
　　　　高宮秀典（東京大学大学院）　「参議院による多元的民意の反映：自由民主党における衆参両院の政策距離とその制度的要因」
　　　　門屋寿（早稲田大学大学院）　「権威主義体制下における選挙の導入」
討論者：鷲田任邦（東洋大学）・濱本真輔（大阪大学）

分科会H（政治過程部会）：政党組織と候補者選定過程
司会者：辻由希（東海大学）
報告者：河崎健（上智大学）　「ドイツの政党と候補者選定過程」
　　　　大木直子（お茶の水女子大学）　「日本における女性地方議員候補のリクルートメント」

　　　　鶴谷将彦(奈良県立大学)　　　　　「2017年衆議院選挙における選挙区レベルの候補者選定過程と選挙戦略―希望の党と立憲民主党を中心に―」
　討論者：堀江孝司(首都大学東京)

分科会I（比較部会3）：Comparative Studies on Electoral Systems
　司会者：西川賢（津田塾大学）
　報告者：日野愛郎(早稲田大学)・Stefano Camatarri（Università degli Studi di Milano）
　　　　　　　　　　　　　　　「Scoring from the Angles: Electoral Bases of New Challenger Parties in the 2014 European Parliamentary Election.」
　　　　中井遼(北九州市立大学)　　　　「Does Ethnofederal Elections Increase or Reduce National Attachment? Cross National Longitudinal Survey Research.」
　　　　東島雅昌(東北大学)・Nicholas Kerr（University of Alabama）
　　　　　　　　　　　　　　　「When Does the Honeymoon End? Electoral Cycles of Democratic Satisfaction in Africa.」
　討論者：粕谷祐子(慶應義塾大学)・稗田健志(大阪市立大学)

◆分科会J(12:30〜14:30)

◇(ポスターセッション)：選挙研究のフロンティア

　　　　三輪洋文(学習院大学)・佐々木智也(東京大学)
　　　　　　　　　　　　　　　「Military Threat, Terrorism, and Government Popularity in Japan」
　　　　益田高成(同志社大学)　　　　　「選挙過程における利益団体の動向」
　　　　久保浩樹(大阪大学)・松尾晃孝(LSE)
　　　　　　　　　　　　　　　「なぜ国会議員は思うことと言うことが違うのか？：国会議員サーベイと議会での発言の比較分析」
　　　　中島有希大(慶應義塾大学大学院)「The Historical Transition of Electoral System : An Analysis of Electoral Districts in Japan's Lower House utilizing GIS」
　　　　田中智和(上宮高等学校・関西大学)「18歳の政治意識〜親・教育からの影響と投票行動の関係を考える〜」
　　　　堤英敬(香川大学)　　　　　　　「実験的手法による投票支援アプリケーションの効果の検証」
　　　　安田雪(関西大学)　　　　　　　「MuxViz－社会ネットワーク分析・可視化ツールの最前線」

善教将大(関西学院大学)・稗田健志(大阪市立大学)
「誰がポピュリストの言説を支持するのか：サーベイ実験による検証」

増山幹高(政策研究大学院大学)
「国会会議録を読むことと審議映像を見ることの違い：国会審議映像検索システムとその実験的応用の可能性」

稲増一憲(関西学院大学)・清水裕士(関西学院大学)
「リッカート式調査項目の反応ラベルによる影響の補正 ：メディアへの信頼を題材として」

京俊介(中京大学)　「行政学教育としての模擬選挙」

掛谷英紀(筑波大学)・大南勝(筑波大学)
「国会会議録に基づく短命議員の特徴分析」

大倉沙江(三重大学)
「日本の障害者と政治参加の格差構造：選挙権、投票手続き，投票への参加」

浅野正彦(拓殖大学)・中村公亮(横浜市立大学大学院)・遠藤勇哉(早稲田大学大学院)
「Getting Electoral Systems Count: Does Candidate's Smile Matter in Japan?」

慶済姫(慶南大学極東問題研究所)
「韓国地方選挙における小・中選挙区制と地方議員の多様性」

Song Jaehyun（早稲田大学）
「伸縮争点空間と争点投票モデルの統合」

谷圭祐(神戸大学)
「選挙ポスターを利用した政党得票依存度の測定」

澁谷壮紀(東京工業大学)
「主観的幸福度とイデオロギー：国レベルと個人レベルにおけるパラドックスの分析」

吐合大祐(神戸大学)
「「復活当選」がもたらす議員の再選戦略への影響」

小野恵子(国際基督教大学)
「選挙・政治データ・ビジュアリゼーションのフロンティア」

市島宗典(中京大学)　「地方創生関係交付金の配分に関する分析」

鎌原勇太(横浜国立大学)・武村琢生(元横浜国立大学)・鎌原研究室・スタジオ IV/V 一同(横浜国立大学)
「政治資金不正の可能性―政治資金収支報告書における記載率の分析―」

大森翔子(東京大学大学院)
「有権者の経済状況認識に間接的情報への接触が与える影響：JES パネルデータと国・居住地域の客観的経済状況を結合したデータの分析を通じて」

重村壮平(神戸大学大学院)
「候補者の政策位置の規定要因：選挙区レベルの政党間競争に注目して」

上ノ原秀晃(文教大学)
「2017年総選挙とソーシャルメディア -「ネット選挙」の継続と変化」

◆分科会K・L・M（14:30～16:30）

分科会K（ラウンドテーブル）：研究におけるインタビューの技法と倫理
モデレーター：山田真裕(関西学院大学)
報告者：清水唯一朗(慶應義塾大学)　　　　　「政治史・オーラルヒストリーの立場から」
　　　　武田興欣(青山学院大学)　　　　　　「政治学・アジア系アメリカ人研究の立場から」
　　　　富永京子(立命館大学)　　　　　　　「社会学・社会運動研究の立場から」
　　　　薬師寺克行(東洋大学)　　　　　　　「ジャーナリストの立場から」

分科会L（歴史部会）：戦後日本の政治家と選挙
司会者：小栗勝也(静岡理工科大学)
報告者：小田義幸(高崎経済大学非常勤講師)　「緑風会と参議院選挙―農林官僚出身議員の動向を中心に」
　　　　吉田龍太郎(慶應義塾大学SFC研究所上席所員)
　　　　　　　　　　　　　　　　　　　　　「芦田均の国内外冷戦対応とその制約」
　　　　竹内桂(明治大学)　　　　　　　　　「首相辞任後の三木武夫の選挙」
討論者：坂本健蔵(平成国際大学)

分科会M（方法論部会）：ウェブ調査再考
司会者：遠藤晶久(早稲田大学)
報告者：五十嵐彰(東北大学大学院)　　　　　「Territorial Conflicts and Japanese Attitudes Towards East Asian Countries:Natural Experiments with Foreigners' Landings on Disputed Islands」
　　　　山﨑新(武蔵野大学)　　　　　　　　「インターネットによる政治情報接触の多様性と政治意識」
　　　　小林哲郎(香港城市大学)・三浦麻子(関西学院大学・大阪大学)
　　　　　　　　　　　　　　　　　　　　　「オンライン調査・実験におけるSatisfice：その影響と対処方法」
討論者：松本正生(埼玉大学)・平野浩(学習院大学)

日本選挙学会会則

（名称）
第1条　本会は，日本選挙学会と称する。
　　2　本会の英語名は，Japanese Association of Electoral Studies とする。
（事務局）
第2条　本会の事務局を，理事会の定めるところに置く。
（目的）
第3条　本会は，選挙及びそれに関連する研究並びにその研究者相互の協力を促進し，あわせて外国の学会との連絡及び協力を図ることを目的とする。
（事業）
第4条　本会は前条の目的を達成するため，次の各号の事業を行う。
　　1　研究会及び講演会の開催
　　2　機関誌その他の刊行物の発行
　　3　資料の収集及び整理
　　4　研究者相互の協力の促進
　　5　外国の学会との連絡及び協力
　　6　その他理事会が適当と認めた事項
（会員）
第5条　本会の正会員，法人会員，学生会員となることができる者は，選挙及びこれに関連する研究に従事する者，並びにこれらの研究に関心を有する者に限る。学部学生は，学生会員となることができる。
（入会）
第6条　会員になることを希望する者は，正会員2名の推薦を得て理事会に申込み，その承諾を受けなければならない。
（退会）
第7条　退会を希望する会員は，理事会に申し出て退会することができる。
（処分）
第8条　理事会は，本会の名誉を著しく傷つけた会員を処分することができる。
　　2　処分の内容は理事会の定めるところとする。
（会費）
第9条　会員は，総会の定めるところにより，会費を納めなければならない。
　　2　会費を滞納した会員は，理事会において退会させることができる。
（役員）
第10条　本会に次の各号に定める役員を置く。
　　1　理事　若干名　内1名を理事長とする。
　　2　監事　若干名
　　3　幹事　若干名
（選任）
第11条　理事及び監事は，総会において選任する。ただし理事長経験者を理事・監事に選任することはできない。
　　2　理事長は，理事会において互選する。
　　3　幹事は，理事会が委嘱する。
（任期）
第12条　理事，監事及び幹事の任期は，2年とする。但し，再任を妨げない。
　　2　理事会において役員の補欠が認められた場合，補欠の理事，監事及び幹事の任期は，前任者の残任期間とする。
　　3　理事長の任期は，一期2年までとし，再任並びに重任することはできない。
（理事長）
第13条　理事長は，本会を代表する。
　　2　理事長が欠けたとき，または理事長に事故があるときは，あらかじめ理事長の指名した理事が，その職務を代行する。
　　3　前項の理事長の指名がない場合，理事会が理事長職務代行者を指名する。
（理事）
第14条　理事は，理事会を組織し，会務を執行する。
　　2　理事会は，その総意に基づき，理事長経験者に理事会出席を要請することができる。
（監事）
第15条　監事は，本会の会計監査を行う。
　　2　監事は，理事長の要請により理事会に出席することができる。
（幹事）
第16条　幹事は，会務の執行につき，理事に協力する。
（総会）
第17条　理事長は，毎年1回通常総会を招集しなければならない。
　　2　理事長は，必要があると認めた場合，いつでも臨時総会を招集することができる。
　　3　本会正会員の5分の1以上の者が，理由を示して総会開催を理事長に要請したときは，理事長は臨時総会を招集しなければならない。
（議決権）
第18条　総会の議決は，出席正会員の過半数による。
（会計）
第19条　本会の会務に要する費用は，会費及び寄付金をもって，これにあてる。

　　　　（会則の変更）
第20条　本会則は，総会において出席正会員の3分の2以上の同意がなければ，これを変更することができない。

　　　　附則1（昭和56年10月3日総会決定）
この規約は昭和56年10月3日から施行する。
　　　　附則2（昭和63年5月21日総会決定）
この規約は昭和63年5月21日から施行する。
　　　　附則3（平成16年5月16日総会決定）
この会則は平成16年5月16日から施行する。
　　　　附則4（平成18年5月21日総会決定）
この会則は平成18年5月21日から施行する。
　　　　附則5（平成19年5月20日総会決定）
この会則は平成19年5月20日から施行する。

平成10年5月16日（土）　**日本選挙学会総会決議**
　「日本選挙学会の政治的中立性を保つために，本学会の会員は，日本選挙学会の会員であることを政治活動や，公職選挙法第3条に定める公職の選挙の選挙運動に利用してはならない。」

日本選挙学会会費規程

　　　　（会費の設定）
第1条　日本選挙学会会費の納付金額を，附則1以下のとおりとする。
　2　会費の金額は理事会の議を経て，総会で決定する。
　　　　（金額の公表）
第2条　会費の納付金額とその推移はこの規程上に公表する。

　　　　附則1（平成16年5月16日総会決定）
この規程はこれまでの金額の公表も含めて，平成16年5月16日から施行する。

会費（昭和56年10月3日総会決定）
個人会費　年間　　3,000円
法人会費　年間　50,000円
昭和60年度より（昭和60年5月11日総会決定）
個人会費　年間　　5,000円
法人会費　年間　50,000円
学生会費　年間　　2,000円
平成5年度より（平成4年5月16日総会決定）
個人会費　年間　　8,000円
法人会費　年間　50,000円
学生会費　年間　　2,000円

日本選挙学会理事・監事候補者選出規程

　　　　（目的）
第1条　この規程は，「日本選挙学会会則」第11条に基づき総会で選任される理事及び監事の候補者を選出する手続並びに方法について定める。
　　　　（理事の定数）
第2条　理事は，26名以内とする。監事は2名とする。
　2　理事のうち20名を公選理事とし，正会員の投票により候補者を選出する。
　3　理事のうち6名を推薦理事とし，本規程第8条に定める理事・監事候補者選考委員会が推薦により候補者を選出する。ただし，理事長経験者を候補者に選出することはできない。
　　　　（選挙権及び被選挙権）
第3条　投票が行われる年（以下「同年」という。）の7月1日現在において正会員であって，同年までの会費を納入している者は，選挙権及び被選挙権を有する。
　2　理事長経験者は被選挙権を有しない。
　　　　（選挙区）
第4条　選挙区は，「一般選挙区」並びに「年齢別選挙区A」及び「年齢別選挙区B」とする。
　2　「一般選挙区」は，前条で定める全選挙人より構成される。
　3　自己申告に基づく年齢が高い選挙人は「年齢別選挙区A」に，低い選挙人は「年齢別選挙区B」に属するものとし，その区分の基準は，理事会がこれを定める。
　4　「一般選挙区」の定数は10名，「年齢別選挙区A」及び「年齢別選挙区B」の定数はそれぞれ5名とする。
　　　　（選挙管理委員会）
第5条　選挙管理委員会は，委員3名によって組織される。
　2　委員長は，理事長の推薦に基づき，理事会が

　　　　選任する。
　3　他の委員は，委員長の推薦に基づき，理事会が選任する。
　　（投票）
第6条　投票は，選挙管理委員会が発行した所定の投票用紙により郵送でこれを行う。
　2　選挙管理委員会は，同年10月10日までに，投票用紙一式及び被選挙人名簿を選挙人に郵送しなければならない。
　3　選挙人は，同年11月10日までに，投票用紙を選挙管理委員会に到達するように返送しなければならない。
　4　投票は，単記無記名とする。
　5　投票の受理，投票の効力，その他投票及び開票に関する疑義は，選挙管理委員会が判断し，これを決定する。
　6　投票についてその他必要な事項は，別に定める投票要綱による。
　　（開票）
第7条　選挙管理委員会は，同年11月11日以降同年11月30日までに開票を完了し，その結果を理事長に報告しなければならない。
　2　理事長は，選任された20名の理事候補者に通知し，候補者となることについて承諾を得なければならない。承諾が得られない候補者がいたときは，20名に達するまで順次得票順に繰り上げ，それぞれ本人の承諾を得なければならない。
　3　得票同数により最下位で選出される者が2名以上いる場合には，抽選でその順位を決定する。
　4　前2項に定める繰上補充及び抽選は，選挙管理委員会がこれを行う。

　5　繰上補充及び抽選の方法は，別に定める投票要綱による。
　　（理事・監事候補者選考委員会）
第8条　理事長は，前条第2項及び第3項によって選出された理事候補者を速やかに招集し，その理事候補者をもって，理事・監事候補者選考委員会（以下「選考委員会」という。）を構成する。
　2　選考委員会の定足数は，前項に基づき招集された理事候補者の過半数とする。
　3　選考委員会の議長は，互選による。ただし，議長が選出されるまでは，理事長が仮の議長を務めるものとする。
　4　選考委員会は，推薦理事候補者6名以内，監事候補者2名を推薦し，その結果を理事長に報告しなければならない。
　　（選任）
第9条　理事長は，理事候補者及び監事候補者を総会に提案し，その承認を得なければならない。
　　（改正）
第10条　本規程の改正は，理事会の議を経て，総会によって行う。

附則1
この規程は，平成11年5月23日より施行する。
附則2
この規程は，平成16年5月16日より施行する。
附則3
この規程は，平成17年5月15日より施行する。
附則4
この規程は，平成19年5月20日より施行する。
附則5
この規程は，平成21年5月16日より施行する。

日本選挙学会編集委員会規程

　　（編集委員会）
第1条　日本選挙学会は，機関誌（日本選挙学会年報『選挙研究』）を発行するために，編集委員会を置く。
　2　編集委員会は，機関誌の編集に関する全ての権限を有する。
　　（機関誌）
第2条　機関誌の発行は，原則として年2回とする。
　　（構成）
第3条　編集委員会は，1名の編集委員長および若干名の編集委員によって構成される。
　2　編集委員長は，理事の中より，理事会によっ

て選任されるものとする。
　3　編集委員は，編集委員長が会員の中より推薦し，理事会の承認を得るものとする。
　4　編集委員会は，当該編集委員会の編集委員長が選任され，編集委員が承認された年度の次年度に発行する機関誌の編集を担当するものとする。
　　（任期）
第4条　編集委員長の任期は，理事会によって選任された日から，編集事務を担当する機関誌全てを発行した日までとする。
　2　編集委員の任期は，理事会で承認を得た日か

ら，編集事務を担当する機関誌全てを発行した日までとする。
　　　（委員長）
第5条　各巻を担当する編集委員長は，編集委員会を主宰し，機関誌の編集を統括する。
　　　（原稿）
第6条　機関誌は，次の各号に定める原稿によって構成される。
　　（1）　編集委員会が執筆を依頼した原稿
　　（2）　査読委員会が掲載を可とした投稿原稿
　　　（投稿原稿の審査・掲載）
第7条　編集委員会は，投稿された原稿の掲載可否の審査を，査読委員会に依頼する。
　2　編集委員会は，第6条第2号の投稿原稿の掲載巻号を決定する。
　　　（著作権）
第8条　機関誌が掲載する論文の著作権は，執筆者本人に帰属するものとする。ただし，掲載論文の執筆者が当該論文の転載を行う場合には，必ず事前に本学会事務局及び出版社に文書で連絡するものとし，転載は，発行から1年以上経過した後に行うものとする。
　2　執筆者本人は，機関誌に掲載された論文が第三者の著作権を侵害しないことを保証する。また，第三者の著作権を侵害したことに伴う一切の責任は，執筆者本人が負うものとする。
　　　（電子化）
第9条　機関誌に掲載された原稿は，発行から2年が経過した後，原則として電子化し，コンピュータ・ネットワーク上に公開する。
　2　機関誌に掲載された論文の執筆者は，次の各号に定める電子化に伴う利用行為に原則として同意するものとする。
　　（1）　当該論文を複製し，サーバに格納すること（送信可能化）
　　（2）　ネットワークを通じて当該論文を広く社会に無償で公開すること（公衆送信）
　　（3）　当該論文の保全のための複製を行うこと（バックアップ）
　3　掲載論文の執筆者は，前項各号の利用行為に同意できない場合には，当該論文の発行から二年が経過する前に，本学会事務局に文書で連絡するものとする。
　　　（改廃）
第10条　本規程の改廃は，理事会によって行われるものとする。

付記　本規程は，昭和62年6月1日より施行される。
改定（昭和63年7月27日理事会決定）
改定（平成9年12月20日理事会決定）
改定（平成14年3月9日理事会決定）
改定（平成14年12月7日理事会決定）
改定（平成15年5月18日理事会決定）
改定（平成20年3月15日理事会決定）
改定（平成23年3月5日理事会決定）
改定（平成24年12月8日理事会決定）

日本選挙学会査読委員会規程

　　　（査読委員会）
第1条　日本選挙学会は，機関誌『選挙研究』への投稿論文を審査するために査読委員会を置く。
　　　（構成）
第2条　査読委員会は，委員長，副委員長，及び前記両職を除くほか原則として4名以内の委員によって構成される。
　2　査読委員長は，会員の中より理事長が候補者を推薦し，理事会の承認を得た者をもってこれに充てる。ただし原則として，前年度の査読副委員長を委員長に推薦する。委員長の氏名は公表するものとする。
　3　査読副委員長は，理事長が会員の中から選任し，理事会に報告した者をもってこれに充てる。副委員長の氏名は公表しないものとする。
　4　査読委員は査読委員長が会員の中から選任し，理事会に報告した者をもってこれに充てる。委員の氏名は，在任中は非公表とする。
　5　査読委員長，査読副委員長及び査読委員は，当該職務の任期中，編集委員を兼任することが出来ない。
　　　（任期）
第3条　査読委員長の任期は1年とする。委員長は任期終了後，直ちに査読副委員長または査読委員の任に就くことはできない。
　2　査読副委員長の任期は1年とする。
　3　査読委員会の構成員の任期は2年以内とする。査読委員長・査読副委員長・査読委員の重任は認めないが，再任は妨げない。
　　　（職務）
第4条　査読委員長は，査読委員会を開催し，投稿論文の審査に係る職務を執行する。
　2　査読委員長は，編集委員会の要請がある場合，編集委員会に出席しなければならない。

3 　査読副委員長は，委員長を補佐し，委員長に事故があるときは委員長の職務を代行する。
4 　査読委員は，査読委員会を構成し，委員長の指示する職務を執行する。
　　　（レフリー）
第 5 条　査読委員会は，レフリー（査読者）を選び，査読を依頼する。レフリーの氏名は公表しないものとする。
　　　（審査）
第 6 条　査読委員会は原則として年 4 回（3 ヶ月に一度）開催する。開催月は公表する。
2 　査読基準は別に定める。
3 　査読委員会は，レフリーからの査読報告を受け，掲載の可否と修正要求について審査し，決定する。
4 　査読委員会は，審査結果を投稿者と編集委員会に通知する。

5 　査読委員会は，原則として，投稿論文の到着後 2 年以内に掲載の可否を決定しなければならない。
6 　同一論文の査読は 2 回までとする。
7 　査読委員会は，当初査読の結果を通知してから再投稿するまでの期限を定めることができる。
8 　投稿された原稿は，原則として，返却されない。
　　　（改廃）
第 7 条　本規程の改廃は，理事会によってこれを行う。

付記　本規程は，平成 20 年 5 月 18 日より施行される。
改定（平成 23 年 3 月 5 日理事会決定）
改定（平成 24 年 3 月 10 日理事会決定）
改定（平成 24 年 12 月 8 日理事会決定）
改定（平成 25 年 3 月 23 日理事会決定）

日本選挙学会役員

理事長
品田　裕（神戸大学）

理事
浅野和生（平成国際大学）
井田正道（明治大学）
遠藤晶久（早稲田大学）
岡田陽介（拓殖大学）
河崎　健（上智大学）
河村和徳（東北大学）
坂本健蔵（平成国際大学）
庄司　香（学習院大学）
只野雅人（一橋大学）
堤　英敬（香川大学）
肥前洋一（高知工科大学）
前田幸男（東京大学）
森　裕城（同志社大学）
池谷知明（早稲田大学）
岩崎正洋（日本大学）
岡田　浩（金沢大学）
鎌原勇太（横浜国立大学）
川戸恵子（TBS テレビ）
柑本英雄（日本大学）
品田　裕（神戸大学）

竹中佳彦（筑波大学）
辻　由希（東海大学）
名取良太（関西大学）
日野愛郎（早稲田大学）
三船　毅（中央大学）
山田真裕（関西学院大学）

監事
谷口尚子（慶應義塾大学）
吉野　孝（早稲田大学）

委員長
2019 年度企画委員長：名取良太（関西大学）
2020 年度企画委員長：前田幸男（東京大学）
2018 年度年報編集委員長：岡田　浩（金沢大学）
2019 年度年報編集委員長：堤　英敬（香川大学）
2020 年度年報編集委員長：竹中佳彦（筑波大学）
選挙管理委員長：只野雅人（一橋大学）
2018 年度査読委員長：堤　英敬（香川大学）
2019 年度査読委員長：飯田　健（同志社大学）
2018 年度学会賞選考委員長：川人貞史
　　　　　　　　　　　　（元理事長，帝京大学）
国際化委員長：遠藤晶久（早稲田大学）

事務局
事務局長：山田真裕(関西学院大学)
　　事務局幹事：秦　正樹(北九州市立大学)

平野淳一(甲南大学)
三輪洋文(学習院大学)
横山智哉(立教大学)

日本選挙学会資料

日本選挙学会歴代理事長一覧（所属は当時）

富田信男	（明治大学）	1981-86年
堀江　湛	（慶應義塾大学）	1986-88年
田中靖政	（学習院大学）	1988-92年
内田　満	（早稲田大学）	1992-96年
芹沢　功	（武蔵工業大学）	1996-2000年
蒲島郁夫	（東京大学）	2000-2001年
小林良彰	（慶應義塾大学）	2002-2003年
池田謙一	（東京大学）	2004-2005年
田中愛治	（早稲田大学）	2006-2007年
川人貞史	（東北大学・東京大学）	2008-2009年
西澤由隆	（同志社大学）	2010-2012年
平野　浩	（学習院大学）	2012-2014年
岩渕美克	（日本大学）	2014-2016年
河野武司	（慶應義塾大学）	2016-2018年
品田　裕	（神戸大学）	2018年-現在

日本選挙学会　総会・研究会開催校一覧

1981年	獨協大学		2001年	香川大学
1982年	慶應義塾大学		2002年	東京大学
1983年	学習院大学		2003年	金沢大学
1984年	明治大学		2004年	中央大学
1985年	成蹊大学		2005年	愛知学院大学
1986年	拓殖大学		2006年	上智大学
1987年	駒澤大学		2007年	神戸大学
1988年	近畿大学		2008年	日本大学
1989年	上智大学		2009年	同志社大学
1990年	京都産業大学		2010年	明治大学
1991年	松阪大学		2011年	関西学院大学
1992年	早稲田大学		2012年	筑波大学
1993年	東北福祉大学		2013年	京都大学
1994年	日本大学		2014年	早稲田大学
1995年	岡山大学		2015年	熊本県
1996年	明治学院大学		2016年	日本大学
1997年	椙山女学園大学		2017年	香川大学
1998年	学習院大学		2018年	拓殖大学
1999年	秋田経済法科大学		2019年	東北大学（予定）
2000年	武蔵工業大学			

日本選挙学会年報『選挙研究』

執筆要領

1. 使用言語は日本語または英語とします。
2. 論文原稿は，Ａ４サイズ横書きで40字×36行に設定し，作成してください。論文の長さは，本文，注，参考文献，図表，付録など一切を含めて，日本語の場合は20,000字以内，英語の場合は8,000語以内とします（要約は含みません）。図表は実際の誌面レイアウトに従い，刷り上がり2分の1頁大のものを日本語は800字・英語は320語と換算することを目安とします。書評等の原稿については，年報編集委員会の指示に従ってください。
3. 論文原稿は，以下の様式に従って作成し，PDF形式のファイルで送信してください。なお，本文・図表等については，掲載決定後，PDF化する前のオリジナルファイルを別途送信していただきます。
   - 1頁目　タイトル・執筆者名・所属・職名・連絡先住所・電話番号・FAX番号・e-mailアドレスを記載してください。
   - 2頁目　日本語タイトル・日本語要約（380字以内），英語タイトル・英文要約（150words），原稿分量として図表を除く文字数・図表換算字数のそれぞれを明記してください。英語論文は，英文タイトル・英文要約，原稿分量として図表を除く語数・図表換算語数のそれぞれを明記してください。
   - 3頁目以降　本文，注，参考文献，図表（本文中への組込可），付録の順に作成し，頁番号をつけてください。
4. 投稿時の論文においては，執筆者の匿名性を保持する記述・表現を心掛けて下さい。例えば，研究者や研究機関・研究費への謝辞は，論文の掲載決定後に書いて下さい（データの出所等を明記する際も，データ提供への謝辞等は掲載決定後に書いて下さい）。また，執筆者自身の論文や研究を紹介する場合は，執筆者との関係性がわからないように記述して下さい。さらに，インターネット上のURLなどを明記する場合も，執筆者との関係性がわからないように記述して下さい。守られない場合は再提出をお願いすることがあります。
5. 執筆者による校正は初校のみです。初校での大幅な修正・加筆は認められません。初校での修正・加筆によって費用が増加した場合，執筆者に増加費用分の負担等を求めることがあります。
6. 提出された原稿等はお返しいたしません。
7. 掲載論文の転載については，日本選挙学会編集委員会規程第8条第1項に準じます。
8. 掲載論文の電子化については，日本選挙学会編集委員会規程第9条に準じます。

論文投稿規程

1. 論文を投稿できるのは，投稿時点において年会費を完納している日本選挙学会の正会員です。論文を投稿するにあたって，学会ウェブ上のMy JAESで会費納入状況を確認してください。ただし，会員歴のない非会員は，執筆代表者以外の共著者として論文を投稿することができます。
2. 投稿論文は，未公刊のものに限ります。単行本，他の学会誌・協会誌，紀要，商業誌などに発表されたもの，及びそれらに掲載予定もしくは応募中の論文は，投稿できません。
3. 複数の論文を投稿することはできません。なお，執筆代表者が別の投稿論文の執筆代表者以外の共著者として論文を投稿することはできますが，投稿論文の受理，掲載巻号の決定などは編集委員会の判断に従って頂きます。
4. 原稿の作成は執筆要領に従ってください。ただし，日本語での論文の場合，投稿時には英語タイトル・英文要約は必要ありません（論文の掲載が決定した場合に，提出して頂きます）。

論文執筆の手引

　以下は，一つの標準的な論文の形式として『選挙研究』が目指すものですが，各執筆者の専門領域での論文執筆の習慣と異なる場合は，当該領域の習慣に従っていただいて結構です。

　A．本文において章・節などを分ける場合は，章に

あたるものには，1．○○○，2．△△△，などとし，節にあたるものには，1．1○○○，1．2 △△△，などと番号を付けてください。以下は，これに準じます。[番号は全角の大きさ]

B．注は，一連番号を，参照箇所の右肩上に（1），（2）というように記入します。もしワープロで難しいようでしたら，ワープロの半角で，（1），（2）と注の箇所に記入してください。注は，補足するコメントのみを記し，参考・引用文献の紹介のためには用いない形式を標準とします。

C．引用文献，参考文献は，本文中に括弧を挿入し，括弧内に著者名（姓のみ），出版年，引用などのページを特定する場合はページ箇所を示してください。注の中でも文献の参照・引用の場合は，括弧内に著者名，出版年，ページを示してください。
　　例：引用の場合，（著者名，1997, 22-23）──出版年と引用箇所のページを示す。
　　例：参考の場合，（著者名，1996）──出版年を示し，ページ数を示さず。

D．また，著者が複数の場合の本文中での引用の仕方は，2名の場合は言及する度に（　）内に著者名を2名示してください。著者が3名以上の場合は，初出の際には全著者の姓名を書き，2度目以降は第1著者の姓を書き，「他」を書き添えます。
　　例：2名の著者の場合─欧文，（Page & Brody, 1972）──初出もそれ以降も同じ
　　例：2名の著者の場合─和文，（佐藤・松崎，1986）──初出もそれ以降も同じ
　　例：3名以上の著者の場合，（Campbell, Converse, Miller & Stokes, 1960）──初出の場合
　　　　同上，（Campbell et al., 1960）──2度目以降の言及の場合
　　例：3名以上の著者の場合─和文，（三宅・木下・間場，1967）──初出の場合
　　　　同上─和文，（三宅，他，1967）──2度目以降の言及の場合
　　──詳しくは，添付した本文の見本を参照

E．参考文献一覧，欧文，和文のものを一緒に，著者の姓のアルファベット順で並べてください。

同一著者の同年刊行の文献には，a, bを付けて区別します。
　　例：小林良彰．1997a.『現代日本の政治過程』東京大学出版会。
　　　　小林良彰．1997b.『日本人の投票行動と政治意識』木鐸社。
　　──詳しくは，添付した参考文献一覧の見本を参照

F．図表は，1枚の用紙に1つだけ記入して下さい。また，図と表のそれぞれに，別々に通し番号を付け，図1．○○○，とか表5．□□□のように表記して下さい。また，図表番号ならびに図表の見出し（タイトル）は，それぞれの図表の上に全角のゴシック体で記して下さい。図の作成は，出来る限りワープロ，パソコンなどを用い，そのまま版下として印刷できるように印字して下さい。

G．政治史などの分野で，縦書きの資料を掲載する必要のある場合は，図表と同じ扱いにし，資料1．資料2．として枠で囲んで縦書きの資料を示して下さい。

H．数式は無理にワープロで作成せず，手書きで書いて下さい。[数式の特殊ワープロ・ソフトで，誤解を招かずに明確に数式が表記できる方は，ワープロも可]

I．本文中の算用数字（アラビア数字）は，半角で入力して下さい。
　a）数字は，原則として算用数字を用いる
　　　例：2つ　　1人　　26.5%　　20世紀
　　　　　40代　　第2次大戦　　2番目
　b）年号は原則として西暦を算用数字で示す
　　　1993年7月　　55年体制
　　ただし，政治史では著者の判断で元号を先に示しても良い　明治38年（1905年）
　c）例外として漢数字を用いるのは熟語的なもの（二者択一　より一層　一部の）
　　　漠然とした数の表記（十数人　数千年）

J．単位語は記号で表す%，km；本文中の円，元，ドル，ポンド等の通貨単位はそのまま表す。ただし，図表の中の通貨単位は，著者の判断で，￥，$等の使用も可。

本文中の引用の見本・注の見本

<u>本文中の引用・参照文献の例：</u>——［本文のフォントは，標準10.5ポイント］

　心理学的要因を投票行動の説明に導入したのは，ミシガン大学の研究者たちである（**Campbell, Converse, Miller, and Stokes, 1960**）。そのミシガン大学の研究者が全米調査を開始したのは，1948年の大統領選挙であった。その後，彼らは全米調査を継続し，1952年以降は中間選挙も含めて全ての国政選挙で実施してきた（**Campbell et al., 1960**）。さらにミシガン学派の中心の1人であったP・コンヴァース（**Converse, 1964, 206-261**）は，有権者が保守と革新の意味をどの程度，多岐にわたって理解しているかを測定した。有権者の情報処理能力や負担しうるコストを考えれば，過去の業績により将来のパフォーマンスを予測するのは，ある種の合理的な意思決定戦略であるとする考え方（**Downs, 1957**），**Stokes (1966)** によってモデル化され，**Miller & Wattenberg (1985)** によって実証的に示された。ここでは，争点投票の論争に焦点を絞って論じることにする[1]。

> ［説明］上の例のように，参考文献は注で示さず，括弧内に（著者名，出版年）を示す。また，引用または直接参照した場合は，括弧内に（著者名，出版年，ページ箇所）を示す。
> 　また，本文中に海外の研究者を引用する場合，その著者名をカタカナで記し，括弧内に英語でスペルを記す，P・コンヴァース（**Converse, 1964, 206-261**）のような形式でも，**Miller & Wattenberg (1985)** のような形式でもよい。また，英語で2名の場合，**and** でも **&** でもよい。
> 　ゴシック体は見本のためであり，勿論，本文・注の中でゴシック体にする必要はない。

<u>注の例：</u>——［注のフォントは，9ポイント］

（1）争点投票研究に関する最も詳細な邦語の文献研究は，川人貞史の論文であろう（川人，**1980a**，**1980b**）。また，小林（**1997b**）も最近の動向までをとらえ，有益である。イデオロギー研究については，川人（**1981b**）と，蒲島・竹中（**1996**；第4章）の解説が詳しい。

> ［注の説明］注の中でも，引用・参考文献は（　）内に著者名，出版年を示す。同じ出版年に2つの文献がある場合には，a, b をつける。

> ［半角か全角か］——本文，注，参考文献一覧，ともに以下のルールで入力して下さい。和文の場合は，カッコ（　）もコンマ［，］も全角で入力する。例：（平野，1997a）欧文の場合は，カッコ（　）もコンマ［，］も，（　）の前後のスペースも半角で入力する。例：Kramer (1983) は反論したが，結論を見なかった。

参考文献一覧の見本

<u>参考文献一覧の例：</u>——［参考文献一覧のフォントのポイントは，9ポイント］

参考文献（alphabet順）

Campbell, Angus, Philip E. Converse, Warren E. Miller, and Donald E. Stokes. 1960. *The American Voter*, John Wiley & Sons, Inc.

Converse, Philip E. 1964. "The Nature of Belief Systems in Mass Publics." In David E. Apter (ed.), *Ideology and Discontent*, Berkeley: the University of California Press, 206-261.

Downs, Anthony. 1957. *An Economic Theory of Democracy*. New York: Harper and Row.

平野浩．1997a．「有権者における「投票／棄権」の決定要因の分析」1997年度日本選挙学会研究会報

告論文.
平野浩. 1997b.「社会経済的要因から見た投票行動」白鳥令（編）『選挙と投票行動の理論』東海大学出版会, 81-108頁.
蒲島郁夫・竹中佳彦. 1996.『日本人のイデオロギー』東京大学出版会.
小林良彰. 1997a.『現代日本の政治過程』東京大学出版会.

小林良彰. 1997b.『日本人の投票行動と政治意識』木鐸社.
Miller, A. and Wattenberg, M. 1985. "Throwing the Rascals Out: Policy and Performance Evaluation of Presidential Candidates, 1952－1980." *American Political Science Review*, 79, 359-372.
三宅一郎・木下冨雄・間場寿一. 1976.『異なるレベルの選挙における投票行動の研究』創文社.

［参考文献の表記方法の説明］
①並べる順は，50音順（和文献のみ）か，アルファベット順（洋文献を含む場合）かを示す。
②著者名の後と，出版年の後にそれぞれピリオド［. ］を打つ。和文は全角で，洋文は半角で。
③洋文の著者名は，第1著者は姓・名の順で入力。第2著者以降がいる場合は，［, ］で区切り名・姓の順で入力する。
　　例　［Angus, Campbell, Philip E. Convers］
④和文の著者名で複数の場合は，第1著者と第2著者は，ナカグロ［・］で区切る。
　　例　［三宅一郎・木下冨雄・間場寿一］
⑤論文・章の場合は，その顕名（タイトル）の後にピリオド［. ］を打つ。和文は全角で，洋文は半角で。
⑥論文等の場合のページ箇所を示す場合は，和文は［81-181頁.］と記し，洋文は［92-111.］とpp. は省いて記す。
⑦雑誌名・書名は和文は『　』で，洋文はイタリック体で示す。

ICPSR国内利用協議会の加盟募集

　ICPSR (Inter-university Consortium for Political and Social Research) は，選挙研究には欠かせない世界各国の世論調査データや社会科学の各分野の膨大なデータを提供してきました。日本では，1999年にICPSR国内協議会が結成され，単独加盟よりも安価で効率的な利用が可能になっております。会員機関の教員・大学院生は，ICPSRの個票データの利用が可能になるのに加えて，ICPSR本部が提供しているデータ分析に関するサマープログラムに約半額で参加できます。また，国内利用協議会で提供している社会科学に関する統計セミナーを無料で受講できます。
　ICPSR国内利用協議会は，加盟各大学からの代表者の会議により合議の上運営されており，今後も加盟各校のご意見を反映する形で運営されます。

・会費（年間-2018及び2019年度） ― 　大学の規模により会費が異なります：
A　大学院がある大学及び研究機関（研究員60人以上）　　　　　　　　　　　35万円
B　大学院がない大学（学生2,500人以上）及び研究機関（研究員30～59人）　　30万円
C　大学院がない大学（学生2,500人未満）及び研究機関（研究員29人以下）　　20万円

　多くの大学の加盟をお願い申し上げます。年度途中に10月から加盟することも可能です。ご質問等があれば，下記連絡先までお問い合わせ下さい。

・連絡先
　東京大学社会科学研究所附属社会調査・データアーカイブ研究センター内　ICPSR国内利用協議会事務担当
　　住所　〒113-0033　東京都文京区本郷7-3-1
　　FAX　03-5841-0728
　　E-mail　jna-icpsr@iss.u-tokyo.ac.jp
　なおICPSRについて詳しくは，https://www.icpsr.umich.edu/icpsrweb/ をご覧下さい。国内利用協議会の詳細は，http://csrda.iss.u-tokyo.ac.jp/icpsr.html をご覧下さい。

SSJデータアーカイブより，データご寄託のお願い

　東京大学社会科学研究所附属社会調査・データアーカイブ研究センターでは，SSJデータアーカイブ (Social Science Japan Data Archive) を運営し，社会調査データの収集や保管，公開を行っています。既に実施された調査データをお持ちの研究機関・研究者の方は，貴重なデータの散逸を防ぐためにも，またより多くの方にデータの意義を伝え活用していただくためにも，是非，データの寄託をご検討下さい。問い合わせは随時受け付けております。

・連絡先
　東京大学社会科学研究所附属社会調査・データアーカイブ研究センター
　　住所　〒113-0033　東京都文京区本郷7-3-1
　　FAX　03-5841-4905
　　E-mail　ssjda@iss.u-tokyo.ac.jp

　詳しくはSSJデータアーカイブのホームページ http://csrda.iss.u-tokyo.ac.jp/ をご覧下さい。

> Official Journal of the Japanese Association of Electoral Studies
> *Japanese Journal of Electoral Studies*, 34-2, 2018
> (Former *Japan Election Studies*)

Summary of Articles

The transition of Japanese campaign manifestoes, 1990 − 2012

Yutaka SHINADA

This paper analyzes the election promises in the eight general elections from 1990 to 2012, and aims to describe the transition of political parties' position during this period.

As a result of the analysis, it became clear that policies that Japanese politicians appealed through this period have become more general. The number of issues concerning nationwide increased. On the other hand, local / specific rhetoric of pork barrel decreased. In addition, through factor analysis on elections each time we examined the nature of major policy axis and arrangement of parties. Then we find out following; firstly, in 20 years, the local benefit orientation was always one of the three major axes, secondly, the ideological axis with certain explanatory power in Japanese politics has shrunk or altered, and thirdly, new policy axes such as education become more important after the 2000s.

The electoral system of single - member constituencies with proportional representation and the development of competition among political parties

Hiroki MORI

This paper is intended to describe the development of competition among political parties under the electoral system of single - member constituencies with proportional representation, comprehensively from both synchronic and diachronic approaches. This paper's main findings can be summarized in the following three points: (i) The form of interparty competition during the period of the system of multi - member constituencies regulated the form of the new electoral system, and this served to the advantage of the Liberal Democratic Party of Japan (LDP), (ii) the birth of massive political parties after adoption of the system of single - member constituencies with proportional representation had the nature of a self - fulfilling prophecy, and this placed a heavy burden on forces other than the LDP, and (iii) the system of single - member constituencies with proportional representation, which combines two systems based on different principles—single - member constituencies and proportional representation—has introduced complex dynamics into the political process, and these have led to the contemporary phenomenon of division among opposition parties. The content of this paper suggests that even under the same system of single - member constituencies with proportional representation, the number of single - member constituencies (not those with proportional representation) can greatly alter the form of interparty competition.

When and how did the LDP adjust to a new decision making procedure, "Jizen-Shinsa-sei"?

Kentaro OKU

In 1955, the LDP government introduced "Jizen-Shinsa-sei" or a decision making procedure in which its government bills have to be approved by the LDP before being submitted to the Diet. When and how did the LDP adjust to the new procedure?

This paper quantitatively clarifies, using data of "Shugin-Kohou", that the LDP adjusted to the new procedure in 1959. This is demonstrated by the fact that the government bills have been smoothly approved in the procedure since 1959.

This paper also points out two factors which helped the bills to be approved smoothly. First, the Seimu Chosakai, the Policy Affair Research Council (PARC) within the party, started being deeply involved in governmental budget making process in 1958. Second, in the late 1950's, the LDP's lawmakers were widely allowed to get into the PARC's decision making process through greatly in creased the PARC's apparatns.

Parliamentary Party Organizations and Bicameral Legislatures:
From a Comparison of Japan and Australia

Hideo ISHIMA

This article examined how upper chambers affect activities of parliamentary parties through case studies of Japan and Australia, where legislatures consist of two chambers with almost equal powers. We argue that under symmetrical bicameralisms interests of members of parliaments are not coordinated within parliaments, but parties. In other words, policy-making organizations within parliamentary parties are coordination mechanisms between two houses. To demonstrate this argument, we analyzed MPs' policy-making activities within parties. In the countries, the parties' policy committees review government bills before the introduction of them to the legislatures. Also, members of upper chambers hold the chairs of party policy committees. In addition, in a case of the Liberal Democratic Party of Japan, its policy affairs research committee divisions become active when members of oppositions hold committee chairs of the upper house. The results showed that the existence of the strong upper house affects party organizations.

Jijenshinsa in the Presidential System:
Case of High-level party-government Council in Republic of Korea.

Jisun PARK

Jijenshinsa, a consultation between the government and the ruling parties on the drafts of government bills scheduled to be submitted to the Diet, has not fully studied in comparative politics, especially, in the presidential system. Focusing on the relationship between the ruling party MPs and the president as the party leader, this study investigates the impact of the president's power to manage party resources on *Jijenshinsa*. Using historical data of high - level party - government council in Korea from 1993 to 2017, the analysis uncovers a presidential party resources effect in the opening and agenda of *Jijenshinsa*. The results suggest that a greater attention should be directed towards *Jijenhsinsa* in the presidential regime and president's role as a party leader in the governing parties' policy making.

Effects of Watching Election News Coverage: Television News Exposure and Changes in Vote Choice During the 2010 Upper House Election in Japan

Ling LIU

The current study re-investigates the question that whether media exposure influences vote choice. To overcome methodological limitations, this study combines media content analysis with individual media exposure data measured in a representative national election panel survey. Results reveal that voters' vote choice is affected by watching television election news coverage: Greater exposure to negative news coverage about the party that voters intended to vote for increases changes in actual vote choice. Aligning with previous studies conducted under the U.S., British, and Mexican contexts, this finding provides another piece of empirical evidence to demonstrate that media exposure could have a direct impact on voting preferences, which makes this study meaningful to both Japanese media effect studies and the relevant research domains in the world.

Electoral Fraud as Gaming by the Middle and Lower-ranking Elites in Dictatorships

Shin TOYODA

Political process of dictatorship is not known well to researchers, since veils of secrets prohibit outsiders from observing what is going within the regimes. The aim of this paper is to shed light on the hitherto closed political dynamics through lens of "electoral frauds", which is rampant. This paper argues following two. Firstly, lower - ranking elites within the regimes commit electoral fraud not only to win elections but also to exaggerate the degree of electoral margins in order to impress dictators, since dictators evaluate the elites by election results. This paper calls this type of fraud as "electoral frauds as gaming". Secondly, I argue that if the opposition party participates in elections, electoral fraud as gaming is less rampant because the opposition parties checks and monitors electoral processes so that elites within regime find it difficult to commit frauds. This paper tests this argument by analyzing results of Mexican municipal elections from 1970 to Low.

執筆者一覧　　（掲載順）
岡田　浩　　金沢大学人間社会学域法学類教授
品田　裕　　神戸大学大学院法学研究科教授
森　裕城　　同志社大学法学部教授
奥健太郎　　東海大学政治経済学部教授
石間英雄　　京都大学大学院法学研究科博士後期課程
朴　志善　　成城大学法学部非常勤講師
劉　　凌　　早稲田大学大学院政治学研究科博士後期課程
豊田　紳　　日本学術振興会特別研究員
石上泰州　　平成国際大学法学部教授
富崎　隆　　駒澤大学法学部教授
湯淺墾道　　情報セキュリティ大学院大学学長補佐・情報セキュリティ研究科教授
松本正生　　埼玉大学社会調査研究センター教授
中北浩爾　　一橋大学大学院社会学研究科教授
木村高宏　　金沢大学人間社会学域法学類准教授
三船　毅　　中央大学経済学部教授

編集後記

　『選挙研究』34-2号が刊行の運びとなりました。編集委員会の先生方には1年以上にわたり企画立案や執筆依頼等でお世話になりました。山田真裕事務局長はじめ事務局の先生方には諸手続きでお世話になりました。木鐸社の坂口様には編集に当たって様々なご助言をいただきました。御礼申し上げます。なお，前号の34-1号の刊行にあたっては，元編集委員長の増山幹高先生に，木鐸社との調整などについて大変なご尽力を頂きました。この場を借りて御礼申し上げます。

（『選挙研究』第34巻　年報編集委員長・岡田　浩）

　本号の刊行にあたっては，財団法人櫻田会から，刊行助成補助金を頂戴いたしました。記して謝意を表します。

日本選挙学会年報　選挙研究　34－2

2018年12月30日

編集・発行　日本選挙学会

代表　品田　裕

〒657-8501
兵庫県神戸市灘区六甲台町2-1　神戸大学法学部 品田裕研究室気付

編集委員長　岡田　浩

製作・販売所　有限会社　木鐸社

〒112-0002　東京都文京区小石川5-11-15-302
電話(03)3814-4195番　ファックス(03)3814-4196番　振替　00100-5-126746
URL http://www.bokutakusha.com

ISBN978-4-8332-2526-7　C3031　印刷　フォーネット／TOP印刷　製本　吉澤製本
定価：本体3500円＋税